陆游十讲

莫砺锋 著

图书在版编目(CIP)数据

陆游十讲 / 莫砺锋著. - - 北京：人民文学出版社, 2025. - - ISBN 978-7-02-019374-5

Ⅰ. K825.6;I207.227.442

中国国家版本馆 CIP 数据核字第 2025MM9627 号

责任编辑	李　昭
装帧设计	刘　远
责任印制	王重艺

出版发行	人民文学出版社
社　　址	北京市朝内大街 166 号
邮政编码	100705

| 印　　刷 | 三河市中晟雅豪印务有限公司 |
| 经　　销 | 全国新华书店等 |

字　　数	166 千字
开　　本	880 毫米×1230 毫米　1/32
印　　张	8.5　插页 9
印　　数	1—6000
版　　次	2025 年 6 月北京第 1 版
印　　次	2025 年 6 月第 1 次印刷

| 书　　号 | 978-7-02-019374-5 |
| 定　　价 | 69.00 元 |

如有印装质量问题，请与本社图书销售中心调换。电话:010-65233595

目录

导言：千古风流陆放翁　　　　　　　　　　　　001

第一讲　以儒学为本的人生观与诗学观　　　001

一、陆游对儒家经典的推崇　　　　　　　　　001
二、陆游人生观的儒家色彩　　　　　　　　　004
三、陆游诗学观的儒家精神　　　　　　　　　008
四、"远之事君"：诗歌的社会干预功能　　　013
五、"迩之事父"：诗歌的个人抒情功能　　　016

第二讲　慷慨激昂的爱国歌吟　　　　　　　020

一、烽火连绵的时代与坎坷艰难的生平　　　020
二、陆游对爱国主义传统的弘扬　　　　　　023
三、舍身报国的爱国精神　　　　　　　　　025
四、陆游爱国主义诗歌的名篇　　　　　　　028

第三讲　江山风月与人文胜迹　　　　　　　037

一、钟情自然的山水诗人　　　　　　　　　038

二、丑妍巨细皆见刻画　　　　　　　　　　041
三、以自然为关键的诗中有画　　　　　　　046
四、自然景物与人文内涵的有机结合　　　　049
五、喜咏山水对陆游晚唐观的影响　　　　　054

第四讲　陆游的感情世界　　　　　　　　059

一、天伦之情的真切流露　　　　　　　　　059
二、陆游与唐氏的爱情悲剧　　　　　　　　064
三、《沈园》诗与《钗头凤》词　　　　　　068
四、关于友情与睦邻关系的歌咏　　　　　　078

第五讲　耕读生涯与慕陶情结　　　　　　081

一、少年陆游对陶诗的喜爱　　　　　　　　082
二、中年陆游对陶诗的暌离　　　　　　　　084
三、晚年陆游对陶诗的回归　　　　　　　　087
四、农耕民族传统文化精神的诗学体现　　　092

第六讲　陆游的书斋情趣　　　　　　　　098

一、世代相传的书香家庭　　　　　　　　　098
二、勤奋终生，老学不倦　　　　　　　　　101
三、博览群书，涵盖四部　　　　　　　　　104
四、陆游为何勤奋读书　　　　　　　　　　109

五、陆游"读书"诗的情感内蕴　　112
六、陆游"读书"诗的意象特征　　116
七、陆游"读书"诗的自我形象　　119

第七讲　陆游与巴蜀　　126

一、陆游诗中的巴蜀行踪　　127
二、蜀中的地灵：成都与青城山　　133
三、蜀中的人杰：贤士与志士　　137
四、杰出的古文游记《入蜀记》　　142
五、《入蜀记》中的怀古幽情　　147
六、《入蜀记》中的风土人情　　151
七、《入蜀记》中的行旅实录　　154
八、《入蜀记》与入蜀诗歌的异同　　158

第八讲　陆游的"诗家三昧"　　162

一、"诗家三昧"并非诗歌主题的转变　　163
二、"诗家三昧"并非抛弃江西诗派的理论　　167
三、"诗家三昧"的含义：雄浑奔放的诗歌风格　　173
四、由"诗家三昧"催生的七古名篇　　182

第九讲　陆游与杨万里　　192

一、陆、杨优劣之争的现代观照　　193

二、陆、杨诗学观念的异同　　　　　　　　　　196
三、陆、杨创作论的异同　　　　　　　　　　　204
四、陆、杨的诗风转变过程　　　　　　　　　　209

第十讲　陆游与辛弃疾　　　　　　　　　　　217

一、艰难时世与坎坷仕途　　　　　　　　　　　218
二、抗金复国的高昂呼声　　　　　　　　　　　221
三、陆诗与辛词中的抒情主人公形象　　　　　　227
四、陆诗、辛词风格之异同　　　　　　　　　　237
五、辛派词人陆放翁　　　　　　　　　　　　　243

附录　陆游简谱　　　　　　　　　　　　　　　249
后记　　　　　　　　　　　　　　　　　　　　256

导言：千古风流陆放翁

古人用"风流"一词称誉人物，其义有二：一指洒脱放逸，风雅潇洒；二指才具超众，杰出不凡。前者如《后汉书·方术传论》云："汉世之所谓名士者，其风流可知矣。"后者如《晋书·刘毅传》云："六国多雄士，正始出风流。"北宋的苏轼在黄州赤壁面对着江山风月，缅怀曹操、周瑜等古代英雄，乃慨叹曰："大江东去，浪淘尽、千古风流人物！"苏轼所谓"风流"，兼指上述两种含义。

南宋的陆游生前就享有盛名，朱熹赞曰："放翁老笔尤健，在今当推为第一流。"（《答巩仲至》之十七）陆游本人在七十二岁那年曾在梦中作诗说："吴中近事君知否？团扇家家画放翁。"可见陆游名震遐迩，堪称一代风流人物。时至今日，陆游已成为名垂青史的千古风流人物，而且完全符合"风流"的两种含义。陆游的事迹，他的作品，都永远存留于天地之间，永不磨灭，令人崇敬仰慕，追思缅怀。

今年是陆游诞辰九百周年，我作为陆游的崇拜者与研究者，特撰小书一本，来献给这位为弘扬中华文化作出巨大贡献的杰出人物。书名《陆游十讲》，即从十个方面来走近陆游，解说陆游，瞻仰这位风流人物的多种面貌。

第一，陆游的一生，既奋发有为，又品德高尚，其行为和作品皆具有道德典范意义。陆游的立身处世皆以儒家精神为指导准则，他的诗歌创作极其重视诗歌的社会功能、教化功能，也即孔子所谓"迩之事父，远之事君"。"事父"的内涵并不止于字面上的侍奉父亲，孔子倡导孝道，其实就是倡导以"孝悌"为核心内容的伦理道德，所以他说："弟子入则孝，出则弟，谨而信，泛爱众，而亲仁。"到了孟子，遂进一步将孝道从家族扩展至整个社会，提出了"老吾老以及人之老，幼吾幼以及人之幼"的著名命题。儒家认为，一个理想的社会，必然是以和睦亲善的人际关系为基石的。而要实现整个社会的和睦亲善，以家庭内部的亲密关系为始点然后由亲及疏、由近及远地进行扩展，则是最符合人类本性，也最具可行性的切实途径。"迩之事父"的深层意义即在于此。

"事君"的内涵也并不止于字面上的侍奉君主，儒家主张忠君，其实质就是爱国爱民。从孔子所云"远之事君"，到杜甫所云"致君尧舜上"，再到陆游所云"尧舜其君民"，是古典诗学中一脉相承的重要观念。在陆游所处的那个时代，所谓"尧舜其君民"，具有特别的意义。靖康之变以来，大宋王朝丢失了半壁江山，连祖宗陵寝都沦陷于敌国，这是整个国家、民族的奇耻大辱。在南宋历史背景中的"远之事君"，就是抵御外侮，收复失土，即恢复宋王朝的国家主权和原有疆域，这是对国家民族的最大忠诚。所以陆游诗中关于抗金复国主题的大声疾呼，就是南宋诗坛上"远之事君"的典型表现。

从"事父"到"事君"，陆游用其创作实绩对儒家诗学观念进行了生动、全面的阐释，陆诗具有感动人心的力量，其根本原因就在于此。

第二，陆游生活的时代，正是宋王朝遭受外族入侵的艰难时世，他自幼就与祖国、人民同历艰难，二十岁就立下了"上马击狂胡，下马草军书"（《观大散关图有感》）的志愿，决心以自己的文才武略为恢复中原的事业作出贡献。由于时代的原因，陆游壮志难酬，报国无门，只好把满腔热血洒向诗歌创作。陆游用豪荡雄伟的诗歌把爱国主义的主题弘扬到前无古人的高度，其代表作成为古代诗歌史上爱国主题的最强音。虽说抗金复国的爱国主题是整个南宋诗坛上的倾向，但主题像陆诗那样鲜明，语言像陆诗那样激烈，风格像陆诗那样雄壮的作品并不多见。这种主题甚至从陆诗旁溢到陆词中去，陆游作词不多，却被后人归入辛派词人之列，即因此故。在中华民族实现伟大复兴的当代，陆游就是传统文化中爱国主义精神的典范，永远值得我们重视。

第三，陆游的爱国热情还有一个具体的对象，那就是祖国的壮丽河山。虽说中国古代诗人在模山范水时往往都会向自然景物投射主观情感，但从创作的实际情况来看，陆游所投射的情感显然更为浓烈。陆游观赏山水的视野十分广阔，并不局限于某个区域。他既热爱家乡的稽山镜湖，又热爱远方的巴山蜀水，可以说，陆游对华夏大地的山水美景的欣赏喜爱是全方位的。即使对于当时位于沦陷区的北方山水，陆游笔下也充满感情。

陆游平生浪迹江湖，所到之处都要寻奇探胜，既是赏景，也是寻觅历史人物的遗踪。无论是入蜀的远游，还是在家乡的近游，陆游所经历的都是历史文化积淀非常深厚的地方，多少英雄人物曾在那里叱咤风云，多少骚人墨客曾在那里挥毫泼墨，历史文化的印痕已与江山风月融为一体。当代中国人已认识到，华夏大地在整体上都是"世界自然与文化双遗产"，这是中华民族最可爱的家园。陆游堪称最早在诗歌中抒写这个观念的古代诗人。

第四，陆游性情敦厚，他对家人感情深挚，陆诗中咏及家人的篇章相当丰富，其中有两类作品非常感人。一是对儿孙谆谆教诲，希望他们好好做人。二是怀念无辜被休的前妻唐氏。由于宋诗中的爱情主题发展得不够充分,陆游的此类诗作堪称宋诗中不可多得的瑰宝。至于那首传诵千古的《钗头凤》,则不知感动了多少后代读者。此外陆游笃于友情,他与范成大、杨万里、辛弃疾、朱熹等一代名人交往甚密,时时见于吟咏。不但如此,他还与许多名不见经传的普通人结下了生死不渝的友谊,留下了许多歌颂贫贱之交的感人诗篇。

第五,就作品数量而言,陆游诗歌中最重要的内容是对耕读生涯的描写,以及对书斋情趣的歌咏。陆游一生中有二十年隐居在山阴农村,过着清贫而宁静的农耕生活,陆游集中描写农村生活的作品多达2000多首。陆游在诗中赞美江南农村的宁静生活和淳朴民风,也赞美隐居生活的闲情逸致和越中山水的秀丽景色。不难想象,如果陆游生逢一个和平时代,他既可能为食禄养亲而出仕,也可能急流勇退而归隐,走一条与陶渊明相似的人生轨迹。只因陆游生逢河山破碎、国土沦丧的时代,故而中年投军,万里从戎,且终生渴望着杀敌雪耻、收复中原。但是在内心深处,他热爱和平,热爱安定平和的农耕生活。说到底,陆游所以要坚持抗金复国的大业,其根本目的就是恢复华夏民族赖以为生的大片国土,让人民在不受外族侵扰的和平环境里从事农桑。晚年的陆游虽然未曾忘记中原,但他的生活形态则相当接近陶渊明,他对陶诗境界的仿效展示了耕读生涯的盎然诗意,也表达了华夏民族热爱和平的价值取向。

第六,陆游是南宋诗坛上学术成就十分卓著的学者型诗人,他除了以其诗、词、文的创作业绩被载入史册以外,其《南唐书》和《老学庵笔记》等学术性著作也深受后人重视。虽然陆游毕生都以抗金复国为最高人生理想,但是事实上他的大部分岁月都是在书斋中度过的,黄卷青灯是他最主要的生活内容。于是,陆游作为学者的形象便在其诗歌中得到全面、生动的展现。陆游以读书为题材的诗中则点缀着许多有趣的生活细节，洋溢着浓郁的生活气息，从而鲜明生动地展现出一位士人的日常生活的画面。作为普及读物的本书不拟讨论陆游的学术成就，但对于陆游诗中刻画其治学生涯的作品则十分关注。就其全面性和鲜活程度而言，陆游诗中的学者形象与读书经历也许是整个古典诗歌史上的独特存在。解读这些作品，对于提升当代全民阅读的质量有着巨大的启发作用。

第七，在陆游的一生中，游宦蜀汉无疑是十分重要的一个阶段。《唐宋诗醇》卷四二总评陆游说："观游之生平，有与杜甫类者。少历兵间，晚栖农亩，中间浮沉中外，在蜀之日颇多。"的确，巴蜀之游是诗人陆游最重要的人生经历，他一生中最重要的创作转变就是发生在从戎蜀汉以后。他在出蜀东归后还不断地怀念汉中与蜀地的风土人情以及他在那里的生活经历，并时时见于歌咏。陆游对巴蜀的回忆有着非常丰富的内涵，除了雄奇灵秀的巴山蜀水以外，蜀地的风土人情、衣食住行以及诗人的朋僚友好与自身遭际，也都使他梦魂萦绕。蜀中自古多出人才，陆游在蜀中结识了许多贤士与侠士。陆游东归后时时作诗怀念蜀中友人，对蜀中贤士的思念正寄托着诗人自身的人生理想，故而情文并茂，感人至深。

第八，陆游的生活经历大致可分为三个时期，其诗歌创作过程也可分成与之相应的三个阶段，其中第二个阶段是陆诗臻于成熟的关键时期。陆游晚年回忆他在"四十从戎驻南郑"的经历时，自称创作上发生了"诗家三昧忽见前，屈贾在眼元历历"（《九月一日夜读诗稿有感走笔作歌》）的巨大变化。所谓"诗家三昧"的具体内涵是什么？学界曾认为指从军生活引起诗歌题材的转变，其实不然，因为陆游早期的诗歌中忧国念时的主调早已确立。本书认为"诗家三昧"实指陆游在抗金前线受到紧张、豪宕的军营生活的激发,而领悟到应该改变早年专以"藻绘"为工的诗风,从而追求雄浑奔放的艺术风格。由于只有这种风格才与陆游的宏伟抱负及狂放性格最相适应,也只有这种风格才最符合陆诗所要反映的时代的脉搏,所以陆游一旦找到这种最适合自己的风格之后,他的创作就产生了质的飞跃。正由于这个原因,陆游把自己的诗集题作《剑南诗稿》。

第九,在南宋前期的诗坛上,陆游与杨万里、范成大、尤袤四人被称为"中兴四大诗人"。然而从创作实绩与文学史地位来看,陆、杨二人的成就在四人中迥然挺出。无论是生前还是身后,陆、杨二人才是南宋诗坛上并驾齐驱的两大家。加上陆、杨二人诗风有别,持论亦多不同,正好形成互相对照的关系。本书专讲陆游,而以杨万里诗作为参照物来进行观照。二人之诗学思想均出儒家,然杨万里从理学家的角度阐释儒家诗论,颇有食古不化的倾向,陆游则结合儒学精神与现实需要。二人均重视客观环境对诗人灵感的作用,然杨万里更重视自然之触动,作诗也多咏景物;陆游则重视社会生活之激发,作诗多关注社会现实。二人均自称诗风曾发生突变,然杨万里之诗风转变实为循序渐进之量变,陆游则确实受到军营生活的激发而产生风格境界之飞跃。

第十,陆游为南宋诗人之冠,辛弃疾为南宋词人之冠。诗、词异体,无法评骘高低。然二人皆为爱国志士,陆诗与辛词具有相似的主题倾向与风格倾向,故仍有许多足资对照之处。首先,辛、陆二人都处在国家危亡的动荡时代,他们都是为抗金复国呼号终生的志士。但二人的家庭背景、人生经历有较大差异,辛弃疾生于将帅之家,陆游则生于世代诗书簪缨之家。辛弃疾曾经亲冒矢镝,驰骋疆场,陆游则仅能在梦中到达铁马冰河的抗金战场。就抗金战斗的内容而言,辛词与陆诗的最大差异是前者多为写实，后者纯属虚构，故辛词只对亲身经历如实叙述，陆诗反倒可以尽情地展开痛快淋漓的想象。南宋朝廷的总体国策是偏安求和，当时的国力也难以击败金国，所以报国无路的悲剧是辛、陆共同的命运，抒写有志难酬的痛苦是辛词、陆诗共同的主题。但就具体的表现而言，辛词、陆诗又是同中有异。由于词体比诗体更适于表现深曲宛转的内心情思，故辛词抒写的痛苦情绪也比陆诗更显深沉。

在南宋那样偏安一隅、国势衰微的时代，竟然产生了陆、辛这两位伟大的爱国诗人和爱国词人，真是"国家不幸诗家幸"这个诗学现象的生动例证。陆诗与辛词把爱国主题弘扬到空前的高度，从而为宋代文学注入了英雄主义和阳刚之气，并维护了中华民族的自信和尊严，这是他们最伟大的历史性贡献。

自从2005年中国陆游研究会成立以来，我一直承乏担任会长，并曾多次主持陆游学术研讨会。限于学识与才力，我虽热爱陆游，也努力从事陆游研究，但所获成果相当俭薄，愧对陆游与研究会的同仁。今年是陆游诞辰九百周年，又是陆游研究会成立二十周年。我把历年所撰的近二十篇关于陆游的文章的主要内容改写成这本小书，既是向陆游研究会的同仁与广大的陆游爱好者交出一份工作汇报，也是向陆游诞辰纪念献上一瓣心香。为了便于读者阅读，我尽量消除了原文的论文腔，还删去了原文的大量注释。读者如想了解书中引文的文献出处，可以参阅后记中所附的论文目录。显然，本书没有涵盖陆游的全部生平事迹与创作，而主要着眼于陆游的诗歌作品，例如以《南唐书》为代表作的史学成就，以《渭南文集》为代表的古文成就，本书中均付阙如。我虽曾阅读上述二书，但迄未写过有关陆游史学的文字，对其古文也仅有一文论其《入蜀记》，另一文专论《渭南文集》

的注释问题。不知为不知，不敢妄谈。

陆游离开我们八百多年了，然而哲人虽远，典型永存。春兰兮秋菊，长无绝兮终古！

第一讲　以儒学为本的人生观与诗学观

宋代思想史上最引人注目之处就是理学的兴盛，南宋尤其如此。在许多后代学者看来，理学就是南宋儒学的代名词。其实不然，陆游就是一个在理学之外特立独行的儒者。无论是人生观还是诗学观，陆游都与理学保持着相当远的距离。而文学家的思想是其文学创作的内在要素，尤其是人生观与诗学观，决定了作品的品质、格调。陆游当然也是如此。

一、陆游对儒家经典的推崇

南宋的文人大多涉及理学，陆游也不例外。清人黄宗羲将陆游列入《宋元学案》，分别隶属于"武夷学案""赵张诸儒学略"和"荆公新学略"。但事实上陆游与这些"学案"的关系相当松懈，比如最后一例，仅因其祖父陆佃乃王安石门人，遂将其父陆宰列为王氏一脉的"陆氏家学"，又从而将陆游列入"元钧家学"（陆宰字元钧）。其实无论在政治上还是学术上，陆游都不大认同王安石，将他列入"荆公新学略"甚为牵强。更重要的是，陆游对理学家空谈性理的学风是深为不满的，他有一段名言：

> 唐及国初，学者不敢议孔安国、郑康成，况圣人乎！自庆历后，诸儒发明经旨，非前人所及。然排《系辞》，毁《周礼》，疑《孟子》，讥《书》之《胤征》《顾命》，黜《诗》之《序》，不难于议经，况传注乎！（王应麟《困学纪闻》卷八《经说》引）

表面上这是对宋代儒学的客观论述，字里行间却深表不满。陆游对当时的学风屡有讥评，"儒术今方裂"（《示儿》）、"千年道术裂"（《书意》）、"道丧异端方肆行"（《书感》）之类的话，在陆诗中屡见不鲜。

那么，什么是陆游心目中的"异端"呢？他说："唐虞虽远愈巍巍，孔氏如天孰得违？大道岂容私学裂，专门常怪世儒非。少林尚忌随人转，老氏亦尊知我稀。能尽此心方有得，勿持糟粕议精微。"（《唐虞》）锋芒所向，显然正是那些偏离儒学传统并自诩独得千年不传之秘的理学家。陆游还指出产生异端的原因是疏离了传统的儒家经学，他说："俗学方哗世，遗经寖已微。斯文未云丧，吾道岂其非？"（《书感》）这对以"六经注我"自诩的二陆等人，不啻当头棒喝。

即使是与二陆势若水火且与陆游私交甚笃的朱熹，其实也与陆游的思想貌同实异。简而言之，朱熹最看重的是性理之学。他说："道之在天下，其实原于天命之性。"（《徽州婺源县学藏书阁记》）朱熹虽然熟读儒家经典，但对之并不尽信，甚至说："《书》中可疑诸篇，若一齐不信，恐倒了六经。"（《朱子语类》卷七九）

陆游则不然。陆游极为尊崇六经，在诗中反复道之："六经万世眼，守此可以老。"（《冬夜读书》）"六经圣所传，百代尊元龟。"（《六经》）陆游终生读经，至老不倦，其诗中自称："正襟坐堂上，有几不敢凭。陈前圣人书，凛如蹈渊冰。"（《晨兴》）"半升粟饭养残躯，晨起衣冠读典谟。莫谓此生无用处，一身自是一唐虞。"（《读经》）在疑古疑经风气甚嚣尘上的宋代,陆游的这种态度堪称特立独行。

陆游出生于一个有着深厚的儒学传统的家庭,其祖父陆佃即以经学名家,尤精礼学。其父陆宰于经学也有根柢。所以他自幼就承父训刻苦读经,他后来回忆说:

> 吾幼从父师,所患经不明。何尝效侯喜,欲取能诗声。亦岂刘随州,五字矜长城。秋雨短檠夜,掉头费经营。区区宇宙间,舍重取所轻。此身倘未死,仁义尚力行。(《读苏叔党汝州北山杂诗次其韵》)

陆游一贯重视读经,诗中常及此意:"道在六经宁有尽,躬耕百亩可无饥。"(《示儿子》)"遗经在椟传家学,大字书墙作座铭。"(《自述》)甚至强调读经之重要说:"百家屏尽独穷经。"(《自咏》)他还一再作诗以此意指示儿辈努力读经,比如《六经示儿子》说:"六经如日月,万世固长悬。学不趋卑近,人谁非圣贤。马能龙作友,蚋乃瓮为天。我老空追悔,儿无弃壮年。"又如《六艺示子聿》说:"六艺江河万古流,吾徒钻仰死方休。沛然要似禹行水,卓尔孰如丁解牛。老耄简编犹自力,夜凉膏火渐当谋。大门旧业微如线,赖有吾儿共此忧。"可见在陆游心目中,儒家的经典自是百世不刊之真理,需要用毕生的精力去穷究其精义。

陆游如此重视六经,目的是通过经书与古代的圣贤直接相对:"残编幸有圣贤对。"(《独立》)"窗间一编书,终日圣贤对。"(《北窗》)这样,他就可以从经典中获知从周公、孔子以来的圣贤之道:"唐虞邈难继,周孔不复生。承学百世下,我辈责岂轻!"(《书感》)"唐虞未远如亲见,周孔犹存岂我欺?"(《后书感》)在南宋理学家一心追求性理之学而对经学有所忽视的背景下，陆游强调读经显得非常突出。

陆游心目中的圣贤之道，其首要内涵当然是儒家的仁政爱民之说，邱鸣皋先生的《陆游评传》中专设一章《以"美政"为核心的政治思想》，论之已详，而本书关注的是，陆游在人生观与诗学观两个方面从儒家学说中汲取了哪些思想营养。

二、陆游人生观的儒家色彩

众所周知，儒家在本质上是一个关注现世的学派，它对生死问题持有非常鲜明的态度，那就是极度重视生命，而对死亡则采取不予深究的搁置态度。孔子说："未知生，焉知死？"（《论语·先进》）孔子此语是回答季路"敢问死"的问题，这一方面表明了孔子"不语怪力乱神"的理性精神，另一方面也表明他对死亡采取了搁置而不予深究的态度。在先秦时代，这就是思想界对生死问题最为言简意赅的阐述。

当然，为了慎终追远，维护家族、宗族、邦国的群体利益，儒家极为重视人死之后的葬丧仪礼，但是他们并不相信那对死者有什么真实的意义。"祭如在，祭神如神在。"（《论语·八佾》）孔子此语中两个"如"字便清楚地表明了他对祭礼的真实看法：他并不相信鬼神真的能来歆享祭品，祭礼的深层意义不在死者而在于生者，它的真实目的是以之保持人们内心的诚敬肃穆，从而提高人们遵从礼义道德的自觉性。

正因如此，儒家对生死的态度是顺其自然，他们重视生命而不畏惧死亡，并主张以生前功业的建树来追求死后的不朽。也正因如此，儒家提出了"杀身成仁"(《论语·卫灵公》)和"舍生取义"(《孟子·告子上》)的口号，为生死问题树立了最高的价值标准。

陆游服膺儒学，并注重从儒家经典中汲取进德修身的养料。他对儒家经典的这种态度当然会将他的人生观导向孔、孟的遗教，这在他的诗歌中有着鲜明的体现。

首先，陆游重视生命，但他重视的是充实的、有所作为的生命，而不是虚度光阴的徒延时日。他认为人生的最高意义在于建功立业，而在国土沦丧、强敌压境的现实形势下，他心目中的功业就是杀敌御侮、收复失土。他热情洋溢地呼唤建功立业的机会："千年史策耻无名，一片丹心报天子。"(《金错刀行》)他为报国无路而感到悲愤难抑："古来共一死，何至尔寂寂……常恐埋山丘，不得委锋镝。"(《书悲》)当他明知自己已无可能实现此志的时候，就把希望寄托在他人身上："功名在子何殊我，惟恨无人快着鞭！"(《书事》)"功名不遣斯人了，无奈和戎白面郎！"(《题海首座侠客像》)由此可见陆游对生命价值的认识并未局限于自身遭际，而是具有普适意义的。

其次，陆游对死亡持有知命任运的自然主义态度。他对死亡的言说大多着眼于生前，事实上对死亡采取了不可知的搁置态度，这与孔子"未知生，焉知死"的论断是一脉相承的。陆诗中常常说到死亡的自然属性："达士共知生是赘，古人尝谓死为归。"(《寓叹》)"去去生方远，冥冥死即休。"(《病中示儿辈》)他甚至把正常的寿终正寝视为人生的一件乐事："年衰固应死，延促未可度。人之生实难，寿终固为乐。"(《衰甚书感》)陆诗中虽然也不时流露出对死亡的悲哀，但那多半是源于对生前事业未遂的缺憾，其着眼点仍在于生而不是死，例如："我发日益白，病骸宁久存。常恐先狗马，不见清中原。"(《感兴》)"北望中原泪满巾，黄旗空想渡河津。丈夫穷死由来事，要是江南有此人!"(《北望》)这分明是对抗金复国大业实现无望而引起的对死亡将临的忧惧或遗憾,这在其绝笔诗《示儿》中表现得最为明显:"死去元知万事空,但悲不见九州同!"言下之意就是如果得见南北统一,那就死而无憾了。

同样,陆诗中也有因学术事业未及完成而对死亡的拒绝:"著书殊未成,即死目不瞑。"(《七月下旬得疾不能出户者十有八日病起有赋》)"身当游岱尚少驻,书欲藏山殊未成。"(《寄五郎兼示十五郎》)陆游有时也会思及身后之事,但那不是对死亡本身的思考,而是表示对生前所从事的活动的依恋,并希望把生前的价值追求延伸到身后去。例如:"此身死去诗犹在,未必无人粗见知。"(《记梦》)"死去虽无勋业事,九原犹可见先贤。"(《一编》)"死去真无憾,曾孙似我长。"(《秋兴》)这三首诗分别写自己对诗歌写作、修身进德和抚育后代三件事情的喜爱和满足,言下之意是生前已经粗有建树,故死而无憾。

陆游的人生观偶尔也受到道家的一些影响,在陆诗中出现过这样的诗句:"尧舜桀纣皆腐骨,王侯蝼蚁同丘墟。"(《杂兴》)"百年等是一枯冢!"(《初夏杂兴》)从字面上看,陆诗的直接源头是伪《列子·杨朱》:"十年亦死,百年亦死。仁圣亦死,凶愚亦死。生则尧舜,死则腐骨。生则桀纣,死则腐骨。腐骨一矣,孰知其异?"但其思想则与《老子》的"绝圣弃智"及《庄子》的"彼亦一是非,此亦一是非""莫寿于殇子,而彭祖为夭"等思想一脉相承。

这种取消价值判断的绝对虚无主义的生死观与儒家最大的区别在于:儒家重视生前活动的价值差异,故而主张以生前的建树来获取生命的最大意义;而道家却只看到死后肉体生命同归于消灭的结局,故而取消对生前活动的价值判断。所以道家生命观的最大缺陷在于其对人生意义的消解，因为它的逻辑归宿一定是取消生前的一切努力。上引两首陆诗分别写于他八十三岁、八十四岁时，此时的诗人已至垂暮之年，他眼看自己已绝无可能实现建功立业的理想，故出此貌似旷达而实为悲愤之语。值得注意的是，这种消极的观念在陆游年登耄耋之前从未出现过，可见这并不是他一以贯之的人生信念。

从总体来看陆游的人生观，儒家的影响占有主导地位，道家的影响仅起着补充、辅助的作用。试看这首作于八十二岁时的《雨欲作步至浦口》：

> 雨作千山暗，风来万木号。放怀忘世事，徐步出亭皋。野处惟知遁，心期不复豪。宋清捐善药，须贾遗绨袍。宁乞陶翁食，难铺楚客糟。精心穷《易》《老》，余力及《庄》《骚》。杖屦时行乐，锄耰惯作劳。正令朝夕死，犹足遂吾高。

从字面上看，此诗浸透了老庄的思想：诗人已忘怀世事，已放弃壮志，且明言读《老》读《庄》。然而他并未采取无所事事、虚与委蛇的态度来对待人生，他依然认真从事耕、读等活动，依然对生活充满兴趣，仍然保持着内心的操守。正因如此，诗人才能自豪地宣称："正令朝夕死，犹足遂吾高。"这种精神分明来自儒家，是孔子所谓"朝闻道，夕死可矣"（《论语·里仁》）、孟子所谓"夭寿不贰，修身以俟之，所以立命也"（《孟子·尽心上》）的个性化表述。在死生这种人生重大问题上，陆游旗帜鲜明地表明了自己的儒者本质，儒学是指导他积极有为地度过八十五年生涯的人生指南。

三、陆游诗学观的儒家精神

在陆游崇经重道的思想中,儒家诗教说是最重要的组成部分。其荦荦大者,在于下面两端。

其一,孔子说:"小子何莫学夫诗?诗,可以兴,可以观,可以群,可以怨。迩之事父,远之事君。多识于鸟兽草木之名。"(《论语·阳货》)陆游对此语服膺备至,视为诗学的金科玉律,他说:"古声不作久矣,所谓诗者,遂成小技。诗者果可谓之小技乎?学不通天人,行不能无愧于俯仰,果可以言诗乎?"(《答陆伯政上舍书》)又说:"诗岂易言哉!一书之不见,一物之不识,一理之不穷,皆有憾焉。"(《何君墓表》)这些话或论诗之重要意义,或论诗须以博物为基础,都是对孔子诗论的引申发挥。

其二,汉儒的《诗大序》虽然来历不明,但一向被视为儒家诗教说的纲领,《诗大序》云:"诗者,志之所之也。在心为志,发言为诗。情动于中而形于言。言之不足,故嗟叹之。嗟叹之不足,故永歌之。永歌之不足,不知手之舞之,足之蹈之也。"又云:"治世之音安以乐,其政和;乱世之音怨以怒,其政乖;亡国之音哀以思,其民困。故正得失,动天地,感鬼神,莫近于诗。先王以是经夫妇,成孝敬,厚人伦,美教化,移风俗。"

陆游对此心领神会,他说:

> 盖人之情,悲愤积于中而无言,始发为诗。不然,无诗矣。苏武、李陵、陶潜、谢灵运、杜甫、李白,激于不能自已,故其诗为百代法。国朝林逋、魏野以布衣死;梅尧臣、石延年弃不用;苏舜钦、黄庭坚以废绌死。近时江西名家者,例以党籍禁

锢,乃有才名。盖诗之兴本如是。(《澹斋居士诗序》)

他又说:

> 古之说诗曰言志。夫得志而形于言,如皋陶、周公、召公、吉甫,固所谓志也。若遭变遇谗,流离困悴,自道其得志,是亦志也。然感激悲伤,忧时闵己,托情寓物,使人读之至于太息流涕,固难矣。至于安时处顺,超然事外,不矜不挫,不诬不怼,发为文辞,冲澹简远,读之者遗声利,冥得丧,如见东郭顺子,悠然意消,岂不又难哉?(《曾裘父诗集序》)

还说:

> 《花间集》皆唐末、五代时人作。方斯时,天下岌岌,生民救死不暇,士大夫乃流宕如此,可叹也哉!(《跋花间集》之一)

这些话或论诗之缘起,或述诗所言之志有不同内涵,或论诗风与时代之关系,都与《诗大序》一脉相承。

我们或许可以说陆游的诗论沿袭儒家诗论甚多,故而不像其他宋代诗论家那样自成一家,但将其置于宋代诗论在总体上偏离传统诗学精神的背景下,也不妨说陆游重新肯定了儒家的诗教说,在复古的外表下蕴藏着鲜明的革新精神。

陆游的主要文学活动是诗歌创作而不是理论阐述,要想全面考察陆游与儒家诗论的关系,必须将注意力转移到其创作实践上来。陆游在走上文学创作道路的起点时,即自觉地遵循儒家诗学思想的指导。

他三十七岁时上书给宰相陈康伯，自称：

> 某小人，生无他长，不幸束发有文字之愚。自上世遗文，先秦古书，昼读夜思，开山破荒，以求圣贤致意处。虽才识浅暗，不能如古人迎见逆决，然譬于农夫之辨菽麦，盖亦专且久矣。原委如是，派别如是，机杼如是，边幅如是。自六经、《左氏》、《离骚》以来，历历分明，皆可指数。不附不绝，不诬不素。正有出于奇，旧或以为新，横骛别驱，层出间见，每考观文词之变，见其雅正，则缨冠肃衽，如对王公大人。(《上执政书》)

这绝不是因上书朝中大臣，故言有夸饰，因为陆游始终如此持论，至老未变。可见对于陆游而言，写诗绝不是吟风弄月、舞文弄墨的小技，而是意义重大的严肃事业。"六十年间万首诗"(《小饮梅花下作》)的写作生涯，是陆游在儒家诗学观念指导下度过的庄严人生。

如果从创作主体的视角来看，对陆游创作影响最大的儒家诗学观念即是"兴、观、群、怨"之说。陆游论诗歌创作，最重二端：一是诗人的主观情志，二是诗人的人生阅历。

先看前者。在陆游的诗论中，"养气"是一个重要的范畴，以至于邱鸣皋先生在其《陆游评传》中专设一章题作"以'气'为灵魂的文学思想"。陆游认为："诗岂易言哉！才得之天，而气者我之所自养。有才矣，气不足以御之，淫于富贵，移于贫贱，得不偿失，荣不盖愧，诗由此出，而欲追古人之逸驾，讵可得哉？"(《方德亨诗集序》)既然"气"比"才"更为重要，所以"气"就是诗歌创作的首要条件："谁能养气塞天地，吐出自足成虹蜺。"(《次韵和杨伯子主簿见赠》)陆游所说的"养气"，与理学家所倡的反省内敛的修身功夫有很大的区别。在陆游看来,"养气"就是培养一种至大至刚的精神力量,也即培养高尚的人格和高洁的情操。

陆游心目中的"养气"还具有鲜明的时代特征,他评价傅崧卿的文章说:"某闻文以气为主,出处无愧,气乃不挠。韩柳之不敌,世所知也。公自政和迄绍兴,阅世变多矣。白首一节,不少屈于权贵,不附时论以苟登用。每言房、言畔臣,必愤然扼腕裂眦,有不与俱生之意。士大夫稍有退缩者,辄正色责之若仇。一时士气,为之振起。"(《傅给事外制集序》)反过来,陆游也认为南宋士气不振的局面对文学创作极为不利:"尔来士气日靡靡,文章光焰伏不起。"(《谢张时可通判赠诗编》)陆游晚年回顾南宋诗坛风气日下的过程说:"我宋更靖康祸变之后,高皇帝受命中兴,虽艰难颠沛,文章独不少衰。得志者司诏令,垂金石。流落不偶者,娱忧纾愤,发为诗骚,视中原盛时,皆略无可愧,可谓盛矣。久而寖微,或以纤巧摘裂为文,或以卑陋俚俗为诗,后生或为之变而不自知。"(《陈长翁文集序》)陆游心中的"养气",不但不求内敛,而且应该喷薄而出,他说:"夜梦有客短褐袍,示我文章杂诗骚。措辞磊落格力高,浩如怒风驾秋涛。起伏奔蹶何其豪,势尽东注浮千艘。李白杜甫生不遭,英气死岂埋蓬蒿!"(《记梦》)显然,陆游的"养气",是与南宋爱国军民抗金复国的正义呼声枹鼓相应的,具有植根于时代潮流的独特精神内涵。

再看后者。陆游所说的"养气",绝不是闭门慎独式的修身养性能奏效的,而是必须以丰富的人生阅历、深沉的人生感慨为基础。他认为好诗都是产生在道路行役、跋山涉水的过程中:"挥毫当得江山助,不到潇湘岂有诗?"(《予使江西时以诗投政府丐湖湘一麾会召还不果偶读旧稿有感》)"君诗妙处吾能识,正在山程水驿中。"(《题庐陵萧彦毓秀才诗卷后》)当然,更重要的则是包括羁旅行役在内的人生经历，尤其是充满愁苦悲辛的人生遭际。陆游说："清愁自是诗中料，向使无愁可得诗？不属僧窗孤宿夜，即还山驿旅游时。""天恐文人未尽才，常教零落在蒿莱。不为千载《离骚》计，屈子何由泽畔来？"（《读唐人愁诗戏作》）他甚至说："文章天所秘，赋予均功名。吾尝考在昔，颇见造物情。离堆太史公，青莲老先生。悲鸣伏枥骥，蹭蹬失水鲸。饱以五车读，劳以万里行。险艰外备尝，愤郁中不平。山川与风俗，杂错而交并。邦家志忠孝，人鬼参幽明。感慨发奇节，涵养出正声。故其所述作，浩浩河流倾。"（《感兴》）若是落实到南宋的时代背景中，陆游认为亲身经历铁马冰河的战斗生涯，乃至壮志不酬、悲愤填胸的人生感慨，皆是磨炼意志、增益诗才的利器，所以他说："书生本欲辈莘渭，蹭蹬乃去为诗人！"（《初冬杂咏》）

陆游终生保持着旺盛的创作热情，他的诗歌始终豪情激荡，正是上述诗学观念的实践，也是对儒家"兴、观、群、怨"的诗学观念的印证。陆游的诗学观念有着鲜明的时代特征。同样，他的诗歌创作也始终紧扣时代的脉搏。陆游自幼受到曾几等前辈爱国诗人的深刻影响，抗金复国的思想就是他诗思如潮的主要因素。朱熹在《论语集注》中解释孔子"诗可以兴"曰"感发志意"，使陆游"感发志意"的正是火热的抗金斗争以及报国无路的悲怆情怀。

值得注意的是，陆游写诗不是被动地等待灵感的到来，而是积极主动地寻求"感发志意"的良机。陆游长达六十年的诗歌创作历程，就是一个不断追求在波澜壮阔的社会生活中获取更高境界的诗兴的过程。陆游一生中最重要的"感发志意"的机会就是他四十八岁从军南郑的那段经历，他对之念念不忘，在诗中反复追忆。从军南郑使陆游亲临抗金战场的最前线，而军中的豪壮生活则使他精神激昂，意气风发，他终于在浏漓顿挫的舞姿和急节繁音的乐曲的启迪下悟得了雄浑奔放才是最适合自己的诗歌风格。在从军南郑以后的数年间，陆游写出了《金错刀行》《关山月》等代表作。陆游的此类作品，热情奔放，喷薄而出，是"诗可以兴"的诗学原理在南宋诗坛上的最佳表现。

从客观效果来看，陆游的诗歌也是南宋诗坛上最充分地发挥"诗可以兴"之功能的作品。陆诗不但为南宋的爱国军民鼓舞士气，而且对千年之下的读者仍有激励作用，诚如近代梁启超所言："诗界千年靡靡风，兵魂销尽国魂空。集中什九从军乐，亘古男儿一放翁！"（《读陆放翁集》）

四、"远之事君"：诗歌的社会干预功能

儒家极其重视诗歌的社会功能，这种功能最重要的内涵是什么？孔子说是"迩之事父，远之事君"。由于这两句话是与"诗可以兴，可以观，可以群，可以怨"相连的，后代学者往往把它们放在一起进行阐释，比如清人刘宝楠说："学诗可以事父事君者，荀子言'故而不切'，其依违讽谏，不指切事情，故言者无罪，闻者足戒。"（《论语正义》卷二十）也就是将诗的讽谏美刺功用视为"事父事君"的途径，意即运用诗歌来对君父进行委婉曲折的讽谏规劝。但是讽谏规劝只是"事父事君"的一个方面，如果将诗之用局限于讽谏规劝，就会降低其意义，所以学者又寻求更深刻的阐释，刘宝楠在上引那段话后又说：《诗序》言'正得失，动天地，感鬼神，莫近于《诗》。先王以是经夫妇，成孝敬，厚人伦，美教化，移风俗'。明诗教有益，故学之可事父事君也。"这样，不但使孔子原话的意蕴更加丰富，也更符合儒家诗学思想的完整体系。

其实早在宋代，朱熹对"迩之事父，远之事君"二句就有非常清

晰的解析:"人伦之道,《诗》无不备,二者举重而言。"(《论语集注》卷九)从陆游的创作实践来看,他对"迩之事父,远之事君"的诗学思想也是如此理解的。

我们先分析"远之事君"的方面。陆游说:

> 吾友吴梦予,橐其歌诗数百篇于天下名卿贤大夫之主斯文盟者,翕然叹誉之。末以示余。余愀然曰:"子之文,其工可悲,其不幸可吊。年益老,身益穷,后世将曰:'是穷人之工于歌诗者。'计吾吴君之情,亦岂乐受此名哉?余请广其志曰:穷当益坚,老当益壮,丈夫盖棺事始定。君子之学,尧舜其君民,余之所望于朋友也。娱悲舒忧,为风为骚而已,岂余之所望于朋友哉!"(《跋吴梦予诗编》)

此语虽为安慰怀才不遇的诗友而发,但也是陆游自己的心声。唐人杜甫终生情系君主,自述其志云:"致君尧舜上,再使风俗淳。"(《奉赠韦左丞丈二十二韵》)陆游对杜甫十分崇敬,对杜甫的忠君爱国之心感同身受,曾说:"少陵,天下士也……不胜爱君忧国之心,思少出所学佐天子,兴正观、开元之治。"(《东屯高斋记》)又作诗称扬杜甫说:"看渠胸次隘宇宙,惜哉千万不一施。空回英概入笔墨,《生民》《清庙》非唐诗。向令天开太宗业,马周遇合非公谁?后世但作诗人看,使我抚几空嗟咨!"(《读杜诗》)

从孔子所云"远之事君",到杜诗所云"致君尧舜上",再到陆游所云"尧舜其君民",是古典诗学中一脉相承的重要观念。

在陆游所处的那个时代,所谓"尧舜其君民",具有特别的意义。靖康之变以来,大宋王朝丢失了半壁江山,连祖宗陵寝都沦陷于敌国，这是整个国家、民族的奇耻大辱。要说"远之事君"，抵御外侮，收复失土，即恢复宋王朝的国家主权和原有疆域，就是对大宋王朝的最大忠诚。所以陆游诗中关于抗金复国主题的大声疾呼，就是南宋诗坛上"远之事君"的典型表现。

需要指出的是，陆游诗中的抗金主题，并非如后世学人所说是"好谈匡救之略"的"官腔"（见钱锺书《谈艺录》三七），而是具有深刻严密的具体内涵的爱国呼声。陆游生逢国难，自幼受到父辈忧国精神的熏陶，对南宋的偏安局面忧心忡忡。他曾对好友周必大说：

> 窃以时玩久安……名节弗励。仁圣焦劳于上，而士夫无宿道向方之实；法度修明于内，而郡县无赴功趋事之风。边防寖弛于通和，民力坐穷于列戍。每静观于大势，惧难待于非常。至若靖康丧乱，而遗平城之忧；绍兴权宜，而蒙渭桥之耻。高庙有盗环之逋寇，乾陵有斧柏之逆俦。江淮一隅，夫岂仗卫久留之地；梁益万里，未闻腹心不贰之臣。文恬武嬉，戈朽钺钝。（《贺周丞相启》）

虽有四六文体的限制，话仍说得剀切周详，其对时局的深刻洞察，昭昭在目。可贵的是，陆游诗中的爱国主题有极为丰富的具体内容，全面覆盖了南宋爱国诗歌的题材范围。对于南宋小朝廷的苟安国策，陆游深表痛心。对于主和派把持朝政的政局，陆游严词痛斥。对于朝中不顾国事只谋私利的大臣，陆游直言讥刺。对于朝野士气不振的现实，陆游忧心忡忡。以上种种，都体现出深沉剀切的忧国伤时之念，绝非所谓"官腔"。

此外，陆游的忧国总是与忧民紧密相连。陆游长期生活在农村，亦曾亲事农耕，他对农民生活之艰辛有近距离观察乃至切身体会，这在陆诗中有生动真切的描写。外族的侵略是对宋朝人民和平生活的致命破坏，不但中原沦陷区的人民亲受铁蹄的蹂躏，南宋的农民也因兵役和岁币的沉重负担而处于雪上加霜的窘境，陆游对此心知肚明。所以陆游诗中的忧国与忧民这两个主题紧密相连，从文学的发生背景而言，这是南宋的社会现实造成的结果。陆游继承了杜甫忠君意识的积极意义，他与杜甫一样，忠君即为爱国，忠君也即爱民。如果说"远之事君"这句话自身也许会使人误解为片面提倡忠于一家一姓的"愚忠"，那么经过陆游诗歌的形象化阐释，它的意义就有所升华，更臻高境。

总之，陆游的诗歌创作对儒家诗论中"远之事君"的内涵不但有所补充，有所扩展，而且有所提高，这是陆游对儒家诗论的重大贡献。

五、"迩之事父"：诗歌的个人抒情功能

与"事君"相似，"事父"的内涵并不止于侍奉父亲。孔子倡导孝道，其实就是倡导以"孝悌"为核心内容的伦理道德，所以他说："弟子入则孝，出则弟，谨而信，泛爱众，而亲仁。"（《论语·学而》）到了孟子，遂进一步将孝道从家族扩展至整个社会，提出了"老吾老以及人之老，幼吾幼以及人之幼"（《孟子·梁惠王上》）的著名命题。无论后世的反儒之徒如何歪曲孝道的内涵，都无法驳倒孔、孟提倡孝道进而建设以和睦亲善的人际关系为基础的安定社会的伦理学主张，因为那本是善良人民的共同愿望。历代以抒写以孝道为核心的亲情的作品极为感人，例如《诗·小雅·蓼莪》抒写"民劳苦，孝子不得终

养"的悲痛心情,朱熹云:"晋王裒以父死非罪,每读《诗》至'哀哀父母,生我劬劳',未尝不三复流涕。受业者为废此篇。《诗》之感人如此!"(《诗集传》卷一二)这是"迩之事父"的最佳例证。唐人杜甫推己及人从而写出关爱天下苍生的感人诗篇,其实也是诗歌"迩之事父"功能的扩展和提升。陆游对此心领神会。

陆游二十四岁丧父,后又丧母。正因如此,陆游也曾在诗中表露与晋人王裒相似的感情。陆游四十七岁时在夔州看到乡人扫墓,思念双亲,悲不自胜:"松阴系马启朱扉,粔籹青红正此时。守墓万家犹有日,及亲三釜永无期。诗成漫写天涯感,泪尽何由地下知。富贵贱贫俱有恨,此生长废《蓼莪》诗!"(《乡中每以寒食立夏之间省坟客夔适逢此时凄然感怀》)末句分明是用王裒之典。孟子云:"大孝终身慕父母,五十而慕者,予于大舜见之矣。"(《孟子·万章上》)陆游之诗是对孟子所倡孝道的生动阐释,也是"迩之事父"诗学观念的生动展现。

此外,"迩之事父"的诗学精神在陆诗中还有其他体现。首先,陆游诗中经常写到他的家人,尤其是其儿孙。今人钱锺书批评陆游"好誉儿"(《谈艺录》三七),其实陆诗中写及儿辈的诗很少夸耀他们,要有也只是说他们与父亲一样喜爱读书而已,比如:"到家夜已半,伫立叩蓬户。稚子犹读书,一笑慰迟暮。"(《夜出偏门还三山》)宋宁宗嘉定二年十二月二十九日(1210年1月26日),八十五岁的陆游在绍兴逝世,临终前赋《示儿》诗云:

死去元知万事空,但悲不见九州同。王师北定中原日,家祭无忘告乃翁。

这首具有遗嘱性质的绝笔诗传诵千古，它既是陆游自身生命观的最后表述，也是他对儿孙的最后一次谆谆教诲。即使进入老境，他也仍然执着地追求着自己的报国理想，甚至把这种追求延伸到身后，正如其《异梦》诗中所云："山中有异梦，重铠奋雕戈……此事终当在，无如老死何！"他临终时唯一不能丢开、最感痛心的事，就是生前没能见到祖国的统一。所以他谆谆嘱咐儿孙们将来举行家祭时，不要忘记将王师收复失地、统一祖国的喜讯告慰他的亡灵。《示儿》是陆游的政治信念及人生观的最后一次自然流露，他清楚地知道人死如灯灭，死后当然万事皆空，但他念念不忘祖国的统一大业，他坚信抗金复国的伟大理想终将实现。古往今来有各种各样的生死观，也有各种各样的遗嘱，陆游以七绝的形式写下的这份遗嘱，只字未及个人家事，却念念不忘国家的命运，其思想境界之高，古今罕有。全诗感情真挚深沉，语言朴实流畅，是一首感人至深的千古绝唱。更重要的是，此诗把陆游终生服膺的儒学精神传授给儿孙，其实也是传授给所有的后代读者，他是以儒学为代表的传统文化精神最忠实的履行者与弘扬者。

除了描写家人之间的天伦之情以外，陆游诗中还有两个内容值得关注。其一是对友情的歌颂。陆游性喜交游，多有挚友，他与范成大、杨万里、辛弃疾、朱熹、韩元吉等人物交往甚密，时时见于吟咏。不但如此，他还与许多名不见经传的普通人结下了生死不渝的友谊，留下了许多歌颂友谊的佳作。

其二是对村居睦邻关系的描绘。陆游曾在山阴农村生活了二十年，他与附近的农夫渔父结下了深厚的情谊，他由衷喜爱山阴农村淳朴纯良的风土人情，他笔下的绩女、牧童都很善良，村民的家庭关系无不淳朴敦厚，陆游对之极表赞赏。

总而言之，陆游的诗歌深情地歌颂了家人之间，朋友之间，以及邻里之间等各种类别的敦厚感情。唐人杜甫因感情深厚而被后人誉为"情圣"（见梁启超《情圣杜甫》），陆游也当得起这个称号。一个理想的社会，必然是以和睦亲善的人际关系为基石的。而要想实现整个社会的和睦亲善，以家庭内部的亲密关系为始点然后由亲及疏、由近及远地进行扩展，则是最符合人类本性、也最具可行性的切实途径。儒家重视诗歌"迩之事父"的功能，其终极目的和深层意义即在于此。陆游用其创作实绩对儒家诗学观念进行了生动、全面的阐释，陆诗具有感动人心的力量，其根本原因就在于此。从总体来看，陆游堪称宋代诗坛上最自觉地遵循儒家诗学精神的诗人，他的诗歌是儒家诗学的积极影响的典型例证。

第二讲　慷慨激昂的爱国歌吟

当陆游登上诗坛的时候，宋诗已经走过了很长的发展阶段。就艺术而言，宋诗在王安石、苏轼、黄庭坚的时代已经成熟。然而也必须注意到，北宋的诗歌在思想内涵上稍嫌平弱。诗人们过多地把精力放在探讨诗歌艺术上，他们或反复唱和争奇斗妍，或闭门觅句苦心推敲，他们的诗歌大多具有较浓的书斋气息，与现实生活的距离渐行渐远。"国家不幸诗家幸"，靖康事变的发生，惊破了诗人们宁静的书斋生活，山河破碎的形势和颠沛流离的经历使诗人们不得不暂时中止对诗歌艺术的潜心探讨，人民遭受战乱的痛楚呻吟和要求抗敌的愤怒呼唤在诗人的心弦上发出了强烈的共鸣，宋诗第一次普遍地焕发出爱国主义的异彩。

陆游正是这一时代潮流的杰出代表，他把爱国主义的主题提高到一个前所未有的高度，从而对宋诗，也对整个古典诗歌的发展作出了特殊的贡献。

一、烽火连绵的时代与坎坷艰难的生平

陆游出生于北宋徽宗宣和七年（1125），次年即逢金兵南侵，幼小的陆游即随着父母举家南逃。诗人的童年是在兵荒马乱中度过的，

高齊以來雲遠種盜
攘中原其所爲皆羌
狄也雖強飾以稽古禮
文之事如犬著方山冠如
諸君子延接之徒之何
屋壁牕櫺汙我筆硯
余觀之云爾乾道
八年九月廿日陸游識

陆游跋北齐校书图

大皂山

紫微山

虎頭山

靈巖寺

均水驛

玉女關

他从小就与祖国、人民同历艰难，正像他后来回忆的："我生学步逢丧乱，家在中原厌奔窜。淮边夜闻贼马嘶，跳去不待鸡号旦。"(《三山杜门作歌》)这段经历在少年陆游的心中埋下了对侵略者无比仇恨的种子。

陆游的父亲陆宰，是一位爱国士大夫，与他交游的都是一些爱国志士，如曾在宋高宗面前斥责秦桧"怀奸误国"的李光等人。他们常在一起讨论国事，慷慨激昂，流涕痛哭。少年陆游亲见其父与爱国士大夫谈及国事时慷慨流涕之状，在他心中留下深刻的印象，及至晚年仍记忆清晰：

> 绍兴初，某甫成童，亲见当时士大夫相与言及国事，或裂眦嚼齿，或流涕痛哭，人人自期以杀身翊戴王室，虽丑裔方张，视之蔑如也。(《跋傅给事帖》)

> 李庄简公泰发奉祠还里……每言及时事，往往愤切兴叹，谓秦相曰"咸阳"。(《老学庵笔记》卷一)

前一则中的"士大夫"指傅崧卿，卒于1138年。后一则中的"李庄简公"即李光，其"奉祠还里"事在1139年。可见陆游是在十四五岁时得闻其父辈之爱国言论，从此确立了抗金复国的人生理想。他在二十岁就立下了"上马击狂胡，下马草军书"(《观大散关图有感》)的志愿，决心以自己的文才武略为恢复中原的事业作出贡献。

陆游二十九岁那年到临安参加锁厅试，名列第一。次年试于礼部，又名列前茅。奸相秦桧本想让他的孙子取得第一，又讨厌陆游喜谈恢复失土的大业，于是非常忌恨陆游，设法将他黜落。直到秦桧死后，陆游才得以出仕。1162年，孝宗即位，主战派开始受到重视，陆游也被起用，且被孝宗召见，赐以进士出身。陆游积极地向朝廷提出了许多抗敌复国的军政策略，且积极支持主战派将领张浚率兵北伐。北伐受挫，朝廷又走上了屈服求和的老路，陆游也以"鼓唱是非，力说张浚用兵"的罪名被罢黜。陆游回到山阴，在镜湖边上闲居了四年。镜湖的水是平静的，诗人的心却无法平静，他时时想着要建功立业，报效国家。他屡次上书求职，到1169年才被任命为夔州通判，次年远行入蜀。

1172年，陆游应主战派将领王炎的聘请，到南郑（今陕西汉中）幕中襄理军务。这是陆游生平第一次有机会亲临抗金前线，他兴奋地换上戎装，开始了他向往已久的铁马秋风的军旅生活。他认为南郑一带是南宋收复中原的根据地："国家四纪失中原，师出江淮未易吞。会看金鼓从天下，却用关中作本根。"（《山南行》）可惜的是，陆游满腔的报国热忱和满腹的经国大略都根本无法实现。腐败的南宋小朝廷只求苟安，无意恢复，不久就将积极准备抗金的王炎召回罢免。眼看着收复中原的希望已经破灭，诗人感到无比的悲愤、抑郁，他写下了沉痛的《关山月》："和戎诏下十五年，将军不战空临边……遗民忍死望恢复，几处今宵垂泪痕。"

1176年，陆游被召东归。他的诗歌鲜明地反映了当时爱国军民的抗金要求，所以流传广泛而迅速，并引起了孝宗的注意，但他始终没有受到朝廷的重用，仅担任过一些不重要的职务。1184年，光宗即位，陆游改任朝议大夫礼部郎中，立即抓紧机会向朝廷提出了挽救弊政、准备恢复的正确主张，但仍然未被采纳，反而遭到奸佞的弹劾，再度罢官。从此以后，陆游在山阴三山的故乡度过了二十年的乡村生活。他在这二十年间创作了七千多首诗，诗集中描绘农村风光和农民生活的作品多半作于此时。当然,诗人始终没有忘却沦陷区的国土和人民。

1210年,八十五岁的诗人与世长辞,留下了那首感人至深的绝笔诗《示儿》。诗人的愿望并没有实现,但他的耿耿丹心却永远照耀着千秋史册。

二、陆游对爱国主义传统的弘扬

陆游是伟大的爱国诗人。虽然从数量上看,陆诗中爱国主题的作品不足十分之三,但这些诗堪称陆诗的精华,陆游永远以爱国志士的光辉形象定格于千年青史。

称陆游为爱国诗人,好像是老生常谈,其实这是陆游研究中永不过时的重要主题。在陆游生活的南宋,民族矛盾始终是全社会最受人关注的热点问题。宋帝国的半壁河山已经沦于异族的统治之下,而且金兵继续南侵的威胁也始终存在。是发奋图强待机北伐以恢复中原,还是屈膝投降以苟安于东南一隅?这直接关系到宋帝国的生死存亡,也关系到全民族的命运和尊严。陆游作为时代的歌手,理所当然要把抗敌复国作为最重要的主题。

陆游诗歌的爱国主义内涵十分丰富,他的诗歌既全面地反映了那个时代山河破碎的客观现实,又深刻地反映了广大军民坚决反抗侵略的意志和要求。他沉痛地怀念沦陷的大好河山和遭到蹂躏的中原遗民:"三万里河东入海,五千仞岳上摩天。遗民泪尽胡尘里,南望王师又一年!"(《秋夜将晓出篱门迎凉有感》)他愤怒地谴责小朝廷的卖国政策:"公卿有党排宗泽,帷幄无人用岳飞。遗老不应知此恨,亦逢汉节解沾衣。"(《夜读范至能揽辔录》)陆游愤怒地指责统治者但

谋一己私利而置国家利益于不顾:"诸公可叹善谋身,误国当时岂一秦?不望夷吾出江左,新亭对泣亦无人!"(《追感往事》之五)

在陆游的一生中,南宋小朝廷里经常是投降派占主导地位的。他们苟安一隅,认贼作父,并处心积虑地打击、迫害主战派。所以,在现实中南宋收复中原的可能性很小。严峻的现实使陆游的诗歌更多地倾向于发挥浪漫主义的想象,他时在梦中驰骋在杀敌的战场上:"僵卧孤村不自哀,尚思为国戍轮台。夜阑卧听风吹雨,铁马冰河入梦来。"(《十一月四日风雨大作》)然而,梦境是转瞬即逝的,现实又给陆游的诗作抹上了浓重的沉郁色调:"早岁那知世事艰,中原北望气如山。楼船夜雪瓜洲渡,铁马秋风大散关。塞上长城空自许,镜中衰鬓已先斑。出师一表真名世,千载谁堪伯仲间?"(《书愤》)

正因如此,在陆游所崇拜的古代诗人中,屈原、杜甫以其爱国忧世之心成为陆游的异代知音。陆游五十四岁出蜀东归途中曾写下《楚城》和《龙兴寺吊少陵先生寓居》二诗:

　　江上荒城猿鸟悲,隔江便是屈原祠。一千五百年间事,只有滩声似旧时!

　　中原草草失承平,戍火胡尘到两京。扈跸老臣身万里,天寒来此听江声。

国家多难,报国无路,共同的遭遇使陆游与屈、杜产生了强烈的共鸣。然而时刻希望杀敌复国的陆游所面对的现实却是南宋小朝廷偏安于半壁江山的定局,理想与现实的巨大矛盾使陆游格外苦闷,他只有在幻想中才能得到安慰和解脱。于是本质上属于写实性质的陆诗却时生活的作品多半作于此时。当然，诗人始终没有忘却沦陷区的国土和人民。

1210年，八十五岁的诗人与世长辞，留下了那首感人至深的绝笔诗《示儿》。诗人的愿望并没有实现，但他的耿耿丹心却永远照耀着千秋史册。

二、陆游对爱国主义传统的弘扬

陆游是伟大的爱国诗人。虽然从数量上看，陆诗中爱国主题的作品不足十分之三，但这些诗堪称陆诗的精华，陆游永远以爱国志士的光辉形象定格于千年青史。

称陆游为爱国诗人，好像是老生常谈，其实这是陆游研究中永不过时的重要主题。在陆游生活的南宋，民族矛盾始终是全社会最受人关注的热点问题。宋帝国的半壁河山已经沦于异族的统治之下，而且金兵继续南侵的威胁也始终存在。是发奋图强待机北伐以恢复中原，还是屈膝投降以苟安于东南一隅？这直接关系到宋帝国的生死存亡，也关系到全民族的命运和尊严。陆游作为时代的歌手，理所当然要把抗敌复国作为最重要的主题。

陆游诗歌的爱国主义内涵十分丰富，他的诗歌既全面地反映了那个时代山河破碎的客观现实，又深刻地反映了广大军民坚决反抗侵略的意志和要求。他沉痛地怀念沦陷的大好河山和遭到蹂躏的中原遗民："三万里河东入海，五千仞岳上摩天。遗民泪尽胡尘里，南望王师又一年！"（《秋夜将晓出篱门迎凉有感》）他愤怒地谴责小朝廷的卖国政策："公卿有党排宗泽，帷幄无人用岳飞。遗老不应知此恨，亦逢汉节解沾衣。"（《夜读范至能揽辔录》）陆游愤怒地指责统治者但

谋一己私利而置国家利益于不顾:"诸公可叹善谋身,误国当时岂一秦?不望夷吾出江左,新亭对泣亦无人!"(《追感往事》之五)

在陆游的一生中,南宋小朝廷里经常是投降派占主导地位的。他们苟安一隅,认贼作父,并处心积虑地打击、迫害主战派。所以,在现实中南宋收复中原的可能性很小。严峻的现实使陆游的诗歌更多地倾向于发挥浪漫主义的想象,他时时在梦中驰骋在杀敌的战场上:"僵卧孤村不自哀,尚思为国戍轮台。夜阑卧听风吹雨,铁马冰河入梦来。"(《十一月四日风雨大作》)然而,梦境是转瞬即逝的,现实又给陆游的诗作抹上了浓重的沉郁色调:"早岁那知世事艰,中原北望气如山。楼船夜雪瓜洲渡,铁马秋风大散关。塞上长城空自许,镜中衰鬓已先斑。出师一表真名世,千载谁堪伯仲间?"(《书愤》)

正因如此,在陆游所崇拜的古代诗人中,屈原、杜甫以其爱国忧世之心成为陆游的异代知音。陆游五十四岁出蜀东归途中曾写下《楚城》和《龙兴寺吊少陵先生寓居》二诗:

> 江上荒城猿鸟悲,隔江便是屈原祠。一千五百年间事,只有滩声似旧时!

> 中原草草失承平,戎火胡尘到两京。扈跸老臣身万里,天寒来此听江声。

国家多难,报国无路,共同的遭遇使陆游与屈、杜产生了强烈的共鸣。然而时刻希望杀敌复国的陆游所面对的现实却是南宋小朝廷偏安于半壁江山的定局,理想与现实的巨大矛盾使陆游格外苦闷,他只有在幻想中才能得到安慰和解脱。于是本质上属于写实性质的陆诗却时常需要借助浪漫幻想的表现方式，而李白那种独往独来、鄙视流俗的人生态度和想落天外、变化莫测的艺术构思也就成为陆游倾心学习的对象。

此外，以边塞诗著称的岑参也受到陆游的重视。在陆游心目中，岑参是仅次于李、杜的唐代大诗人。这显然是由于岑诗多写边塞的奇丽风光和军营的豪壮生活，正与陆游所向往的从军生活情趣相投。

三、舍身报国的爱国精神

我们在第一讲中说过，陆游的生命意识源于儒家所提倡的以立德、立功、立言来实现生命的不朽的传统价值观，而且以孔、孟提倡的"杀身成仁"与"舍生取义"为生命的最高价值。在南宋江山沦陷、国运艰危的时代背景下，陆游的生命意识有具体的表现形式，那就是舍身报国的爱国精神。

首先，陆游对这种生命意识终生服膺、始终不渝，其执着、持久的程度在前代诗歌中罕见其俦。陆游身处南宋小朝廷苟安于半壁江山，南北分治已成定局的时代，抗金复国的事业已没有实现的可能性。可是陆游始终不肯屈服、认命，他以"知其不可而为之"的态度坚持着自己的报国理想，并在其诗作中千百次地重复这个主题，试看其《醉歌》：

> 读书三万卷，仕宦皆束阁。学剑四十年，虏血未染锷。不得为长虹，万丈扫寥廓。又不为疾风，六月送飞雹。战马死槽枥，公卿守和约。穷边指淮泲，异域视京雒。於乎此何心，有酒吾忍酌。平生为衣食，敛版靴两脚。心虽了是非，口不给唯诺。如今

老且病,鬓秃牙齿落。仰天少吐气,饿死实差乐。壮心埋不朽,千载犹可作。

再看其《异梦》:

> 山中有异梦,重铠奋雕戈。敷水西通渭,潼关北控河。凄凉鸣赵瑟,慷慨和燕歌。此事终当在,无如老死何!

这两首诗分别作于六十六岁和八十四岁时。前者明言当时的形势是"战马死槽枥,公卿守和约",这与陆诗中的名句"朱门沉沉按歌舞,厩马肥死弓断弦"(《关山月》)的含义完全一致,是对当时的苟安局面的无情讽刺。可是即使在如此沉闷的时代里,诗人壮心不已,仍然坚持内心的理想,从而弘扬了千载不朽的浩然正气。后者作于垂暮之年,诗人已经非常衰老,而且已经意识到死亡的迫近。然而他依然在梦境中披甲扬戈,并亲临久已沦陷的失土。陆游诗中对报国壮志的歌颂,真是诗歌史上前所未有的黄钟大吕!

其次,陆游对建功立业的人生理想的强调达到了非常激烈的程度,他明确表示自己所追求的人生目标就是杀身成仁,以完成盖世功业。在南宋的现实情境中,其人生理想就是舍身报国,请看其《松骥行》:

> 骥行千里亦何得,垂首伏枥终自伤。松阅千年弃涧壑,不如杀身扶明堂。士生抱材愿少试,誓取燕赵归君王。闭门高卧身欲老,闻鸡相蹴涕数行。正令咿嘤死床箦,岂若横身当战场。半酣浩歌声激烈,车轮百转盘愁肠。

此诗作于1176年，诗人正在成都任"成都府路安抚司参议官兼四川制置使司参议官"的闲职。曾经使他激动万分的南郑从军的经历已成为昙花一现般的记忆，杀敌报国的理想实已成为梦想。然而正是在如此无可奈何的情境下，诗人写出了这首情感强烈、激昂慷慨的诗作。诗人不但以"不如杀身扶明堂"的千年古松来自喻其志，而且直言不愿像常人那样死于床箦，而希望牺牲在报国的战场上。"正令"两句，正是对汉人马援的名言"男儿要当死于边野，以马革裹尸还葬耳，何能卧床上在儿女子手中邪"（《后汉书·马援传》）的诗语表述。

正因如此，陆游对历史上那些杀身成仁的侠客、烈士亟表敬意，他再三说希望死后葬近要离之坟："愿乞一棺地，葬近要离坟。"（《言怀》）"生拟入山随李广，死当穿冢近要离。"（《月下醉题》）"生无鲍叔能知己，死有要离与卜邻。"（《书叹》）"未斫要离家畔云，侩牛得食寄乡枌。"（《纪怀》）他还曾梦见荆轲之墓，并为之扼腕感愤："悲歌易水寒，千古见精爽。国仇久不复，惊觉泚吾颡。何时真过兹，薄酹神所飨。"（《丙午十月十三夜梦过一大冢傍人为余言此荆轲墓也按地志荆轲墓盖在关中感叹赋诗》）他又希望在项羽庙旁结茅而居："小人平生仰遗烈，近庙欲结茅三间。"（《项王庙》）如此强烈地希冀着杀身成仁，正是把儒家的生命价值观念推向极致的结果，这是陆游的生死观中最为引人注目的特点。

当然，陆游平生也曾数次回乡闲居，但他人在江湖，心怀国家。自少至老，壮志不灭。这在其诗作中有明显的表露。1154年陆游赴礼部试被秦桧黜落，旋即返回山阴故里闲居。次年，三十一岁的陆游作《夜读兵书》以明志："孤灯耿霜夕，穷山读兵书。平生万里心，执戈王前驱。战死士所有，耻复守妻孥。"1209年，八十五岁的陆游在

《赏山园牡丹有感》中说:"周汉故都亦岂远,安得尺棰驱群胡?"前者以"战死土所有"为人生的终极价值,后者希冀收复故土、驱逐外敌,可见陆游终生保持着舍身报国的满腔热情,这是陆游的爱国诗歌感发人心的不竭源泉。

四、陆游爱国主义诗歌的名篇

从诗体来看,陆游的爱国诗歌以七言为主。在七言诗的范围内,陆游爱国诗歌的名篇诸体皆有,其比重则从七绝、七律到七古依次提升。下面从三种诗体中分别选取一、二、三首代表作进行解读。

先看一首上文提到的七绝。1192年,陆游作《十一月四日风雨大作》:

> 僵卧孤村不自哀,尚思为国戍轮台。夜阑卧听风吹雨,铁马冰河入梦来。

两年前陆游以"嘲弄风月"的无妄之罪被劾罢官(详见本书第三讲),被迫归隐山阴故居。此年陆游年已六十八岁,仕途无望,老病交加。首句"僵卧孤村"四字,写尽晚景凄凉之状。然而诗人宣称"不自哀",也即并不为一己之命运而悲哀,次句交代其缘由,原来他一心想着要为国家戍守边关!正因如此,当他在夜间听到狂风骤雨之声,竟然梦见自己身骑铁马,飞越冰河!古人对梦之成因有两种解释:如心中日有所思,夜有所梦,即所谓"想"。如身体有某种感觉(听觉、触觉等),因以成梦,即所谓"因"。陆游夜闻狂风急雨,状似北国边地苦寒之状,是此梦之"因"。陆游平时满心希望亲赴抗金前线,是此梦之"想"。卧病荒村的迟暮老人,风雨连天的孤寂冬夜,居然催生出铁马冰河的豪壮梦境,可见诗人始终心在抗金复国的战场!

再看两首七律。1182年秋,陆游正奉祠居家,作《夜泊水村》:

腰间羽箭久凋零,太息燕然未勒铭。老子犹堪绝大漠,诸君何至泣新亭。一身报国有万死,双鬓向人无再青。记取江湖泊船处,卧闻新雁落寒汀。

1186年春,陆游仍在山阴故居,作《书愤》:

早岁那知世事艰,中原北望气如山。楼船夜雪瓜洲渡,铁马秋风大散关。塞上长城空自许,镜中衰鬓已先斑。出师一表真名世,千载谁堪伯仲间!

两首诗的写作年代与背景基本相同,所抒发的悲愤心情也大同小异。从诗题来看,前一首的主题应是江湖羁旅,但开篇即从功业未成、壮志难酬写起,次联进而宣称自己虽老尚能出征绝塞、横渡大漠,并诘问朝中的衮衮诸公为何不能勠力王室、收复失土,反如楚囚相对,对泣新亭?颈联痛陈自己万死不辞的报国之志,又慨叹双鬓斑白,无计返老还童的实际处境,两相对照,抑塞磊落之情不言自明。尾联点题,落到夜泊江湖的眼前实景。寒夜萧瑟,只有那一声声悲切的雁唳,与诗人的悲愤心声互相呼应。此诗要是改题为"书愤",也完全稳当。

至于后一首,则是名实相符的"书愤"之诗!抗金复国是陆游终生不渝的人生理想,由于世事艰难,命途多舛,年过六旬的陆游闲居荒村，实现壮志的可能性已经微乎其微，但希望的火焰仍在胸中燃烧。此诗颔联向称警策：当时宋金对峙，在东西两个地点经常发生军事冲突，陆游皆曾亲临其境。一是东线的江淮之间，1161年，刘锜、虞允文等曾在瓜洲、采石一带击退金兵。到1162年，张浚督师于建康、镇江之间，陆游曾在镇江谒见张浚，目睹楼船横江的军容。二是西线的散关一带，那是宋金必争之地，1172年，王炎任四川宣抚使，设幕府于南郑，力图北伐收复长安。陆游应王炎之辟前往南郑，且曾亲临大散关的抗金前线。对于陆游而言，这两段经历虽然都很短暂，却是难以忘怀的人生遭际，是最接近实现平生壮志的时刻。难怪当他作诗抒愤时，那两段经历就栩栩如生地突现眼前。此联的画面感极强，句中嵌入"夜雪""秋风"尤其精妙，正如清人方东树所评："妙在三、四句兼写景象，声色动人，否则近于枯竭。"（《昭昧詹言》卷二十）颈联直抒怀抱，意旨与句法都以精警取胜。前句中"长城"二字本是古代名将檀道济的自许，此处前缀"塞上"二字，更强调其保家卫国的意义。后缀"空自许"三字，又强调其壮志难酬的悲怆。后句陡然跌入低沉之境，一扬一抑，与前句形成巨大的张力。尾联对诸葛亮的《出师表》极表推崇。无论是诸葛亮以率师北伐平定中原为终生大业的事迹，还是《出师表》中关于"汉贼不两立"的议论以及"鞠躬尽瘁，死而后已"的心声，都使陆游"于我心有戚戚焉"，可见此联乃借古人之酒杯，浇自身之块垒，末句实即表示愤慨之一声长叹也！

再看三首七古。1177年，陆游在成都作《关山月》：

和戎诏下十五年，将军不战空临边。朱门沉沉按歌舞，厩马肥死弓断弦。戍楼刁斗催落月，三十从军今白发。笛里谁知壮士心,沙头空照征人骨。中原干戈古亦闻,岂有逆胡传子孙?遗民忍死望恢复,几处今宵垂泪痕!

《关山月》原是乐府古题,古题乐府如何翻新出奇?本诗有两点值得注意。首先,"关山月"的主题,据郭茂倩《乐府诗集》卷二三引《乐府解题》云:"关山月,伤离别也。"后人拟作甚多,皆不离征人戍边、见月思归的老主题,其中以李白所拟最有代表性:"明月出天山,苍茫云海间。长风几万里,吹度玉门关……戍客望边邑,思归多苦颜。高楼当此夜,叹息未应闲。"陆游此诗则借古题写时事,具有浓厚的时代气息。南宋成立后,与金国和战不定。孝宗继位后一度振作,思欲抗金,但出师不利,朝臣中以汤思退为首的主和派又占上风,结果仍于1163年下诏议和。陆游力主抗金,反对和议,因此被朝廷疏远,且于三年后因"力说张浚用兵"的罪名被罢官。时光流逝,南宋小朝廷因循苟且,抗金复国的事业毫无进展。陆游忧国如焚,作诗抒愤。全诗紧扣当时的时政、国事,完全脱离了拟古的窠臼。

其次,"关山月"的传统写法是从戍人着眼,即使偶及思妇,也是作为戍人的衬映。陆诗却一反常规,选择三个社会群体作为描绘对象,从而全面地反映了当时的社会现实。第一个群体是朝中的文武大臣,他们文恬武嬉,苟且偷安。武将即使驻守边防,也是毫无斗志,徒然"临边"。文臣更是躲在临安城里听歌赏舞,沉溺享乐。于是南宋武备废弛,军力衰弱,国家中兴毫无希望。第二个群体是戍守前线的战士,他们长年戍边,报国无路,存者渐渐老去,死者抛骨沙场。戍楼上的一轮冷月,徒然照着征人头上的白发和沙场上的白骨,那是多么触目惊心的景象!第三个群体是沦陷区的遗民,他们在敌人的铁蹄下艰难生存,满心盼望着故国的军队收复失土。可是日复一日,王师渺无踪影，遗民们只能在月下垂泪而已。此诗假托一位老兵之口，痛责统治者以一纸和议抛弃半壁江山、苟且偷生贪图享乐的无耻行径，倾诉了爱国将士和沦陷区人民的满腔悲愤。此诗为南宋中叶沉闷的社会现实画了一幅多角度的时代图卷。当然，陆游的报国热情和忧国情怀也跃然纸上，真切感人。

1173年，陆游在嘉州作《金错刀行》：

> 黄金错刀白玉装，夜穿窗扉出光芒。丈夫五十功未立，提刀独立顾八荒。京华结交尽奇士，意气相期共生死。千年史策耻无名，一片丹心报天子。尔来从军天汉滨，南山晓雪玉嶙峋。呜呼！楚虽三户能亡秦，岂有堂堂中国空无人！

"金错刀"指嵌有黄金纹饰的宝刀，此诗借刀起兴。相传宝剑有灵，《晋书·张华传》载，张华见斗牛之间常有紫气，特向望气人雷焕请教，雷曰："宝剑之精，上彻于天耳。"后果于丰城狱屋基下掘得宝剑一双。故唐人郭震《古剑篇》云："何言中路遭弃捐，零落飘沦古狱边。虽复沉埋无所用，犹能夜夜气冲天。"陆游作此诗时，刚离开南郑边防不久，因痛失杀敌报国的良机而耿耿于怀，于是借咏刀以言志。此刀金错玉装，然未得其用，如遭埋没，故夜吐光芒。诗人年近五十，奇功未立，乃提刀独立，环顾八方。《庄子·养生主》写庖丁挥刀解牛，游刃有余，然后"提刀而立，为之四顾，为之踌躇满志"。诗人反用其语，描写壮志未酬、惆怅四顾之失意英雄，并改"四顾"为"顾八荒"，益见其心事浩茫，真乃善于用典。以上四句借咏宝刀以起兴，下文转入直抒胸怀。当时主张抗金复国的奇士并不少见，陆游与他们志同道合，结为意气相投的生死之交，以建功立业互相期许。孔子曰："四十、五十而无闻焉,斯亦不足畏也已。"(《论语·子罕》)诗人年近半百尚未建立功业,生命的焦虑感油然而生。他所希冀的是丹心报国,名垂青史。于是诗人又回忆从军汉中的经历,群峰积雪,皎洁嶙峋,正是实现其铁马冰河之梦想的境地!尽管如此,诗人仍对抗金大业充满了必胜的信心。楚虽三户,尚能亡秦,难道堂堂中国反而无人复国雪耻!末句既是对抗金志士的激励,也是对朝中投降势力的斥责,堪称时代的最强音。总之,此诗所咏的宝刀实即骑士精神的物化,诗中蕴含的爱国精神如同宝刀一样光芒四射。

1174年,陆游在成都客寓多福禅院,作《长歌行》:

> 人生不作安期生,醉入东海骑长鲸。犹当出作李西平,手枭逆贼清旧京。金印煌煌未入手,白发种种来无情。成都古寺卧秋晚,落日偏傍僧窗明。岂其马上破贼手,哦诗长作寒螀鸣?兴来买尽市桥酒,大车磊落堆长瓶。哀丝豪竹助剧饮,如钜野受黄河倾。平时一滴不入口,意气顿使千人惊。国仇未报壮士老,匣中宝剑夜有声。何当凯还宴将士,三更雪压飞狐城?

此诗乃陆游的七古名篇,清人方东树称它为陆集中的"压卷"之作(见《昭昧詹言》卷一二),洵为确论,因为它确实代表着陆游诗歌创作的两个主导倾向,一是七古诗体,二是爱国主题。

先看前者。陆游四十八岁从军南郑、亲炙战场的这段人生经历使他的作诗风格发生了质变,他对之念念不忘,把它形容为"诗家三昧忽见前"(《九月一日夜读诗稿有感走笔作歌》)。在从军南郑以后的数年间,陆游写出了一生中最重要的代表作:《金错刀行》《胡无人》《谒诸葛丞相庙》《楼上醉歌》《中夜闻大雷雨》《夜读东京记》《关山月》等，这些作品无一例外都是七言歌行，正是这些雄浑奔放的七言歌行奠定了陆游诗风。《长歌行》作于陆游五十岁时，是他中年时期七古诗体的巅峰之作。

再看后者。陆游抒写爱国精神的七古名篇大多每篇各有主题，也各有不同的情感倾向。例如《金错刀行》抒发誓死不屈、坚决抗敌的豪迈情怀，《胡无人》歌颂抗金事业终将成功的胜利信念，《关山月》倾吐局势沉闷、报国无路的苦闷心情。唯独这首《长歌行》将上述主题熔于一炉，从而全面、深刻地抒写了诗人的复杂心态。陆游是胸怀大志的奇士，他的生命意识是与建功立业的人生目标密切相关的。此诗首二句虽说修道成仙、入海骑鲸也是人生理想，但显然只是为了提振文气而虚晃一笔，因为安期生本是虚无缥缈的神话人物，坚信儒学的陆游岂会相信这种"怪力乱神"之说？三、四句所吟的"李西平"才是陆游心中真正的人生楷模。李晟是中唐名将，曾讨平朱泚之乱并收复沦陷的长安，因功封为西平郡王。陆游多么希望能像李晟一样，击败金兵，收复汴京，在抗金斗争中建立奇功！可惜事与愿违，时不我待，"金印煌煌"的梦想并未成真，"白发种种"的现实却已来临。陆游自幼就与祖国、人民同历艰难，早就决心以自己的文才武略为恢复中原的事业作出贡献。可惜小朝廷中投降路线总是占着主导地位，陆游壮志难酬，报国无门，只好束手无策地看着白发丛生。"成都古寺卧秋晚，落日偏傍僧窗明"二句貌似闲言语，其实妙不可言。试想一位正值壮年的英雄竟然无所事事地闲卧在古寺中，眼睁睁地看着落日照明僧窗，日光的移动当然意味着时光的流逝，夕阳余晖当然意味着人生的晚景，此情此景，人何以堪？至此，诗情压抑已极其低沉，于是诗人愤怒地诘问：难道一位马上破贼的英雄，竟然像寒蝉悲鸣一样低声吟诗吗？陆游当然是诗人，而且是名扬千古的大诗人，但他自己并不以诗人为人生目标。就在两年前，陆游在蒙蒙细雨中骑驴进入剑门关，曾反问自己"此身合是诗人未"？（《剑门道中遇微雨》）二十一年以后，陆游又为杜甫仅以诗人垂名而不平："后世但作诗人看，使我抚几空嗟咨！"（《读杜诗》）无奈之下，陆游只好买酒浇愁。然而这是何等雄壮的豪饮啊！诗人举杯痛饮，竟像滔滔黄河注入钜野大泽。即使在举杯消愁之际，诗人也未忘却自己的人生目标，于是下句从醉态急转为清醒，平时滴酒不沾，意气惊人，因为尚有报国雪耻的大业未得完成。那么何时才能开怀痛饮呢？只有待抗金功成，收复位于幽燕的失地，才能在庆功宴上雪夜痛饮。

　　细味此诗，其炽烈的爱国情怀与《金错刀行》等诗并无二致，其独特之处在于除了报国豪情外还深刻抒写了苦闷心态，从而流露出格外深沉的生命意识。陆游经常在诗中叹老，但是这种感叹绝不是无病呻吟式的叹老嗟卑，而是基于功业难成、时不我待的紧迫感。写作《长歌行》的时候，陆游年方半百，正是建功立业的大好年华。他闲卧古寺，买酒浇愁，眼看着生命随着冉冉落日无情流逝。失望、焦虑之感与白发、落日之景交织一气，构成极其压抑的诗歌意境，这是陆游现实处境的真实反映。由于陆游的生命意识以建功立业为基石，消解忧愁的唯一手段仍是对功业的追求，所以《长歌行》以"手枭逆贼清旧京"为始，以"何当凯还宴将士"为终，不但真实地抒写了诗人的复杂心态，而且前后呼应，形成抑扬顿挫的情感波澜，耐人寻味。如从诗歌艺术的角度来看，则此诗风格雄壮而没有粗豪的缺点，感情喷薄而不乏细腻的心理描写，其总体成就在其同类主题的七古作品中出类拔萃。方东树誉此诗为陆集压卷之作，原因当在这里。

　　总之，爱国主义的主题不但贯穿了陆游长达六十多年的创作历程，而且融入了诗人的整个生命，成为陆诗的精华和灵魂。陆游的爱国诗歌在后代有深远的影响，特别是清末以来，每当国势倾危时，陆诗往往成为鼓舞人民反抗外来侵略的精神力量。陆游，这位生前曾吟出"千年史策耻无名"的爱国诗人，将永远以英雄的姿态存活于中华民族的千年青史。

第三讲　江山风月与人文胜迹

陆游存诗近万首，题材十分丰富，清人《唐宋诗醇》中评陆诗内容云："其感激悲愤、忠君爱国之诚，一寓于诗。酒酣耳热，跌宕淋漓。至于渔舟樵径，茶碗炉熏，或雨或晴，一草一木，莫不著为咏歌，以寄其意。"这段话旨在表彰陆诗内容丰富，但也指出了陆诗的重要内容就是爱国诗与写景诗。钱锺书先生在《宋诗选注》中也评陆游诗说："他的作品主要有两方面：一方面是悲愤激昂，要为国家报仇雪耻，恢复丧失的疆土，解放沦陷的人民；一方面是闲适细腻，咀嚼出日常生活的深永的滋味，熨贴出当前景物的曲折的情状。"如果仅从作品数量来看，陆游集中的爱国诗不过占十之二三，倒是那些"模写事情俱透脱，品题花鸟亦清奇"（明人袁宗道《偶得放翁集快读数日志喜因效其语》）的写景诗占了十之七八。

当代学术界对陆游的写景诗研究得比较深透的论著，首推陶文鹏、韦凤娟主编《灵境诗心——中国古代山水诗史》一书。该书从"时代风云与江山之助""悲壮情怀与雄阔气象""笔墨工细、圆匀熨帖"三个方面对陆游的山水诗作了细致的分析。笔者认为写景诗除了山水之外还包括名胜古迹等内容，而上书的结论也尚有可推扩之处，故本讲拟从广义的角度对陆游的写景诗进行讲述。

一、钟情自然的山水诗人

陆游性喜游山玩水,且终身乐此不疲。他四十六岁那年出任夔州通判,在入蜀途中宣称:"从来乐山水,临老愈跌宕。皇天怜其狂,择地令自放。"(《将离江陵》)四十八岁前往南郑时又在途中作诗说:"平生爱山每自叹,举世但觉山可玩。皇天怜之足其愿,著在荒山更何怨。"(《饭三折铺铺在乱山中》)这些诗句虽然蕴含着流落蛮荒的失意之感,但对山水的喜爱之情却是发自肺腑的。因此,他五十二岁时在成都幕府中自抒怀抱的"付与后人评此老,一丘一壑过元规"之句(《题直舍壁》),乃用《世说新语·品藻》的典故:"明帝问谢鲲:'君自谓何如庾亮?'答曰:'端委庙堂,使百僚准则,臣不如亮;一丘一壑,自谓过之。'"虽属牢骚之语,仍然透露出对山水独有会心的自豪之情。即使到了晚年,陆游仍对山水念念不忘。例如八十三岁时所说的"早曾寄傲风烟表,晚尚钟情水石间"(《闲适》),八十四岁时所说的"一见溪山病眼开,青鞋处处蹋苍苔"(《闲游》),八十五岁时所说的"平生爱山心,于此可无悔"(《稽山》),真可谓终身不渝。

陆游性喜山水之事为时人所习知,他五十二岁时受到台谏攻讦,罪名竟然是"燕饮颓放"(事载《宋会要辑稿》之《职官·黜降官》九);他六十岁出任严州知州前面辞皇帝,宋孝宗竟当面对他说:"严陵山水胜处,职事之暇,可以赋咏自适。"(《宋史·陆游传》)诗人罢归山阴后,即以"风月"命名小轩,且作诗抒慨,此诗题作《予十年间两坐斥罪虽擢发莫数而诗为首谓之嘲咏风月既还山遂以风月名小轩且作绝句》,其一曰:

> 扁舟又向镜中行，小草清诗取次成。放逐尚非余子比，清风明月入台评！

诗中虽然包含着对非罪被谴的牢骚，但字里行间仍洋溢着对山水景物的满腔热爱。

陆游常将游山玩水与读书相提并论，这种看法有时是出于功利目的，例如："饱以五车读，劳以万里行。险艰外备尝，愤郁中不平。"（《感兴》）这显然是从"读万卷书，行万里路"的角度而言的，是对人生历练可以增进文学修养的观念的诗意表述。但是更多的则是纯粹出于内心的爱好，例如："游山恨不远，读书恨不博。天下多名山，何处无芒屩。束书饱蠹鱼，于汝宁不怍？"（《二乐》）又如："体不佳时看《周易》，酒痛饮后读《离骚》。骑驴太华三峰雪，鼓棹钱塘八月涛。"（《杂赋》）两首诗都作于八十四岁，已至风烛残年的诗人不会再有什么功利的考虑了，况且前一首题作"二乐"，后一首则形象地描绘了生活中两大乐事的具体内容，可见在诗人心中，游赏山水与读书是平生的两大爱好。

正因陆游对山水景物的喜爱是发自内心的，所以在他心目中，山水景物不但变化多姿，而且富有情感："山晴更觉云含态，风定闲看水弄姿。"（《秋思》）仿佛山水风云都是含情脉脉地向诗人展示其美丽的姿态。"萦回水抱中和气，平远山如酝藉人。"（《登拟岘台》）仿佛山水具有像人一样的精神气质。他还认为自然景物都是其亲密朋友："莺花旧识非生客，山水曾游是故人。"（《阆中作》）"江山好处得新句，风月佳时逢故人。"（《遣兴》）虽说中国古代诗人在模山范水时往往都会向自然景物投射主观情感，但从其写景诗的整体来看，陆游所投射的情感显然更为浓烈。所以陆游的写景诗几乎无一例外全是情深意挚的抒情诗，有时甚至抒情的成分压倒写景而成为全诗的主旨。例如《雨中登安福寺塔》：

> 平生喜登高，醉眼无疆界。北顾极幽并，东望跨海岱。喟然抚手叹，从古几成败？英雄如过鸟，城郭但遗块。今朝上黑塔，千里旷无碍。忽惊风霆掣，坐觉天地晦。急雨挟龙腥，溽暑为摧坏。皇天念蟠郁，令我寄一快。那知书生狂，自倚心眼大。更思驻潼关，黄河看如带。

此诗作于成都，安福寺塔为蜀中名胜，时令则正逢莺花烂漫的阳春三月，可是诗中对登高览远所见的景物仅以"千里旷无碍"一句虚晃一枪，全诗主旨则在抒发胸中豪情以及对沦陷的中原河山的怀念，这样的写法显然与一般的登览诗不可同日而语。

如果说上诗名为登览而实含爱国热情，所以实际上包含着陆诗的两大主要内容，不能算是典型的写景诗，那么请再看《稽山》：

> 我识庐山面，亦抚终南背。平生爱山心，于此可无悔。晚归古会稽，开门与山对。奇峰绾髻鬟，横岭扫眉黛。岂亦念孤愁，一日变万态。风月娱朝夕，云烟阅明晦。一洗故乡悲，更益吾庐爱。东偏得山多，寝食鲜不在。宁无度世人，谈笑见英概。御风倘可留，为我倾玉瀣。

此诗作于八十五岁，诗人已臻风烛残年，全诗内容与爱国题材无涉，是一首较为纯粹的山水诗。但是此诗最重要的主题并非题中所说的"稽山"，而是诗人的自我。诗中展示了诗人热爱名山大川的自我形象，他壮年时曾饱览各地名山，甚至远达被金人占领的终南山的北侧。晚年归隐故乡，稽山可说是他的家山。稽山就像故乡的挚友，不但与他朝夕相对，而且用晦明变化的各种姿态来抚慰他的孤寂心灵。诗中虽有许多细致生动的写景之句，但每一句的字里行间都洋溢着浓烈的情愫。此诗给读者的阅读效果与其说是领略稽山的美景，倒不如说是体会诗人的胸怀。强烈的主观情志的投射是陆游写景诗具有浓烈人文色彩的根本原因。

二、丑妍巨细皆见刻画

陆游的写景诗有一个显著的特点，就是所咏景物的多样性。那么，造成这种现象的原因又是什么呢？我们认为正是诗中充溢着强烈的主观色彩。换句话说，因为陆游写景时往往是以自我为主导，很少有纯属客观的描写，所以景物自身的巨细丑妍并不能影响诗人的诗兴。只要内心有所感触，即使是荒凉简陋的景物也会使他诗兴勃发。试看《剑门道中遇微雨》：

> 衣上征尘杂酒痕，远游无处不消魂。此身合是诗人未？细雨骑驴入剑门。

近人罗瘿公评曰："剑南七绝，宋人中最占上峰，此首又其最上峰者，直摩唐贤之垒。"（见陈衍《石遗室诗话》卷二七引）的确，此诗的意境之美，在宋诗中少见其比。然而真正的写景仅最后一句，且未对剑门之景作细致描摹，只是为自身画一小像而已：险峻荒凉的剑门关口，细雨蒙蒙，孤独的诗人骑驴入关。与其说这是一幅山水图，不如说是人物像，景物只是图中人物的背景而已。然而正是这荒寒凄寂的景物触发了诗人胸中的蓬勃诗兴，情景融会，构建成诗情婉转的意境。

陆诗的这个特点最显著的体现就是其观赏视野十分广阔，并不局限于某个区域。首先，陆游热爱家乡，越中的稽山、镜湖都是他反复吟咏的对象。当他远游异乡的时候，对稽山镜湖的思念经常见诸吟咏，试看《初夏怀故山》：

> 镜湖四月正清和，白塔红桥小艇过。梅雨晴时插秧鼓，蘋风生处采菱歌。沉迷簿领吟哦少，淹泊蛮荒感慨多。谁谓吾庐六千里，眼中历历见渔蓑。

此诗作于四十七岁，陆游正在夔州通判任上。其年四月，诗人为州考监试官，闭于试院中，乃作此诗。其实夔州也是山水清绝之地，但诗人却一心思念远在数千里之外的家山。诗中盛赞故乡风物之美，对眼前的夔州则称为"蛮荒"。

但是当陆游回到家乡归隐于镜湖之畔后，却又对巴山蜀水魂牵梦绕起来。试看《梦蜀》：

> 自计前生定蜀人，锦官来往九经春。堆盘丙穴鱼胦美，下箸峨眉栮脯珍。联骑隽游非复昔，数编残稿尚如新。最怜栩栩西窗梦，路入青衣不问津。

诗人对蜀地的一往情深，与对故乡的热爱之心有何区别？诗中展示的巴蜀风物之美，又何以逊色于越中的秧鼓菱歌？如果说此诗主要指成

都而言,是对锦官城独特的繁华景象和蜀中珍物的赏爱,那么再看《自春来数梦至阆中苍溪驿五月十四日又梦作两绝句记之》之一:

> 骑驴夜到苍溪驿,正是猿啼月落时。三十五年如电掣,败墙谁护旧题诗?

此诗作于八十二岁,诗人已经垂垂老矣,三十五年前的一段游踪竟然反复入梦!而且苍溪驿是乱山深处的一个小驿站,它留给诗人的记忆也仅是"猿啼月落",与繁花似锦的成都不可同日而语。然而诗人对苍溪驿的追忆是何等的一往情深。由此可见,陆游对巴山蜀水的热爱是整体性的。

那么,陆游既爱稽山镜湖,又爱巴山蜀水,两者是否互相排斥呢?陆游对此的回答是断然否定,他认为两者是互相统一,相辅相成的。陆游欣赏山水景物时怀着强烈的主观色彩,所以他时常在相隔万里的景物之间产生联想。先看《夜行至平羌憩大悲院》:

> 忆昨游天台,夜投石桥宿。水声乱人语,炬火散山谷。穿林有惊鹊,截道多奔鹿。今夕复何夕,此境忽在目。苍茫陂十里,清浅溪数曲。微霜结衰茸,落叶拂帽屋。下马憩村寺,颓然睡清熟。觉来窗已白,残灯犹煜煜。

此诗作于四十九岁,诗人正在嘉州的平羌县夜行,忽然追忆往年游览天台山的情景,原来他觉得天台山与眼前的景物非常相似,而山间夜行的经历更是如出一辙。再看《成都书事》:

> 剑南山水尽清晖,濯锦江边天下稀。烟柳不遮楼角断,风花时傍马头飞。苦蕻笋似稽山美,斫脍鱼如笠泽肥。客报城西有园卖,老夫白首欲忘归。

家乡的土产,是最能触动游子乡愁的物品。陆游当然也有莼鲈之思,但是他觉得蜀中的风物也很美好,蜀地所产的竹笋、鱼脍并不亚于家乡的同类产品。

如果说山水与物产合在一起便构成所谓的"风物",那么陆游对越中与蜀地这两处的风物是无所厚薄的。陆游的这种习性贯穿终身,例如他五十五岁所作《紫溪驿》二首之二:"云外丹青万仞梯,木阴合处子规啼。嘉陵栈道吾能说,略似黄亭到紫溪。"紫溪驿地处江西信州,但是当诗人身行绝壁万仞、浓荫如盖的山道时,忽然联想到嘉陵江畔的栈道,认为两者的景物非常相似。到了八十三岁,陆游作诗吟咏故乡景物,又突然想起远在万里之外的汉中村落,说:"汉中西县村落,下临让水,景物颇似吾乡。"(见《秋冬之交杂赋》之六自注)

现实世界中的景物本是千差万别的,但由于诗人用强烈的主观眼光去观察、品鉴,就能泯灭其间的差异而强调其同一性。陆游就是这样,在他看来,无论景物有多大的差异,是远是近,是大是小,乃至是美是丑,只要诗人兴会淋漓,都能产生同样的兴致,也都能触发类似的诗兴。请看《远游》:

> 壮年不作故山归,老去方知浪走非。挂日片帆吴赤壁,嘶风匹马蜀青衣。交游虽广知心少,香火徒勤愿力微。堪笑只今成底事,青灯无恙且相依。

再看《反远游》：

> 卖却貂裘买钓舟，久将身世付悠悠。行歌西郭红桥路，烂醉东关白塔秋。夜泊驿亭观月上，晓登僧阁听猿愁。一生身属官仓米，剩喜残年得自由。

一正一反，这不是姑弄狡狯的文字游戏，而是实事求是的内心独白。从表面上看，前一首是写远游他乡之非，后一首是说归隐家乡之是，两者都是反对远游。但事实上前者对壮年远游的描写是饱含情感的，颔联中的赤壁山和青衣江都是壮美之景，扬帆远航和驱马奔驰都是豪壮之举，情景相合，便表现出诗人对那段人生经历的深情怀念。至于后者，则诗中所写之景都是近在咫尺的平常景物，所写之事都是平淡无奇的日常生活，但是诗人对它们同样充满着爱怜之情。这说明陆游对山水景物乃至风土物产的欣赏都是兼收并蓄、不拘一格。

出于同样的原因，陆游欣赏景物的眼光不会局限于某一类对象或某一种风格特征。巨至高山大川，细至草木虫鱼；动如狂风暴雨，静如月影花香，这千姿百态的大千世界都在陆游的写景诗中得到了充分的表现。同样是雨，"夜归沙头雨如注，北风吹船横半渡"（《游锦屏山谒少陵祠堂》），惊心动魄；"小楼一夜听春雨，深巷明朝卖杏花"（《临安春雨初霁》），则清丽可人。同样是雪，"我行江郊暮犹进，大雪塞空迷远近。壮哉组练从天来，人间有此堂堂阵"（《弋阳道中遇大雪》）的景象何等壮阔，而"平野忽看吹雪片，清池俄复结冰澌"（《雪作》）的雪景又是何等明媚。

王安石推崇杜甫的雄强笔力说："浩荡八极中，生物岂不稠？丑妍巨细千万殊，竟莫见以何雕锼？"（《杜甫画像》）陆游也是如此，"丑妍巨细千万殊"的各类景物被他刻画殆尽。除了才力的因素之外，开阔的审美视野也是重要原因。

三、以自然为关键的诗中有画

既然陆游欣赏景物时带着强烈的主观情志，他每逢会心之处就会诗兴勃发。陆游四十六岁作《巴东遇小雨》：

> 暂借清溪伴钓翁，沙边微雨湿孤篷。从今诗在巴东县，不属灞桥风雪中。

唐人郑綮曾说"诗思在灞桥风雪中驴子上"（见五代孙光宪《北梦琐言》卷七），陆游本人也写过"此身合是诗人未，细雨骑驴入剑门"的诗句，其实对于陆游这样具有宽阔心胸的诗人，诗兴是无处不在的。"沙边微雨湿孤篷"的景色其实极为平常，但诗人心有感触，也就诗思如潮了。即使陆游忙于官事，面对清景时也不废诗情。他任夔州通判时曾作诗说："绝壁猿啼雨，深枝鹊报晴。亦知忧吏责，未忍废诗情。"（《瀼西》）可证他在冗杂吏事的压迫下依然不废吟兴，从而饶有兴致地欣赏那深山绝壁的清绝之景。他还为自己具备充沛的才力去吟咏那些人间绝景而感到自豪："绝景惟诗号勍敌！"（《小市》）他也为美景无人吟咏而感到遗憾："渺渺江天无限景，一时分付与樵翁。"（《泛舟过金家埂赠卖薪王翁》）美景让樵翁独赏有什么不好呢？言下之意无非是樵翁不能作诗，如此好景竟无人吟颂，故而慨叹。所以，当诗人遇到奇丽之景时，就会诗兴大发，试看《过灵石三峰》：

> 奇峰迎马骇衰翁，蜀岭吴山一洗空。拔地青苍五千仞，劳渠蟠屈小诗中。

此诗所咏是江山县（今浙江衢州江山市）的江郎山，三座山峰拔地而起，高达六百寻。如此雄奇之景，陆游仅用四句诗便将它描绘得如在目前，故而自豪地宣称"劳渠蟠屈小诗中"！

正因如此，陆游一看到自然美景便联想到与之相关的人文活动，其主要内容便是绘画与诗歌。

山水是中国绘画史上最为源远流长的主题，历代名画中描摹山水的名作不计其数。当人们看到美丽的自然风景时，往往会联想到绘画，"入画"与"如画"成为人们赞叹风景的常用语言。陆游也是如此，他有诗云："南出平桥十里余，湖山处处可成图。"（《游山步》）如果说这仅是一般的称赞风景如画，别无深义，那么像"微丹点破一林绿，淡墨写成千嶂秋"（《闲游》）两句便深入一层了，这两句是用画家的眼光来赏景，丹青点染，泼墨挥洒，都是山水画的手法，诗人用来比喻眼前的美景，这是"风景如画"的诗化表述。陆游还认为有些景色与某个特定的画家有关，例如"峰顶夕阳烟际水，分明六幅巨然山"（《湖上晚望》），这是说眼前的山水宛如巨然之画。巨然是五代时南唐画家，善画江南烟岚气象，这与陆诗所写的山阴风景正好相合。更有趣的是下面这首《雨中山行至松风亭忽澄霁》：

> 烟雨千峰拥髻鬟，忽看青嶂白云间。卷藏破墨营丘画，却展将军着色山。

第三句中的"营丘"指宋初画家李成，他善于渲染水墨。第四句中的"将军"指唐代画家李思训、李昭道父子，他们擅长金碧山水。两句诗的意思是雨幕忽散，被雨幕染成灰暗的青山绿水恢复了本来的色彩，好像一幅水墨山水被卷藏起来，另外展开了一幅色彩鲜明的金碧山水。此诗用两幅风格不同的山水画来形容晦明变幻的自然美景，构思巧妙，而且为自然景物涂抹了浓重的人文色彩。

风景如画的观念在陆游心中是如此的根深柢固，以至于他经常面对自然美景发出为何无人画之的诘问，比如"安得丹青手，传摹入素屏？"（《小憩卧龙山亭》）"画工今代少，谁为写家山？"（《秋夕书事》）有时他甚至专意邀请某位画家来为眼前美景作画，比如"安得王摩诘，凭渠画草庐？"（《东篱杂题》）"安得丹青王右辖，为写此段传生绡？"（《记出游所见》）

无独有偶，陆游面对自然美景时也常常联想到诗歌。他认为凡是人间美景都应作诗吟咏："晚来又入淮南路，红树青山合有诗。"（《望江道中》）他还认为清丽的景色会撩人诗兴："病衰自怪诗情尽，造物撩人乃尔奇！"（《初冬》）他为终日与青山绿水为伴的渔翁不能写诗感到遗憾："恨渠生来不读书，江山如此一句无！"（《渔翁》）有时他难免在美景面前自叹诗才不足："江山壮丽诗难敌！"（《感事》）但更多的时候他对自己的诗才充满信心，请看《秋思》：

乌桕微丹菊渐开，天高风送雁声哀。诗情也似并刀快，剪得秋光入卷来。

秋色斑斓，秋声潇洒，然而诗人的诗情却似一柄并州快剪，顷刻之间便将满眼秋光剪裁入诗。此诗既是对自然美景的赞美，也是对人文力量的歌颂!

诗画相通,陆游写景时也常将两者相提并论。例如:"江村何处小茅茨,红杏青蒲雨过时。半幅生绡大年画,一联新句少游诗。"(《出游归卧得杂诗》)诗中的"大年"指宋代画家赵令穰,擅画汀渚小景。"少游"则指秦观,其诗善写清丽之景。显然,两者的题材取向和风格倾向都与眼前的江村春景相合无间。又如:"山崦巨然画,烟村摩诘诗。"(《初春杂兴》)以巨然之画与王维之诗比拟烟岚中的山村,也非常生动。有时他甚至把两者合写在一句诗中:"樊川诗句营丘画,尽在先生拄杖边。"(《舍北晚眺》)

有趣的是,陆游在生活中确曾通过诗画来欣赏山水:"扇题杜牧《故园赋》,屏对王维《初雪图》。"(《初夏杂兴》)杜牧的《望故园赋》的主题虽是思归,但是赋中对景色的刻画非常生动:"岩曲天深,地平木老。陇云秦树,风高霜早。周台汉园,斜阳暮草。寂寥四望,蜀峰联嶂。"堪称山水赋的精品。而相传出于王维之手的《江干初雪图》,真迹至北宋尚存,比陆游年代稍早的叶梦得即有其摹本(见《石林诗话》卷上),陆游家的屏风上有此摹本是完全可能的。陆游作此诗时年已八十四岁,他的扇面上题写着杜牧的山水赋,其屏风上临摹着王维的山水画,年衰多病的诗人就具备了"卧游"的条件。

通过诗画来欣赏的山水美景,这样的自然景色已经过人文精神的投射,这与陆游写景诗注重人文内容的倾向相映成趣。

四、自然景物与人文内涵的有机结合

综观陆游的写景诗,几乎每一首中都有人的身影。陆游平生浪迹江湖,所到之处都要寻奇探胜,但是与其说是赏景,不如说是寻觅历史人物的遗踪。

1170年,陆游赴夔州通判任,西行入蜀。八年之后,陆游出蜀东归,又一次沿江旅行。这两次行旅所经历的都是历史文化积淀非常深厚的地方,多少英雄人物曾在那里叱咤风云,多少骚人墨客曾在那里挥毫泼墨。尽管风吹雨打,浪淘沙沉,但是历史文化的印痕早已与江山风月融为一体,使自然的美景蒙上了浓郁的人文色彩。

陆游精于史学,对前代的史实了然于心。当他亲临曾经发生过重大历史事件的地点或目睹前代英杰的遗迹时,当然会情不自禁地发思古之幽情。正如他入蜀路经武昌时作诗云:"西游处处堪流涕,抚枕悲歌兴未穷。"(《武昌感事》)引发这种激情的当然不是江山风月而是历史遗迹,例如出蜀途中的两首七绝:

> 江上荒城猿鸟悲,隔江便是屈原祠。一千五百年间事,只有滩声似旧时。(《楚城》)

> 中原草草失承平,戎火胡尘到两京。扈跸老臣身万里,天寒来此听江声!(《龙兴寺吊少陵先生寓居》)

楚城在归州,与江南的三闾大夫庙隔江相对。龙兴寺在忠州,杜甫出蜀途中曾寓居寺院。屈原与杜甫都是身遭世乱的伟大诗人,他们的诗篇深沉地抒写了面临着国家衰亡却报国无门的满腔悲愤。此时的陆游从军南郑的一段豪壮经历已经转瞬即逝,抗击金兵、收复失土的宏伟理想已经破灭。当年楚国的国势衰弱和唐帝国的一蹶不振正是如今国势的写照,当年屈原和杜甫报国无门的悲剧又在自己身上重演。此情此景，怎不让陆游心潮澎湃，思绪万千？然而陆游对这些感触不着一字，只说时迁世移，只有江边的滩声亘古如斯。这样的诗当然是写景诗，但是其重点显然在人而不在景。换句话说，这样的写景诗浸透着浓郁的人文精神，诗中的江山风月打上了人文历史的深刻烙印。

当然，陆游是关心现实的诗人，他的写景诗中闪现的更多身影是活生生的今人，既有自我，也有芸芸众生。先看《思故山》：

> 千金不须买画图，听我长歌歌镜湖。湖山奇丽说不尽，且复为子陈吾庐。柳姑庙前鱼作市，道士庄畔菱为租。一弯画桥出林薄，两岸红蓼连菰蒲。陂南陂北鸦阵黑，舍西舍东枫叶赤。正当九月十月时，放翁艇子无时出。船头一束书，船后一壶酒。新钓紫鳜鱼，旋洗白莲藕。从渠贵人食万钱，放翁痴腹常便便。暮归稚子迎我笑，遥指一抹西村烟。

此诗作于五十五岁，诗人正在建安任职，思念家乡，故作此诗。前半部分对稽山镜湖的秀丽风光和丰饶物产如数家珍，然后隆重推出诗人自我的身影：他驾着一叶扁舟，从湖光山色中飘然而来。这究竟是山水画，还是人物画？两者都是，读者既可把诗中的景物视为人物的背景，也可把人物视为景色的点缀。事实上两者已经融为一体，对故乡优美风物的描摹，对自己愉悦生活的展现，都服务于抒写对家乡的热爱。这是一首浸透着深厚感情的写景诗。

再看《初夏行平水道中》：

> 老去人间乐事稀，一年容易又春归。市桥压担莼丝滑，村店堆盘豆荚肥。傍水风林莺语语，满原烟草蝶飞飞。郊行已觉侵微

暑,小立桐阴换夹衣。

以及《露坐》:

岸帻临窗意未便,又拖筇杖出庭前。清秋欲近露沾草,皎月未升星满天。过埭船争明旦市,蹋车人废彻宵眠。齐民一饱勤如许,坐食官仓每惕然。

这两首诗都是晚年归隐山阴后的作品,它们的共同特点是在描写乡村景物时兼及村民的劳动生活,是充满泥土气息的乡村风俗画。前一首中隐约可见挑着满满一担莼菜的农人和村店里殷勤待客的店主,后一首中更是直接描写了辛苦劳作彻夜不眠的船夫和踏水车者。这种把自然景色与民俗风情结合起来的写法源于杜甫,上举二例便让人联想起杜诗中"巴童荡桨欹侧过,水鸡衔鱼来去飞"(《阆水歌》)、"寒轻市上山烟碧,日满堂前江雾黄。负盐出井此溪女,打鼓发船何郡郎"(《十二月一日三首》之二)等句子。

正因如此,陆游重要的写景诗往往是那些综合上述各类内容的作品,例如《山南行》:

我行山南已三日,如绳大路东西出。平川沃野望不尽,麦陇青青桑郁郁。地近函秦气俗豪,秋千蹴鞠分朋曹。苜蓿连云马蹄健,杨柳夹道车声高。古来历历兴亡处,举目山川尚如故。将军坛上冷云低,丞相祠前春日暮。国家四纪失中原,师出江淮未易吞。会看金鼓从天下,却用关中作本根。

缂丝山水轴　宋　沈子蕃

老人村
大面山
成都山
青城山
唐玉真公主
清都觀
牡丹坪
長生觀
最高峯
丈人山
延慶宮
上清宮
花蕊夫人宅
青城縣
導江縣

以及《稽山行》:

> 稽山何巍巍，浙江水汤汤。千里亘大野，勾践之所荒。春雨桑柘绿，秋风秔稻香。村村作蟹椴，处处起鱼梁。陂放万头鸭，园覆千畦姜。春碓声如雷，私债逾官仓。禹庙争奉牲，兰亭共流觞。空巷看竞渡，倒社观戏场。项里杨梅熟，采摘日夜忙。翠篮满山路，不数荔枝筐。星驰入侯家，那惜黄金偿。湘湖莼菜出，卖者环三乡。何以共烹煮，鲈鱼三尺长。芳鲜初上市，羊酪何足当。镜湖潴众水，自汉无旱蝗。重楼与曲槛，潋滟浮湖光。舟行以当车，小伞遮新妆。浅坊小陌间，深夜理丝簧。我老述此诗，妄继古乐章。恨无季札听，大国风泱泱。

前一首咏南郑所在的兴元府，那一带在唐代属山南西道，故称"山南"。后一首题为稽山，实指整个山阴地区。两个地方一在西北之秦，一在东南之越，无论山川地理还是风土民俗，都相去甚远。古人形容两地距离遥远、互不相关，即言"秦越"。然而在陆游的心目中，这两个风格迥异的地方都是他由衷热爱的胜地。那么，这两首诗是写景诗吗？当然是。前一首中的平川沃野与将军坛、丞相祠等古迹，后一首中的水乡村景与禹庙、兰亭等名胜，都描绘得有声有色。然而它们又不是一般意义上的写景诗。因为除了自然风光之外，它们还叙说了地方物产、风土人情乃至地理环境、历史遗迹等内容，从而包罗万象地展示了该地的全景。在上述诸多内容中，最值得关注的就是人的身影。诗中既有当地的芸芸众生，他们的劳动、游乐等日常生活图景都写得惟妙惟肖。诗中还有诗人自身，在前一首中，陆游为山南作为国家复兴基地的重要意义大声疾呼。在后一首中，陆游对故乡的大邦风采高唱赞歌。正因如此,两首诗都在所写景物中注入了生气,也倾注了感情,从而极大地增强了它们的抒情性质。

从根本的意义来看,写景诗中的景物既然经过了诗人的观照,便已不是与人无关的纯粹客体。明人王阳明认为在深山里自开自落的花树一旦被人观赏,便意义迥异:"你未看此花时,此花与汝心同归于寂;你来看此花时,则此花颜色一时明白起来,便知此花不在你的心外。"(《传习录》卷下)此语在后代的哲学界惹得议论纷纷,如果从写景诗的角度来看,则非常合理。因为景物既已入诗,就必然经过了诗人主观情志的投射,否则他怎会选择此景作为吟咏对象?

从上文的论述可以看出,陆游写景诗的特点在于,他格外强调主观情志的作用。王国维说:"无我之境,以物观物,故不知何者为我,何者为物。"(《人间词话》卷上)陆游从不因追求"无我之境"而尽力隐去诗人自我的身影,相反,他总是不加掩饰地强调自己的感情色彩,并把写景与叙述自身经历结合起来,正如钱锺书先生所言:"放翁高明之性,不耐沉潜,故作诗工于写景叙事。"(《谈艺录》三六)即使在那些叙事内容较少,抒情意味也比较淡薄的写景诗中,陆游也十分关注与景物相关的人文内容。这样,陆游的写景诗便以人文色彩格外浓郁而引人注目。

综观陆游的全部写景诗,他所描写的都是斯人斯时的眼中之景,那些景物与诗人自身及当时人们的喜怒哀乐密切相关,这是陆游的写景诗受到读者广泛欢迎的重要原因。

五、喜咏山水对陆游晚唐观的影响

有一个问题也可在这里顺带讲一讲。在南宋诗坛上,对于晚唐诗有两种截然相反的态度。坚守江西诗派藩篱的诗人极其轻视晚唐诗，而杨万里与"四灵派"等诗人则十分推崇晚唐诗。陆游的态度比较特殊，他在理论上对晚唐诗予以严厉的批评，在创作上却受到晚唐诗的深刻影响。

对于这种好像是自相矛盾的态度，学者们曾作出不同的解释。例如钱锺书先生指出陆游诗与许多中晚唐诗人"格调极为相似"，从而批评陆游："其鄙夷晚唐，乃违心作高论耳。"（《谈艺录》三四）齐治平先生则认为陆游："惩于江西派生硬粗率之失，因而剂以晚唐，又惩于晚唐派纤仄之失，而要求学者取法乎上。"（《陆游传论》）这些说法不无道理，但我认为还有一个隐在的原因，便是晚唐诗在描写风景方面成就较高，陆游因喜爱吟咏风景从而爱屋及乌，便对晚唐诗人描摹江山风景比较精切的作品颇有好感，在创作中也难免受其影响。毫无疑问，这种影响是利弊参半的。

陆游写诗受到晚唐诗影响的情况，前人早有论及。清人潘德舆说："剑南闲居、遣兴七律，时仿许丁卯之流。"（《养一斋诗话》卷五）又说："放翁云：'文章光焰伏不起，甚者自谓宗晚唐。'然翁闲居、遣兴七律，时或似此。虽圆密稳顺，一时可喜，而盛唐之气魄，中唐之情韵，杳然尽矣。"（《养一斋诗话》卷四）钱锺书先生更指出："放翁五七律写景叙事之工细圆匀者，与中晚唐人如香山、浪仙、飞卿、表圣、武功、玄英格调皆极相似，又不特近丁卯而已。"（《谈艺录》三四）这些论断都很有眼光。为免词费，本讲姑且不论白居易等人，先看看许浑与贾岛、姚合这三位晚唐诗人对陆游的影响。因为许浑等三人曾被陈师道等江西派诗人悬为厉禁，陆游也曾对他们严词批评。

陆游对于许浑，时有称誉之语，而且这些言论与他排斥晚唐诗的话产生于同一时期。例如他于1197年作《跋许用晦丁卯集》云："许用晦居于丹阳之丁卯桥,故其诗名《丁卯集》。在大中以后,亦可为杰作。"又于1209年作《读许浑诗》云："裴相功名冠四朝,许浑身世落渔樵。若论风月江山主,丁卯桥应胜午桥。"对于与许浑诗风相当接近的赵嘏,陆游也甚为赞赏,其《跋赵渭南诗集》云："赵渭南唐律,终身所作多出此,故能名一代云。"还自称:"好句真惭赵倚楼。"(《恩封渭南伯唐诗人赵嘏为渭南尉当时谓之赵渭南后来将以予为陆渭南乎戏作长句》)。与许浑、赵嘏相似,陆游也擅长七律,尤以七律中写景精切的对句著称。宋人刘克庄已称:"古人好对偶被放翁用尽。"(《后村诗话》前集卷三)元人吴师道则谓:"世称宋诗人……对偶工切,必曰陆放翁。"(《吴礼部诗话》)清人潘德舆还举出陆游"数点残灯沽酒市,一声柔橹采菱舟"等九联,曰:"无句不工,无工句而非许丁卯之流也。"(《养一斋诗话》卷五)

应该指出,对偶工切虽然是陆诗的一大长处,但也给陆诗带来了与许浑、赵嘏诗类似的缺点。第一,由于一意追求对偶工切,故句意相近重复者较多。宋人葛立方在《韵语阳秋》卷一中指出许浑诗中"以杨柳对蒹葭,以杨子渡对越王台者甚多。盖其源不长,其流不远,则波澜不至于汪洋浩渺,宜哉!"陆游诗也是如此,钱锺书先生批评说:"放翁多文为富,而意境实鲜变化。古来大家,心思句法,复出重见,无如渠之多者。《曝书亭集》卷四二《书剑南集后》讥其'句法稠叠,令人生憎',举例颇繁。《瓯北诗话》卷六复摘其复句数联。兹聊补益二家所未及,以见瓯北所谓'遣词用事,少有重复'云云,实偏袒之词也。许丁卯律诗复句亦多……翁信其别传哉。"(《谈艺录》三五)我们认为陆诗多复句的主要原因不是"多文为富",而是追求对偶工切太过。我们只要看朱彝尊举出的三十九例、赵翼举出的十二例和钱先生补举的四十六例中的四十五例都是律诗中对仗甚工之句,就可明白这一点。其实陆诗中的复句还远不止这些,例如《村居书喜》中的"花气袭人知骤暖,鹊声穿树喜新晴";《东窗遣兴》中的"花气袭人浑欲醉,鸟声唤客又成愁";《腊月十四日雨》中的"雨声到枕助诗律,花气袭衣生客愁";《夜雨》中的"花气袭人娱独夜,雨声绕舍送丰年"等,重见复出的情况确很严重。

第二,对仗工切而词意浅俗者较多。潘德舆批评许浑诗中的对句往往"浅易不耐咀含"(《养一斋诗话》卷四),陆诗也有类似之病,如《春晚书怀》中的"疏雨池塘鱼避钓,晓莺窗户客争棋";《春晚》中的"社后燕如归客至,春残花不为人留";《雨后独登拟岘台》中的"燕子争泥朱槛外,人家晒网绿洲中";《近村》中的"渔艇往来春浪碧,人家高下夕阳红"等,虽然字妥句稳,但辞意浅近,缺乏深情远韵。第三,律诗中有一联较为警策而全篇与之不称。这本是许浑诗较严重的缺点,陆诗也有此失。例如《初夏郊行》:"小砚孤吟恐作愁,长堤曳杖且闲游。破云山踊千螺紫,经雨波涵一镜秋。粔籹青红村步市,阑干高下寺家楼。去年此日君知否,十丈京尘没马头。"颔联写景如画,极似许浑集中之佳联,但其余六句均较平弱,难称完篇。钱锺书先生批评陆诗有"似先组织对仗,然后拆补完篇,遂失检点","绝无章法,只堪摘句"(《谈艺录》三五)等缺点,而这些缺点正是与许浑诗一脉相承的。对于本讲的内容而言,应该注意的是上述例子几乎全与写景有关。

陆游对贾岛、姚合之诗在总体上没有好评,还曾说过"亦莫雕肺肝,吟哦学郊岛"(《晨起》)之类的话,但是在他的创作实践中,特别是他晚年退居山阴乡间的诗作中,仍与贾、姚诗风颇有瓜葛。他七十五岁时有句云"诗虽苦思未名家"(《斋中弄笔偶书示子聿》);

八十三岁时有句云"若论此时吟思苦，纵磨铁砚也成凹"(《小园春思》)；又有句云"改诗眠未稳"(《书枕屏》)；次年又有句云"穿透天心得句归"(《东园》)。可见晚年的陆游也颇染锻炼苦吟之风。而且他晚年所作的五言律诗中颇有风格近于贾、姚者，例如作于七十一岁时的《四月二十三日作》："飐飐荷离水，翩翩燕出巢。苔添雨后晕，笋放露中梢。世路千重浪，生涯一把茅。款门僧亦绝，无句炼推敲。"以及《巢山》："巢山避世纷，身隐万重云。半谷传樵响，中林过鹿群。虫镂叶成篆，风蹙水生纹，不踏溪桥路，仙凡自此分。"前一首不但尾联用贾岛故事，而且立意造句均类贾诗。后一首则被纪昀评为"竟似姚武功作"(《瀛奎律髓汇评》卷二三)。这种情形在陆游集中并非罕见，就在七十一岁那年的诗中，还有《春晚杂兴》五首、《梅天》等篇，均具贾、姚诗的风格，而那些作品也几乎全是写景之作。

如上所述，陆游在创作中受到许浑等晚唐诗人的影响主要体现在写景主题的七律诗中，例如作于1165年的《望江道中》："吾道非耶来旷野，江涛如此去何之？起随乌鹊初翻后，宿及牛羊欲下时。风力渐添帆力健，橹声常杂雁声悲。晚来又入淮南路，红树青山合有诗。"此诗与许浑、赵嘏等人的诗风相当接近，但仍见放翁本色。就写景主题而言，这首写于陆游窥见"诗家三昧"之前的作品是相当出色的。

第四讲　陆游的感情世界

我们在第一讲中说过,对于以农耕为主要生产形态的华夏民族来说,儒家主张的仁爱精神既是每个个体获得安稳、幸福的人伦关系的道德保障,也是确保整个社会和睦亲善的总体目标的基石。无论后世的反儒之徒如何歪曲孝道的内涵,都无法驳倒孔、孟提倡孝道进而建设以和睦亲善的人际关系为基础的安定社会的伦理学主张,因为那本是善良人民的共同愿望。

陆游既重视农耕,又服膺儒学,他在诗歌作品中深情歌颂以孝悌为核心的仁爱精神,可称理所当然。陆游天性忠厚,感情真挚,陆游在诗词中抒写的各类感情沉挚深厚,感人至深。近人梁启超称杜甫为"情圣",陆游堪称得杜甫之真传的另一位"情圣"!

一、天伦之情的真切流露

我们在第一讲中说过,陆游服膺儒家"迩之事父,远之事君"的诗教说。与"事君"并不止于忠君相似,"事父"的内涵也并不止于侍奉父亲,而是实指以"事父"为核心的整个家庭伦理道德。

让我们先从"事父"说起。陆游二十四岁丧父,陆母鲁国夫人唐氏卒于何年,史无明文。考陆游《祭鲁国太夫人文》云:"某受恩门阃,义均子姓。晚偕妇息,升堂修敬。万里羁宦,忽承哀音。东望永怀,碎裂寸心。"此文无准确编年,"万里羁宦,忽承哀音"之句,揆其文意,可知陆游是在蜀中得闻讣音,故本文当作于陆游游宦蜀中时。朱迎平先生在《陆游或为庶出的推想》一文中注意到上述祭文中"义均子姓"等句,怀疑唐氏乃陆游之嫡母而非其生母。朱文虽无实据,但相当合理。陆游生母之生平则不可考。1174年,陆游撰《跋唐修撰手简》追记唐介父子生平事迹,文末有云:"某不及拜公,而先夫人为言公大节如此,敢并记之。""公"指唐介之子唐义问,"先夫人"指唐氏,因唐氏乃唐义问之侄女,故得知其伯父唐义问之事迹。陆游既称唐氏为"先夫人",可知此前唐氏已卒。陆游于1170年入蜀任职,因此唐氏之卒当在1170年至1174年之间。至于其父陆宰,则早在1148年就已去世,当时陆游年方二十四岁。

值得注意的是,陆游的诗文中经常出现哀伤父母早亡、自己不及终养的悲痛之情。1164年,四十岁的陆游在《青州罗汉堂记》中说:"某不天,少罹闵凶,今且老矣,而益贫困。每游四方,见人之有亲而得致养者,与不幸丧亲而葬祭之具可以无憾者,辄悲痛流涕,怆然不知生之为乐也!"此时其嫡母唐氏尚在,记中所抒丧亲之痛,当为其父。当然,也不能排除或为包含其生母在内的"双亲"。1174年,五十岁的陆游在蜀州通判任上,看见考生杨鉴在登科录的"具庆"栏下填写"孤生"二字(意即父母双亡),悲慨不已:"人生富贵不逮亲,万钟五鼎空酸辛。"(《五月五日蜀州放解榜第一人杨鉴具庆下孤生怆然有感》)同年,陆游投宿通津驿,夜闻大风吹木,遂想起"树欲静而风不止,子欲养而亲不待"的古语,作《宿彭山县通津驿大风邻园多乔木终夜有声》云:"木欲静风不止,子欲养亲不留,夜诵此语涕莫收。吾亲之没今几秋,尚疑舍我而远游。心冀乘云反故丘,再拜奉餚陈膳羞……哀乐此志终莫酬,有言不闻九泉幽。北风岁晚号松楸,哀哉万里为食谋!""吾亲之没"二句,感人至深。孟子云:"大孝终身慕父母,五十而慕者,予于大舜见之矣。"(《孟子·万章上》)陆游之诗是对孟子所倡孝道的生动阐释,也是"迩之事父"诗学观念的生动展现。

陆游生有七子二女,孙辈无数,可谓儿孙满堂,这是其晚年生活中最大的乐趣:"病卧湖边五亩园,雪风一夜坼芦藩。燎炉薪炭衣篝暖,围坐儿孙笑语温。菜乞邻家作葅美,酒赊近市带醅浑。平居自是无来客,明日冲泥谁叩门?"(《雪夜》)风雪之夜,合家围坐在火炉边说说笑笑,世间乐事,孰能愈此!有了天伦之乐,即使是贫寒的生活也会增添几分暖意:"夜深青灯耿窗扉,老翁稚子穷相依。廪盐不给脱粟饭,布褐仅有悬鹑衣。偶然得肉思共饱,吾儿苦让不忍违。"(《书叹》)父子情深,一至于此!

陆游集中咏及儿孙之诗不下数十首,都流露出深沉的舐犊之情。陆诗中出现的儿辈身影,最常见的便是父子同灯夜读。此类例子不胜枚举:"自怜未废诗书业,父子蓬窗共一灯。"(《白发》)"父子更兼师友分,夜深常共短檠灯。"(《示子聿》)"更喜论文有儿子,夜窗相对短檠灯。"(《书室》)"出户风霜欺短褐,读书父子共昏灯。"(《乞奉祠未报食且不继》)"莫道归来却岑寂,小儿同守短檠灯。"(《出游暮归戏作》)"白发萧萧年八十,依然父子短檠灯。"(《冬夜对书卷有感》)构句虽然稍嫌重复,但是所写的父子共读的欣喜之情确是相当感人的。陆游享寿很永,当他进入耄耋之年时,又由教子而转为教孙:"诸孙入家塾,亲为授《三苍》。"(《小雨》)"身迫九原儿亦老,一经犹欲教诸孙。"(《闲游所至少留得长句》)他还谆谆教导其孙说:"落笔千言犹细事,读书万卷要深期。汝翁豪杰非今士,不用担簦更觅

师。"(《三三孙十月九日生日翁翁为赋诗为寿》)

值得一提的是,读书常常作为家庭生活的一个剪影出现在陆游描写日常生活的诗中,从而为全诗增添天伦之乐的情趣。例如《题城南堂》:

> 借问城南老居士,新年乐事复何如?春寒催唤客尝酒,夜静卧听儿读书。

又如《夜出偏门还三山》:

> 月行南斗边,人归西郊路。水风吹葛衣,草露湿芒屦。渔歌起远汀,鬼火出破墓。凄清醒醉魂,荒怪入诗句。到家夜已半,伫立叩蓬户。稚子犹读书,一笑慰迟暮。

前一首把夜听儿读当作新年的两大乐事之一,体现出一位安贫乐道的老者对日常生活的喜爱。后一首中的读书剪影更妙:诗人在半夜时分独自归家,耳目所及都是凄清荒怪的景象,心中充满着孤独寂寥之感。可是当他走近家门忽然发现幼子尚在刻苦读书(也许是听到了琅琅的读书声,也许是看到窗隙里漏出一缕灯光),想到自己的书香门第后继有人,一股欣慰之情涌上心头。这个剪影以及它所蕴含的温馨亲情与前文的凄清意境互相衬映,使得文情跌宕,可谓画龙点睛之笔。

陆游并不一味要求儿孙读书应举,他也谆谆教导儿孙继承家族的耕桑传统,例如:"每与诸儿论今古,常思百世业耕桑。"(《高枕》)"更祝吾儿思早退,雨蓑烟笠事春耕。"(《读书》)陆诗中有不少对儿辈的训诫之诗，感人最深的是《送子龙赴吉州掾》。此诗作于1202年，此时陆游七十八岁。全诗如下：

> 我老汝远行，知汝非得已。驾言当送汝，挥涕不能止。人谁乐离别，坐贫至于此。汝行犯胥涛，次第过彭蠡。波横吞舟鱼，林啸独脚鬼。野饭何店炊，孤棹何岸舣？判司比唐时，犹幸免笞箠。庭参亦何辱，负职乃可耻。汝为吉州吏，但饮吉州水。一钱亦分明，谁能肆谗毁？聚俸嫁阿惜，择士教元礼。我食可自营，勿用念甘旨。衣穿听露肘，履破从见指。出门虽被嘲，归舍却睡美。益公名位重，凛若乔岳峙。汝以通家故，或许望燕几。得见已足荣，切勿有所启。又若杨诚斋，清介世莫比。一闻俗人言，三日归洗耳。汝但问起居，余事勿挂齿。希周有世好，敬叔乃乡里。岂惟能文辞，实亦坚操履。相从勉讲学，事业在积累。仁义本何常，蹈之则君子。汝去三年归，我倘未即死。江中有鲤鱼，频寄书一纸。

程千帆先生在《古诗今选》中选入此诗，堪称独具只眼。程先生评曰："这是一位慈爱、正直的老父亲对因为贫困而不能不去远方谋生的儿子所作的一番临别叮咛，其中有苦恼，有宽解，有记挂，有担心，有告诫，有劝勉，语重心长，至情流露。虽然平铺直叙，却正以其质朴无华激动人心。"评得真好！

这首长诗是古典诗歌中最为感人的送别儿女之诗，细读全诗，恍如亲闻一位慈祥的老父亲对儿子的临别赠言。全诗52句，可分六段。开头6句为第一段，说明家境贫困导致父子分别，子龙远行。接下来6句为第二段，担心子龙旅途艰辛，多遇险阻。接下来的10句为第三段,交代子龙到任后应注意的事端,从清廉尽职到抚养儿女,应有尽有。下面6句是第四段,说自己在家安贫乐分,让子龙不要挂念。下面的20句是第五段,叮咛子龙到吉州后应敬礼前辈,学习榜样,并努力修身养性。最后4句是第六段,叮嘱子龙勤写家书,任满后及时回家。从子龙离家一直说到他回家,絮絮叨叨,辞意恳切。事实上此时子龙年已五十二岁,本人也有一双儿女需要教导。但在老父亲眼中,子龙仍是一个稚子,仍然需要老父亲的谆谆教诲。

这首陆诗所蕴含的天伦之情很像陶渊明的《与子俨等疏》,若是放在五七言诗的文体之内,则此诗与唐代韦应物的《送杨氏女》堪称抒写父爱的双璧,永远值得我们珍视。

二、陆游与唐氏的爱情悲剧

儒家认为夫妻关系是人伦的始基,是一切人际关系的开端。儒家又认为夫妻关系的形成必须通过合礼的婚姻嫁娶,所以婚嫁具有重要的伦理意义和社会意义。孟子说:"男女居室,人之大伦也。"(《孟子·万章上》)《礼记·中庸》说:"君子之道,造端乎夫妇。"汉儒在《白虎通义·嫁娶》中说:"人道所以有嫁娶何?以为情性之大,莫若男女。男女之交,人伦之始,莫若夫妇。"《周易·序卦传》还论述了各类人伦关系的先后次序:"有天地,然后有万物;有万物,然后有男女。有男女,然后有夫妇;有夫妇,然后有父子。有父子,然后有君臣;有君臣,然后有上下。有上下,然后礼义有所错。"《孟子·滕文公下》则指出婚姻必经程序的重要性:"丈夫生而愿为之有室,女子生而愿为之有家;父母之心,人皆有之。不待父母之命,媒妁之言,钻穴隙相窥,逾墙相从,则父母国人皆贱之。"服膺儒学的陆游当然认同这些观念，他初娶唐氏，两年后与唐氏离婚并继娶王氏，皆是服从父母之命的结果。

合乎礼教规范的婚姻能带来和谐的夫妻生活吗？当然能。但是合乎礼教规范的婚姻能带来爱情吗？不一定。陆游就是一个最明显例证。1147年陆游续娶王氏，1197年王氏卒，两人度过了长达半个世纪的夫妻生活，育有六个儿子，家庭生活平静和睦。但王氏卒后，陆游作《令人王氏圹记》，仅记其卒葬及子孙情况，别无他言。陆游又作《自伤》云：

朝雨暮雨梅子黄，东家西家鬻兰香。白头老鳏哭空堂，不独悼死亦自伤。齿如败屐鬓如霜，计此光景宁久长？扶杖欲起辄仆床，去死近如不隔墙。世间万事俱茫茫，惟有进德当自强。往从二士饿首阳，千载骨朽犹芬芳。

此诗既悼亡妻，亦伤自身，而且后一层意思写得更加酣畅淋漓，甚至想到死从伯夷叔齐于地下，却丝毫未及与亡妻死则同穴之意。与其说这是一首悼亡诗，倒不如说是自挽诗，难怪诗题不作"悼亡"而作"自伤"！况且陆游在这五十年间作诗六千余首，除此诗外竟无一首写及王氏。陆游对王氏的感情为何如此淡薄？答案似乎只有一个，因为王氏不是陆游的第一位妻子。在王氏嫁进陆门以前，陆游的心灵已被惊鸿一现的前妻唐氏永远占有了。

陆游与前妻唐氏结婚两年就匆匆离婚的具体情节，陆游诗文中讳莫如深。宋人笔记中虽有记载，但传闻异词。后代学者多方探讨，仍然莫衷一是。综合诸家之说，大概如下。

首先，陆妻与陆母皆姓唐，周密《齐东野语》记载："陆务观初娶唐氏，闳之女也。于其母夫人为姑侄。伉俪相得，而弗获于其姑。"此说传播最广、影响最大，其实并不准确。陆母唐氏乃唐介之孙、唐之问之女，因夫荫封鲁国夫人。陆妻唐氏乃唐翊之孙、唐闳之女。唐介、唐之问一族与唐翊、唐闳一族即使同支，亦属疏族，故陆母唐氏与陆妻唐氏虽然同姓，但并无直接的"姑侄"关系。于北山先生在《陆游年谱》中认为这两个唐氏家族乃"通谱"关系："古代士大夫，门第相埒者，率有通谱联宗之风。"故两位唐氏的关系仅为"族姑侄"。为免混淆，本书把陆母称为唐氏夫人，把陆妻称为唐氏。如果唐氏夫人与唐氏是嫡亲的姑侄关系，或许不会那样狠心地逼迫儿子与她离婚。

其次，陆妻唐氏之名不可考，宋人笔记中提到她时都未及其名。至明人卓人月编《古今词统》收进唐氏酬和陆游的《钗头凤》词，始称其为"唐琬"。但今人俞平伯怀疑此词乃后人依《耆旧续闻》所载唐氏和词的两句断句而补拟，则"唐琬"之名当亦出于伪托。清人徐承烈的《听雨轩笔记》与况周颐的《蕙风词话》因之，亦称她为"唐琬"，皆未交代文献出处，相当可疑。后人又传写为"唐婉"，更是杜撰。本书不想以讹传讹，故径称她为唐氏。

陆游被迫离婚之事，在宋人笔记中有三处记载。按成书年代为序，分别是陈鹄录正的《耆旧续闻》、刘克庄的《后村诗话》，和周密的《齐东野语》。《耆旧续闻》旧署陈鹄，其人生平不详，学者或以为陈乃明代人，此书为其抄录，故今署曰"录正"。但书中条目的叙事皆出于第一人称"余"，且原作者自称与陆游之兄陆淞相熟，则原作者当为陆游之同时代人。这三种书的可信程度依次递减，当是随着时代推进，传闻失真的可能性越来越大。但其基本情节则大致可信：陆游与唐氏结婚后伉俪情深，却引起陆游母亲的不满。刘书中说陆游初婚后"伉俪相得,二亲恐其惰于学也,数遣妇",则陆游双亲都对唐氏不满。但陈书中仅说唐氏"不当母夫人意",周书则说她"弗获其姑",则对唐氏不满的主要是陆游之母唐氏夫人。

至于不满的原因则有两种说法,一是刘书所云,因担心陆游溺于燕婉情笃而影响学业,乃至影响举业。二是今人于北山《陆游年谱》中所云,因唐氏婚后数年仍未生育,故担心其不能生育而没有后嗣。两种说法都出于猜测,难以落实。陆游曾于1140年、1143年两度前往临安应试,皆不第,此时尚未迎娶唐氏,不得归咎于她。至于生育,于北山先生注意到陆游重娶王氏后于1148年三月生下长子陆子虡,则陆游与王氏结婚当在1147年五月之前,由此推导陆、唐离婚事当在此前。也就是说唐氏嫁入陆门仅两年多就被逼离婚,指责她不能生育似亦理由不足。年代久远,文献不足,真正的原因现已无法查考。

汉末乐府诗《孔雀东南飞》中焦仲卿的贤妻刘兰芝不得婆母欢心,她虽日夜操劳,"鸡鸣入机织,夜夜不得息。三日断五匹",但是"大人故嫌迟"。而焦母逼迫儿子休妻的理由竟是:"此妇无礼节,举动自专由。吾意久怀忿,汝岂得自由!"在当时的社会里,只要婆母感到不满,儿媳就得被休,哪里需要充足的理由!

时至今日,我们也不必费心考求唐氏不得陆母欢心的真正原因了,因为那其实是不需要充足理由的。陆游在愤怒的母亲面前,就像汉末的那位庐江府小吏焦仲卿一样,除了听从母命就束手无策了。但是焦仲卿虽不敢违抗母命,却决心自杀殉情,以死抗争。而陆游则更加受到礼教的约束,只能默默地服从母命与唐氏离婚,又重娶王氏,并与王氏度过长达五十年的夫妻生活。但是陆游在王氏卒后所写的那首《自伤》诗,常使人想起《红楼梦》中的贾宝玉在警幻仙子那儿听到的那曲《终身误》:"叹人间,美中不足今方信。纵然是齐眉举案,到底意难平！"宝玉虽然与"金玉良缘"的薛宝钗结成夫妻，但他永远难忘心中的林妹妹，所以"到底意难平"！《孔雀东南飞》的小序中说："时人伤之，为诗云尔。"陆游则为自己与唐氏的爱情悲剧而"意难平"，并主动担当起"为诗云尔"的责任，他举起如椽大笔，为唐氏，也为自己，为他们这对衷心相爱却被逼离婚的夫妻题下《钗头凤》，写出《沈园》二首。

近人陈衍称《沈园》二首为"绝等伤心之诗"，其实《钗头凤》又何尝不是"绝等伤心之词"？年代最近于陆游的《耆旧续闻》记载唐氏唱和《钗头凤》词后"未几，怏怏而卒，闻者为之怆然"，这是"时人伤之"；《词林纪事》载明人毛晋云，"放翁咏《钗头凤》一事，孝义兼挚，更有一种啼笑不敢之情于笔墨之外，令人不能读竟"，这是"后人伤之"！

三、《沈园》诗与《钗头凤》词

陆游的《沈园》二首，历来脍炙人口，人无间言。但是陆游还有其他咏及沈园及唐氏的诗作，那些作品不但写得悱恻动人，而且是我们准确理解《沈园》二首与《钗头凤》词的重要参照，也值得仔细阅读。

陆游与唐氏的婚姻只维持了短短两年，其间所写的诗词皆已泯灭，仅在日后的陆诗中留下若隐若现的痕迹。1187年，六十三岁的陆游作诗怀旧，题作《余年二十时尝作菊枕诗颇传于人今秋偶复采菊缝枕囊凄然有感》。诗云：

采得黄花作枕囊，曲屏深幌閟幽香。唤回四十三年梦，灯暗无人说断肠。

少日曾题《菊枕诗》,蠹编残稿锁蛛丝。人间万事消磨尽,只有清香似旧时。

二十岁,正是陆游初娶唐氏的年龄。采菊缝枕,当然是新婚少妇唐氏的举动。陆游兴致勃勃地作诗题咏菊枕,正是美满幸福的新婚生活的一个插曲。可惜陆游二十岁以前的诗作仅有一首《别曾学士》编进《剑南诗稿》,那首传诵一时的《菊枕诗》从而失传。但是仅从上引二诗来看,陆游在时隔四十三年后还对那个菊枕以及那首《菊枕诗》念念不忘,可见他对唐氏的一腔深情始终不渝。"人间万事消磨尽,只有清香似旧时",把那缕历久不灭的清香理解成陆、唐爱情的隐喻,绝对没有过度阐释的嫌疑。否则的话,区区一个菊枕,怎会"唤回四十三年梦,灯暗无人说断肠"!

1192年,六十八岁的陆游偶然来到沈园,作诗抒感,题曰《禹迹寺南有沈氏小园四十年前尝题小阕壁间偶复一到而园已易主刻小阕于石读之怅然》。诗云:

枫叶初丹槲叶黄,河阳愁鬓怯新霜。林亭感旧空回首,泉路凭谁说断肠。坏壁醉题尘漠漠,断云幽梦事茫茫。年来妄念消除尽,回向禅龛一炷香。

此诗回忆自己四十年前曾在沈园题壁,所题作品则是"小阕",也即小词。故地重游又见此词,感慨万分。四十年前是1152年,当时陆游在沈园题壁的是一首什么"小阕"呢?陈鹄《耆旧续闻》卷十记载说：

> 余弱冠客会稽，游许氏园。见壁间有陆放翁题词云："红酥手，黄縢酒。满城春色宫墙柳。东风恶，欢情薄。一怀愁绪，几年离索。错！错！错！　春如旧，人空瘦。泪痕红浥鲛绡透。桃花落，闲池阁。山盟虽在，锦书难托。莫！莫！莫！"笔势飘逸，书于沈氏园，辛未三月题。

辛未是1151年，与陆游所说的"四十年前"即1152年仅差一年，可能是陆游误记一年，也可能"四十年"是个约数，两者基本上可以互证。至于此书称陆游题词于"沈氏园"，而作者本人所游者为"许氏园"，或许正是"园已易主"的缘故。此首陆诗的第二句全用晋人潘岳之典，因潘氏曾任河阳令，曾作《悼亡诗》，又曾哀叹自己早生白发，陆诗用此典写自己垂老尚有悼亡之恨，非常精确。此时陆游之继妻王氏尚在，他追悼的对象非唐氏莫属。故三、四句便是写旧地重游而唐氏已归泉下，满腔悲痛无处倾诉。

1205年，八十一岁的陆游作《十二月二日夜梦游沈氏园亭》：

> 路近城南已怕行，沈家园里更伤情。香穿客袖梅花在，绿蘸寺桥春水生。

> 城南小陌又逢春，只见梅花不见人。玉骨久成泉下土，墨痕犹锁壁间尘。

十二月二日尚在隆冬，但陆游的梦境却在初春。故梅花尚在，春水已生。为何特别拈出"寺桥春水",当与六年前所作《沈园》二首中的"伤心桥下春波绿,曾是惊鸿照影来"一样,是因桥下春水曾经映照唐氏的惊鸿身影。至于第二首中"玉骨久成泉下土"一句,更是非唐氏莫属。睹壁间墨痕而伤玉骨成土,此诗的梦境朦胧迷离,但字里行间浸透着沉痛的悼亡之情!

1208年,八十四岁的陆游作《春游》:

> 沈家园里花如锦,半是当年识放翁。也信美人终作土,不堪幽梦太匆匆。

此时诗人已经迫近人生的终点,上距唐氏之亡已有四十多年,却还在慨叹人生如梦、过于匆匆,他对唐氏的思念真是天长地久绵绵不绝!

上述四诗的写作前后绵延达二十年,值得注意的是,《沈园》二首的写作时间正好处于这二十年的中点。我们不妨这样思考:正因陆游时时追怀唐氏,并不断地写出情文并茂的沈园诗,终于从多首好诗中产生了罕见的杰作。1199年,七十五岁的陆游作《沈园》二首:

> 城上斜阳画角哀,沈园非复旧池台。伤心桥下春波绿,曾是惊鸿照影来。

> 梦断香消四十年,沈园柳老不吹绵。此身行作稽山土,犹吊遗踪一泫然。

近人陈衍评曰:"无此绝等伤心之事,亦无此绝等伤心之诗。就百年论,谁愿有此事?就千秋论,不可无此诗!"(《宋诗精华录》卷三)

的确，这两首诗是陆游用血泪写成，它绝无曲致，明白如话，却传诵千古，感人至深。试想年已七十有五的老诗人在夕阳西照时重游沈园，悲哀的角声从城头传来。岁月流逝，沈园的池塘台阁已非昔时面貌。只有桥下依旧是春波涨绿，诗人想起昔时唐氏的轻盈身姿曾经倒映在此一泓春水之中！此时沈园已经易主，园中建筑多半会有较大改变，甚至面目全非。只有流水依旧，"春风不改旧时波"（贺知章《回乡偶书》）。可是物是人非，那个曾经惊鸿一现的人已经不在世间了！第二首直接从唐氏之死写起。唐氏离世已经四十余年，如今园中柳树也已衰老，不复飘絮，"树犹如此，人何以堪！"于是诗人想到自己也将不久于人世，很快就会变作稽山下的一堆泥土。可是凭吊前妻的遗踪，仍然流泪不止。精神比物质更加长久，纯真的爱情纵然海枯石烂也不会泯灭，这两首诗便是明证。

　　如今陆游离世已逾八百年，他的身体早已成为稽山下的泥土。但是无数爱读《沈园》诗的游人来到沈园，仍然为陆游与唐氏的爱情悲剧泫然流泪。宋代的五七言诗中很少有表达爱情的佳作，然有此二诗，足矣！

　　《沈园》二首的主题是追怀唐氏，从来无人怀疑。但是说《钗头凤》的内容是陆、唐的爱情悲剧，却引得后人疑窦丛生。许昂霄谓："世传放翁出其夫人唐氏，以《钗头凤》词为证，见《癸辛杂识》，疑亦小说家傅会，不足深信。"（《带经堂诗话》卷十八张宗柟"附识"引）吴骞《拜经楼诗话》则云："玩诗词中语意，陆或别有所属，未必曾为伉俪者。"到了当代，著名学者夏承焘、吴熊和等先生也纷纷提出质疑，否定此词乃陆游为唐氏所作的说法越来越多，其主要的理由有两大类：一是南宋记载此词本事的几种笔记说法不一。二是此词的内容、风格均与唐氏主题不合。第二类又包含着许多细节，例如

"宫墙柳"之"宫"字不合绍兴的城市特征,因绍兴未曾建都,不应有宫;"东风恶"疑指陆母,身为人子的陆游不应有此语;"红酥手"之句语气轻薄,不合唐氏的正妻身份;凡此种种,难以缕述。对于上述质疑,每一点都有人起而驳正,其中贡献最大者当推浙江的两位学者黄世中和高利华。我一向坚信《钗头凤》就是陆游为唐氏而作,也就是说我的立场与黄、高二人完全一致。现综合黄、高以及其他学者的意见,把我本人所持的看法简述如下:

首先,我们在前面已经说到《耆旧续闻》《后村诗话》《齐东野语》三书的内容稍有出入,这是传闻异辞所致。《耆旧续闻》的作者曾亲至沈园目睹题壁,刘克庄曾亲闻陆游弟子曾温伯(此人是陆游的老师曾几之孙,陆曾两家有通家之好)讲说沈园本事,他们所记皆比较可靠。周密年代较晚,其《齐东野语》成书已在宋亡之后,所记内容失实稍多。但总体看来,三书关于此词本事的主要说法基本一致,可以互证。

其次,关于《钗头凤》的内容及文字的诸端质疑,其实都难成立。比如"宫墙柳",朱东润先生早就指出,绍兴原为古代越王宫殿所在,宋高宗建炎四年(1130)至绍兴元年(1131)曾以此为行都,故有宫墙之称。自幼生活在绍兴的高利华更是反复论证这个问题,证明陆游在沈园里可以望到宫墙,故题词中写到"宫墙柳"完全合理。况且《钗头凤》的原句是"满城春色宫墙柳",写整个绍兴城一片春意盎然,并不局限于沈园所见,那么宫墙即使距离沈园稍远一点又有何妨。南宋初年,宋高宗曾几次驻跸绍兴,带着整个朝廷跑到绍兴。我们查《宋史》中宋高宗的本纪,就可发现在1129年、1130年、1131年、1132年,高宗跟整个朝廷都有若干时间是在绍兴。我们也看到高宗本纪中有明确的记载,比如说在绍兴元年二月,"改行宫禁卫所为行在皇城司",明确说行宫就在绍兴。在当年九月又有记载说"祭天地于明堂",明堂是朝廷举行大典的地方,当时也设在绍兴。宋高宗的临时朝廷在绍兴设立行宫,下距陆游沈园题词的时间只有20年左右,宫墙当然仍然存在。所以陆游词中写到宫墙,一点没有问题。

又如"东风恶",确有不少读者把此句理解成对陆母的责备之词,故认为不应出于笃信儒家孝悌之说的陆游之手。正如黄世中所说,这是对句意的极大误解。"东风"即春风,古人或将母爱比喻为"春晖",但未见直接把母亲比成"东风"。所以此词中的"东风"明指时令,暗指客观环境,并非直指陆母。至于"恶"字,也绝非道德判断的"凶恶"或"邪恶"之意,而是形容程度猛烈,犹如"恶病""恶酒"之"恶"。所以"东风恶"意即东风猛烈,吹得百花凋零,与下文的"桃花落"互相呼应。当然这是比喻,实指陆、唐二人逢时不顺,故遭不幸。

又如"红酥手",不少论者认为此句太"艳",只宜用来描写风尘女子,不能用在唐氏身上。其实用"红酥手"描写年轻女子肤色红润的手,何艳之有?《诗经·卫风·硕人》云"手如柔荑,肤如凝脂",转换成宋词的语言,也就是"红酥手"了。陆游用"红酥手"来写唐氏,有什么不妥?唐氏当时年方二十余岁(时陆游二十七岁),她的双手当然肤色红润。况且无论唐氏当时穿着什么衣服,露出双手总是无伤大雅的。有人说唐氏曾是陆游的妻子,所以不能这样描写。但是杜甫在《月夜》中怀想其妻说:"香雾云鬟湿,清辉玉臂寒。"诗圣既然能写妻子的"玉臂",陆游为何不能写妻子的"红酥手"?

现代的论者为了否定《钗头凤》的传统解读,真是煞费苦心,吹毛求疵。有的论者引宋人彭乘《墨客挥犀》的记载:"陕西凤州妓女,虽不尽妖丽,然手皆纤白。州境内所生柳,翠色尤可爱,与他处不同。又公库多美酿，故世言凤州有三出，谓手、柳、酒也。"且称陆游到过凤州，《钗头凤》头三句押"手、酒、柳"之韵脚与此有关，故其情调不够庄重。其实陆游中年从军南郑时确曾因巡边戍守途经凤州，但其时军务倥偬，匆匆而过，哪有心思顾及其地之"手、柳、酒"？况且彭乘所记乃北宋时事，及至陆游的时代，凤州地处宋金对峙的前线，留在陆游记忆中的地方风物相当荒凉："种畲多菽粟，艺木杂松楠。妇汲惟陶器，民居半草庵"（《顷岁从戎南郑屡往来兴凤间暇日追怀旧游有赋》），哪有丝毫"手、酒、柳"的风流氛围？即使陆游从文献中得知凤州往昔曾有"手、酒、柳"之传闻，又怎会影响他二十年前所题小词之韵脚？所谓"凤州三出"的手、酒、柳三字与《钗头凤》前三句的韵脚重合，最大的可能便是巧合，硬要撮合二者的种种曲说皆出臆想。

又有论者指出《钗头凤》之新体词调产于蜀地，陆游沈园题壁时或不知此调。黄世中细考南宋初年诸家曾填此词者之情形，证实上述说法不能成立。还有的论者干脆另辟蹊径来否定《钗头凤》与唐氏有关，说"红酥手"不是写女子之手，而是指一道菜肴"红烧猪脚"，因为有的地方把猪脚叫作"猪手"。这真是匪夷所思，大煞风景！

近年又有人据《钗头凤》在《渭南文集》中的排序而提出质疑，认为文集中"各调词之间的顺序，也大体按照各调首阕的写作时间编排"，从而推断《钗头凤》作于乾道八年（1172）而非绍兴二十二年（1152）。又有人据此否定《钗头凤》为唐氏而作。其实《渭南文集》中各调词的排序只是"大体"按照年代先后，例如卷四九中排序最前的《赤壁词》作于乾道元年（1165），排序第三的《青玉案》却作于绍兴二十九年（1159），时序如此颠倒，何足为据！故本书仍据于北山《陆游年谱》与钱仲联、陈桂声《放翁词校注》二书，系此词于绍兴年间，并释其为悼念唐氏而作。

综上所述，《钗头凤》确实是陆游在沈园重逢唐氏后的题壁之词，确实是直抒胸臆的血泪文字，确实曾感动唐氏以至其郁郁而终，也确曾感动千百年来的广大读者。

上引对此词的评说大多是学者所为，而要想了解热爱此词的广大读者的意见，不妨参看王兆鹏编著的《宋词排行榜》，因为此书中历代读者的意见占有较大的比重。《宋词排行榜》根据入选历代著名词选的次数、互联网的权威搜索引擎所链接的网页数目、吴熊和主编《唐宋词汇评·两宋卷》所收的历代评点资料、20世纪有关宋词赏析和研究的单篇论文，以及历代词人追和作品的篇数等五项参数进行计算统计，得出排名前一百的宋词名篇，陆游的《钗头凤》高居第八位，仅次于苏轼《念奴娇》、岳飞《满江红》、李清照《声声慢》、苏轼《水调歌头》、柳永《雨霖铃》、辛弃疾《永遇乐》、姜夔《扬州慢》等七首。陆游并不以婉约词而著称，但《钗头凤》的排行名次却高过晏几道、秦观、周邦彦等人描写男女爱情的所有婉约名篇，这充分说明《钗头凤》确实得到无数历代读者（包括学者）的喜爱，从而获得远超陆游在宋代词史上的实际地位的荣誉。尤其值得注意的是，据《宋词排行榜》的统计，《钗头凤》在当代互联网上的链接文章篇数竟达十七万多篇，在登榜的100首宋词名篇中名列第四，这充分说明当代读者对此词的强烈喜爱。这也说明，《钗头凤》曾经受到的误解、歪曲和贬低，已经在总体上被现代读者弃若敝屣。在这个问题上，我完全采取"吾从众"的态度！

我一向爱读《钗头凤》，但才情薄弱，不敢讲解。在我所寓目的鉴赏类书籍中，亡友王步高教授所编《唐宋词鉴赏》中对此词的讲解较合我意，兹迻录如下，与读者朋友共赏。

钗头凤

红酥手，黄縢酒。满城春色宫墙柳。东风恶，欢情薄。一怀愁绪，几年离索。错！错！错！　春如旧，人空瘦。泪痕红浥鲛绡透。桃花落，闲池阁。山盟虽在，锦书难托。莫！莫！莫！

此词写词人对旧情深切的眷恋相思和无尽的追悔悲怨。开头三句可以有两解：对往日温馨时光的追忆或对眼下看似离别场面的描写。解释为前者，则一二三句意蕴一致，以乐景写乐。解释为后者，则一二两句与第三句形成张力，"柳"意象暗示离别或永远的离别。"东风"两句是对破坏美好欢情的控诉。喻体"东风"在古典诗词中向来指正面的对象，这里却喻指词人怨恨的对象，其中恐有不得已的隐情。"一怀"两句写被迫离散后的寂寞与痛苦。三个"错"字，写出无尽的追悔悲怨。但谁之"错"："东风"？"我"？"你"？其他因素？"错"在何处？不能说，也不必说；说不清，也说不尽！说了也没用！

下片过片写物是人非的沉痛，"人"可指"我"，可指"你"。"空"字凸显"你""我"对"离索"的无助、无奈、无能，也有彼此对对方的怜惜、抚慰、痛伤、劝慰等，还有对旧情的反省及反省后仍不能自已的沉痛。"泪痕"句写"你"的哀艳可怜。"桃花"两句既是写眼前景，又隐喻美好欢情的消逝，均为"东风恶"所致。海誓山盟虽然从未更改，但锦书怎么寄？寄给谁？愁肠一日而九回！"莫"字是自劝，也是他劝。"莫"字亦通"暮"，有悔之晚矣之意。"莫！莫！莫！"简直是呼号而出，中有椎心泣血之痛！上片的"错"和下片的"莫"本是一个成词，兼有失神、寂寞、冷落、杂乱等多重意思，与此词所写之情相得益彰。

四、关于友情与睦邻关系的歌咏

除了描写家人之间的天伦之情以外，陆游诗中还有两个内容值得关注。

其一是对友情的歌颂。陆游性喜交游，多有挚友，他与范成大、杨万里、辛弃疾、朱熹、韩元吉等人物交往甚密，时时见于吟咏。不但如此，他还与许多名不见经传的普通人结下了生死不渝的友谊，留下了许多歌颂友谊的佳作。陆游在蜀地盘桓八年，与蜀中的贤士、奇人结交甚笃，东归后仍时时思念。例如《感旧二首》诗中，他接连回忆两位蜀中贤士李石与师浑甫："君不见资中名士有李石，八月秋涛供笔力。""君不见蜀师浑甫字伯浑，半生高卧蟆颐村。才不得施道则尊，死已骨朽名犹存。"

最感人的是诗人与独孤策的友情。独孤策其人除了陆诗以外不见于任何典籍，但他是陆游心目中可共大事的一位奇士。独孤策的生平略见于陆游的一首诗题《独孤生策字景略河中人工文善射喜击剑一世奇士也有自峡中来者言其死于忠涪间感涕赋诗》。诗中推崇独孤："气钟太华中条秀，文在先秦两汉间。"陆游有多首诗写到独孤策，或追忆两人邂逅相逢、意气相投的经历；或悼念亡友赍志以没、抒发悲愤交加的情思（详见本书第七讲）。读后一位笃于友情的诗人宛在目前。

其二是对村居睦邻关系的描绘。陆游曾在山阴农村生活二十年，他与附近的农夫渔父结下了深厚的情谊，他由衷喜爱山阴农村淳朴纯良的风土人情，他笔下的绩女、牧童是多么可亲："放翁病起出门行，绩女窥篱牧竖迎。酒似粥醲知社到,饼如盘大喜秋成。归来早觉人情好,对此弥将世事轻。红树青山只如昨,长安拜免几公卿!"(《秋晚闲步邻曲以予近尝卧病皆欣然迎劳》)陆诗中常写到邻居对他的关爱:"东邻膰肉至,一笑举新醅。"(《舍北摇落景物殊佳偶作》)"野人知我出门稀,男辍锄耰女下机。掘得茈菇炊正熟,一杯苦劝护寒归。"(《东村》)诗人也诚心诚意地投桃报李:"东邻稻上场,劳之以一壶。西邻女受聘,贺之以一襦。"(《晚秋农家》)陆游还常至邻村施药,与村民们亲切来往:"驴肩每带药囊行,村巷欢欣夹道迎。共说向来曾活我,生儿多以陆为名。""耕佣蚕妇共欣然,得见先生定有年。扫洒门庭拂床几,瓦盆盛酒荐豚肩。"(《山村经行因施药》)陆游还对村民们淳朴敦厚的家庭关系极表赞赏,陆诗中曾描写一对努力赡养老亲的夫妇:"蚕如黑蚁稻青针,夫妇耕桑各苦心。但得老亲供养足,不羞布袂与蒿簪。"(《农桑》)陆诗还记录了一位农夫主动请求学习《孝经》的经过:

> 行行适东村,父老可共语。披衣出迎客,芋栗旋烹煮。自言家近郊,生不识官府。甚爱问孝书,请学公勿拒。我亦为欣然,开卷发端绪。讲说虽浅近,于子或有补。耕荒两黄犊,庇身一茅宇。勉读《庶人章》,淳风可还古。(《记东村父老言》)

《孝经》的《庶人章》云:"用天之道,分地之利,谨身节用,以养父母,此庶人之孝也。"这正是陆游愿意为农民讲解的内容,以百姓日用人伦为主要思考对象的儒学本是与百姓息息相关的,此诗真是"迩之事父"诗学观念的生动事例!

陆诗反映民间疾苦时也咏及农民的淳朴品质,例如《农家叹》:

> 有山皆种麦,有水皆种粳。牛领疮见骨,叱叱犹夜耕。竭力事本业,所愿乐太平。门前谁剥啄,县吏征租声。一身入县庭,日夜穷笞搒。人孰不惮死,自计无由生。还家欲具说,恐伤父母情。老人倘得食,妻子鸿毛轻!

这位农民被官府催租逼得走投无路,依然一心挂念着父母。又如《喜雨歌》:

> 不雨珠,不雨玉,六月得雨真雨粟。十年水旱食半菽,民伐桑柘卖黄犊。去年小稔已食足,今年当得厌酒肉。斯民醉饱定复哭,几人不见今年熟!

在屡遭饥荒后终逢丰年,死去的亲人却已不及得见,这是怎样的哀伤遗恨!这首诗堪称民间版的《蓼莪》诗,也是"迩之事父"诗学观念的灵活表现。

第五讲　耕读生涯与慕陶情结

就作品数量而言，陆游诗歌中最重要的内容是对耕读生涯的描写，以及对书斋情趣的歌咏。明人袁宗道评陆诗是"模写事情俱透脱，品题花鸟亦清奇"（《偶得放翁集快读数日志喜因效其语》），正是指这方面的内容。第三讲提到的清人在《唐宋诗醇》中对陆游的经典性评语更加准确："其感激悲愤、忠君爱国之诚，一寓于诗。酒酣耳热，跌宕淋漓。至于渔舟樵径，茶碗炉熏，或雨或晴，一草一木，莫不著为咏歌，以寄其意。"陆游一生中有二十年隐居在山阴农村，过着清贫而宁静的书斋生活。与当时热衷于干谒权贵的"江湖诗人"不同，陆游是名副其实的隐士而不是依托于权贵的"清客"。陆游有时亲身参加劳动，像"夜半起饭牛，北斗垂大荒"（《晚秋农家》）那样的句子，未曾亲事稼穑者是写不出来的。当然陆游时常有祠禄可领而不必完全依靠种地为生，所以他较多的生活内容是读书写诗，他晚期诗歌的主要内容是写隐居生活的闲情逸致和越中山水的秀丽景色。他描写隐逸生活的诗中有许多传诵人口的名句，曾被后人广泛地用作书斋的楹联。

陆游虽然终生未曾忘记中原，但他的实际生活形态则相当接近陶渊明，他对陶诗境界的仿效展示了耕读生涯的盎然诗意。所以本讲从慕陶、学陶的特殊视角来观察陆诗中的耕读生涯与书斋情趣。"既耕亦已种，时还读我书"，这两句陶诗基本上也是陆游退居山阴的生活状态。在全民阅读已成为建设文明社会的重要举措的当今世界，陆游描写耕读生涯的诗歌对我们有着极其重要的启发作用。

一、少年陆游对陶诗的喜爱

一般来说，人们往往是人到老年时才会喜爱内容平凡、风格平淡的陶诗。即以北宋最喜陶诗的苏轼、黄庭坚二人为例：苏轼五十七岁知扬州时始作《和陶诗》，五十九岁后贬至惠州、儋州方遍和陶诗，且作书予其弟苏辙云："吾于诗人无所甚好，独好渊明之诗……此所以深服渊明，欲以晚节师范其万一也。"（见苏辙《子瞻和陶渊明诗集引》引）黄庭坚则于五十四岁谪居戎州时跋陶诗云："血气方刚时读此诗，如嚼枯木。及绵历世事，如决定无所用智。每观此篇，如渴饮水，如欲寐得啜茗，如饥啖汤饼。今人亦有能同味者乎？但恐嚼不破耳。"（《书陶渊明诗后寄王吉老》）陆游却是一个例外。

陆游的一生，大致可分成三个阶段，正如《唐宋诗醇》所云："少历兵间，晚栖农亩，中间浮沉中外，在蜀之日颇多。"准确地说，则以他四十五岁以前为第一阶段，自四十六岁入蜀至六十五岁被劾罢官为第二阶段，六十六岁以后在山阴农村闲居为第三阶段。与之相应，陆游与陶诗的离合关系也体现出明显的阶段性，其中最反常的现象是他少年时就对陶诗有着强烈的爱好。

陆游幼逢兵乱，年甫三岁就跟着父母避乱南奔，回到山阴家乡。不久金兵渡江南侵，陆游又随父母逃至东阳山中避难。直到绍兴三年（1133）陆游才随父返回山阴故宅，此时他已是九岁的学童了。陆游晚年回忆说"儿时万死避胡兵"（《戏遣老怀》），可谓慨乎言之。绍兴年间，陆游的父亲陆宰一直奉祠家居，读书治经。陆家藏书万卷，少年陆游得以博览群书。陆游的读书范围极其广泛，有趣的是他少时即爱读陶渊明诗。陆游晚年回忆说："吾年十三四时，侍先少傅居城南小隐，偶见藤床上有渊明诗，因取读之，欣然会心。日且莫，家人呼食，读诗方乐，至夜，卒不就食。今思之，如数日前事也。"（《跋渊明集》）黄庭坚晚年读陶的感受是"如渴饮水，如欲寐得啜茗，如饥啖汤饼"，而少年陆游读陶竟至"至夜卒不就食"，两者的境界何其相似乃尔！值得注意的是，苏、黄人到晚年才深喜陶诗，陆游却在十三四岁时就有此好，这不能不说是一个特例。

那么，为什么少年陆游就能欣赏陶诗呢？

首先，这与陆氏的耕桑家风有关。在陆游的高祖陆轸于北宋真宗朝以进士起家之前，陆氏世代务农。陆游诗中屡屡及此，"家风本韦布，生事但渔樵"（《自贻》），"为农幸有家风在，百世相传更勿疑"（《农家》），"韦布"意同"布衣"，"渔樵"意类"农桑"，这都是指其家族的耕桑传统而言。陆游还孜孜不倦地以此教育儿孙，"每与诸儿论今古，常思百世业耕桑"（《高枕》），"仍须教童稚，世世力耕桑"（《村舍》），可见他对耕桑家风有清晰的承上启下的意识，这当然会使他对多写田园生活的陶诗有天生的亲切感。

其次，这与陆游父亲陆宰的身教言教有关。欣赏陶诗，其内在本质就是认同陶渊明"既耕亦已种，时还读我书"（《读山海经》）的生活状态。陆宰其人，虽曾入仕，但志在归隐。陆游在《家世旧闻》中对此有亲切的回忆："先君初有意居寿春，邑中亦薄有东皋矣。宣和末，方欲渐葺治之，会乱，不果。晚与客语及淮乡渔稻之美，犹怅然不已也。""建炎之乱，先君避地东阳山中者三年，山中人至今怀思不忘，有祠堂在安福寺。方先君之归也，尝有诗云：'前身疑是此山僧，猿鹤相逢亦有情。珍重岭头风与月，百年常记老夫名。'"绍兴年间，陆宰因不满朝廷的苟安国策，正当壮年就绝意仕途，决心退隐。陆宰在山阴城西南购筑小隐山园，园中的"赋归堂""遐观堂""抚松亭"等建筑皆取名于陶渊明诗文，可见其慕陶之诚。毫无疑问，陆游"侍先少傅居城南小隐，偶见藤床上有渊明诗"，那本陶诗正是陆宰阅读后暂时搁在那里的。

二、中年陆游对陶诗的睽离

少年陆游对陶渊明的爱慕很快就被国家危亡的艰难时世打断了。

到了三十八岁那年，宋孝宗即位，朝中的主战派得到重视，陆游也被召见且赐进士出身，他积极地向朝廷提出许多关于抗金复国的建议，且坚决支持张浚北伐。虽然好景不长，朝局的主要趋势仍是主战派受到压制，陆游本人也在四十二岁时因"力说张浚用兵"的罪名被罢黜归乡，但他依然坚持夙志，并未转向消极。所以在这个阶段的诗歌创作中，忧念国事、志在恢复显然成为最主要的内容，慷慨激昂、沉郁悲凉显然成为最主要的风格。例如1161年金主亮南侵遭挫，宋军乘胜收复北宋陵寝所在的洛阳，陆游得闻捷报，赋《闻武均州报已复西京》以志喜。次年，陆游仲兄陆浚赴江北前线幕府，陆游作《送七兄赴扬州帅幕》一诗送行。前者欢呼意外得来的胜利，情绪高涨。后者回首大敌压境的危难时局，意境沉郁。无论是何种情感倾向，都产生于关心时局、志在天下的人生观，与回归山林的隐逸志趣南辕北辙。

此时在陆游的诗歌创作中仍然不时出现陶渊明及其诗文的印痕，但那主要是以成语典故的面目而出现的。例如陆游集中最早涉及陶

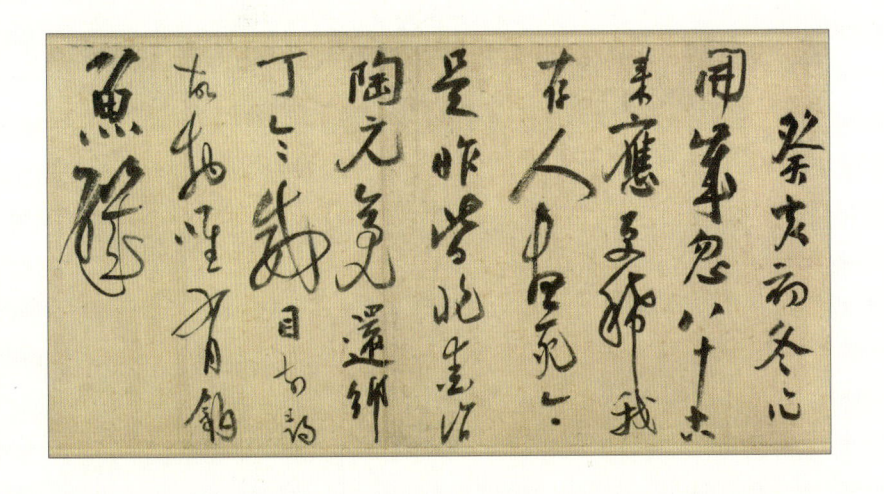

癸亥初冬作
用筆忽八十志
業應无媿我
在人安足競
是昨夢此生浮
陶元亮還鄉
丁令威歸日古詩
故知經有餘
魚絛

陆游行书诗卷《癸亥初冬作》

自輕肥 聞道長
安似夾暮百年
世事不勝悲王
集第宅皆新主
文武衣冠異昔
時直北關山金鼓
振迤西車馬羽
書迟魚龍寂寞
秋江冷故國平
居有所思 蓬
萊宮闕對南山
承露金莖霄漢
間西望瑤池降王
母東來紫氣滿
函關雲移雉尾
開宮扇日繞龍鱗
識聖顏一臥滄江
驚歲晚幾迴青
瑣點朝班瞿
唐峽口曲江頭萬
里風煙接素秋

天涯石 通仙井 百牛 昇仙橋 青羊觀 君平宅 工部宅 萬里橋

诗的作品《和陈鲁山十诗以孟夏草木长绕屋树扶疏为韵》，作于1154年，是年陆游三十岁。上年陆游应锁厅试，初擢举第一压过秦桧之孙秦埙，触怒秦桧，此年春应礼部试遂至落第。此诗有句云"樱酪事已过，角黍配夏熟"，可见作于仲夏，时已落第，诗语颇怨，风格不类陶诗。但全诗十首，逐首以陶诗《读山海经》二句为韵脚。又如作于1166年的《寄陶茂安监丞》云："征士虽思赋松菊，隐居未可挂衣冠。"上句用陶渊明《归去来兮赋》中"松菊犹存"句意（陶渊明谥"征士"），下句用陶弘景辞官挂朝服于宫门之故事（陶弘景自号"华阳陶隐居"），分别用两个姓陶之人的典故以切陶茂安之姓。上述两端都是宋人作诗的惯用技巧，并非陆游独创，只是说明他对陶诗非常熟悉。然而总的说来，这个时期的陆游对陶渊明及其作品是相当疏离的。原因很清楚，此时的陆游正在狂热地追求从戎杀敌、建功立业的人生理想，其慷慨激烈的心态使他不能静下心来读陶、学陶。

  1170年陆游入蜀，任夔州通判，开始了他的第二个创作阶段。1172年，三月，陆游应四川宣抚使王炎之辟赴南郑，任干办公事兼检法官，襄赞军务。虽然他当年年底即离开南郑，他在南郑其实只停留了不足一年，而且并未经历真正的战斗，但是亲临抗金前线的戎马生涯毕竟使他初偿夙愿，心情激动，其诗歌创作随之发生了深刻的变化。陆游在此后的十余年间写出了一系列风格雄放的七古名篇，例如《金错刀行》、《胡无人》、《长歌行》（人生不作安期生）、《关山月》、《秋兴》（成都城中秋夜长）、《五月十一日夜且半梦从大驾亲征尽复汉唐故地见城邑人物繁丽云西凉府也喜甚马上作长句未终篇而觉乃足成之》等。这些作品皆以抗金复国为主题，皆呈雄浑豪壮之风格。这个创作倾向也体现在陆游的其他诗体中，而且贯穿了其第二个创作阶段。显然，这样的创作倾向与陶诗大异其趣。

当然，陆游在这两个阶段中也曾数次回乡闲居，但他人在江湖，心怀朝廷，这在其诗作中有明显的表露。1154年陆游赴礼部试被秦桧黜落，归乡闲居三年。其间，陆游作诗吟咏朝政："崖州万里窜酷吏，湖南几时起卧龙？"（《二月二十四日作》）他何曾忘却国事？1166年，陆游再度罢官回乡，闲居两年有半。将归之时，陆游再度作诗抨击士气不振的局面："中原乱后儒风替，党禁兴来士气孱。"（《寄别李德远》）次年，陆游作诗讥刺误国权奸："但余一恨到千载，高阳缪公来窜名。老奸得志国几丧，李氏诛徙连孤婴。"（《题十八学士图》）是年又作诗感叹岁月迁徙、壮志难消："慷慨心犹壮，蹉跎鬓已秋……夜阑闻急雨，起坐涕交流。"（《闻雨》）这哪里是一位归隐之士会有的心态！从1181年至1183年，陆游奉祠在山阴闲居三年，此期所作诗词，多抒爱国情感，态度激切，如1181年所作诗中云："平生寨旗手，头白归扶犁。谁知蓬窗梦，中有铁马嘶！"（《书悲》）1182年所作诗中云："一身报国有万死，双鬓向人无再青！"（《夜泊水村》）1183年所作诗中云："书生老抱平戎志，有泪如江未敢倾。"（《夜步庭下有感》）这种老骥伏枥志在千里的报国热情，也与隐逸情趣相去甚远。

总之，在第一、第二两个创作阶段中的陆游即使在故乡闲居，其心态也距离陶渊明甚远，其诗作与陶诗很少相关。前文所举的"征士虽思赋松菊，隐居未可挂衣冠"那联诗，虽然上句运用陶渊明《归去来兮赋》之典，但是细绎诗意，是说虽有怀乡之念，但不可辞官归隐，其实是对陶渊明隐逸志趣的否定。1175年，陆游在新都的一个驿站独酌，作诗云："行遍天涯身尚健，却嫌陶令爱吾庐。"（《弥牟镇驿舍小酌》）他竟然对陶渊明喜爱村居的生活态度公然表示嫌弃！

三、晚年陆游对陶诗的回归

1189年，二月，孝宗内禅，光宗继位。岁末，六十五岁的陆游受监察御史弹劾，罢职放归故里。此后他于1202年一度返朝为孝宗、光宗两朝编纂实录，第二年即返山阴。总的说来，从六十六岁直到八十五岁去世，陆游在山阴故乡度过整整二十个春秋，这是他诗歌创作的第三个阶段。陆游被劾，罪名中包括作诗"嘲咏风月"，这让他啼笑皆非。事实上，无论是发起弹劾的谏议大夫何澹，还是受到弹劾的陆游，都明白"嘲咏风月"只是个借口。真正的原因是陆游一贯力主抗金，深受朝中主和派的忌恨。孝宗颇有恢复之意，故对陆游尚能优容。光宗则是个颠顶无能之君，他登基后便任由主和派操纵，罢免陆游。

陆游返回山阴后不久，便以"风月"名小轩，作诗自遣。心态如此愤激的陆游当然不可能诚心诚意地归隐林下，抗金复国的雄心壮志仍然时时出现在他的诗中。仅以名篇为例，《秋夜将晓出篱门迎凉有感》《十一月四日风雨大作》作于六十八岁，《枕上偶成》（放臣不复望修门）作于七十一岁，《陇头水》作于七十二岁，《书愤》（白发萧萧卧泽中）作于七十三岁，《三山杜门作歌》作于七十四岁，《观运粮图》作于七十六岁，《追忆征西幕中旧事》作于七十七岁，《书事》（鸭绿桑干尽汉天）作于八十岁，《老马行》作于八十二岁，《示儿》作于八十五岁，不胜枚举。可以说，抗金复国的主题贯穿了陆游诗歌创作的全过程，绝笔诗《示儿》就是其光辉的终点。

但是，进入第三个创作阶段的陆游毕竟垂垂老矣，他清楚地意识到杀敌报国的理想已经不可能付诸实施，胸中的壮志也消磨殆尽："壮志病来消欲尽，出门搔首怆平生！"（《秋夜将晓出篱门迎凉有感》)他只能将这个理想寄托在他人身上:"功名在子何殊我,惟恨无人快着鞭!"(《书事》)他在目前处境中真正能做的不过是耕桑与读书二事:"老翁老去尚何言,除却翻书即灌园。"(《种蔬》)他觉得老于农桑的自己与从前那个气吞骄虏的英雄已成隔代之人:"大散关头北望秦,自期谈笑扫胡尘。收身死向农桑社,何止明明两世人!"(《追忆征西幕中旧事》)他甚至怀疑从前的功名之念是否真有价值,试看一个有趣的例子:

壮年时代的陆游对建功立业怀有热烈的希冀,他五十初度时在成都作诗慨叹"金印煌煌未入手,白发种种来无情"(《长歌行》),可是到了七十八岁,他的态度已有根本的改变:"每与诸儿论古,常思百世业耕桑。危机正在黄金印,笑杀初心缪激昂。"(《高枕》)到了八十岁,他更是声称:"铸印大如斗,佩剑长拄颐。不如茅屋底,睡到日高时。"(《不如茅屋底》)显然,正是人生态度的这种改变将陆游的目光从梦中的大散关头拉回眼前的江南水乡,也将诗人的慕贤之心从捍卫国家的大将檀道济移向躬耕农亩的隐士陶渊明。请看他作于八十二岁的《悲歌行》:

读书不能遂吾志,属文不能尽吾才。远游方乐归太早,大药未就老已摧。结庐城南十里近,柴门正对湖山开。有时野行桑下宿,亦或恸哭中途回。檀公画计三十六,不如一篇《归去来》。紫驼之峰玄熊掌,不如饭豆羹芋魁。腰间累累六相印,不如高卧鼻息轰春雷。安得宝瑟五十弦,为我写尽无穷哀!

诗中以檀道济与陶渊明相比,檀道济是南朝大将,足智多谋,能用"三十六策",曾自比捍卫国家的"万里长城"(《宋书·檀道济传》)。

陆游六十三岁所作名篇《书愤》中曾以檀道济自比："塞上长城空自许。"如今却说檀公纵然足智多谋，也比不上陶渊明的一篇《归去来辞》。此时的陆游，铁马冰河只是梦境，田园农桑才是真实的生活环境，于是久违的陶诗再次走近陆游。

1190年春，就在陆游刚回到山阴故居不久，他作诗说："莫谓陶诗恨枯槁，细看字字可铭膺。"（《杭湖夜归》）六年以后，陆游作《跋渊明集》，回忆少时阅读陶诗入迷以致忘餐的旧事说："今思之，如数日前事也！"时隔五十多年，陆游对陶诗的态度经历了一个轮回。"闲惟接僧话，老始爱陶诗。"（《书南堂壁》）此语真是慨乎言之！

晚年的陆游经常阅读陶诗，"数行褚帖临窗学，一卷陶诗傍枕开"（《初夏野兴》），"柴荆终日无来客，赖有陶诗伴日长"（《二月一日作》），"归舟莫恨无人语，手把陶诗侧卧看"（《冬初至法云》），几乎到了手不释卷的程度。

由于陆游对陶诗烂熟于胸，只要遇到陶诗中曾描写过的某种生活情景，便会使他以五柳先生自居，例如六十八岁所作《秋晚岁登戏作》：

水落沙痕出，天高野气严。饼香油乍压，齑美韭新腌。裘褐风霜逼，衡茅醉梦兼。菊花香满把，聊得拟陶潜。

陶渊明《九日闲居》序云："余闲居，爱重九之名。秋菊盈园，而持醪靡由。空服其华，寄怀于言。"陶诗名句"采菊东篱下"（《饮酒》）更是塑造了这位千古隐士的不朽形象。陆诗写秋收丰登后身得温饱，且能采菊盈把，于是自比渊明。又如八十岁所作《砭愚》：

> 储药如丘垤，人愚未易医。信书安用尽，见事可怜迟。错自弹冠日，忧从识字时。今朝北窗卧，句句味陶诗。

陶渊明自云："五六月中，北窗下卧，遇凉风暂至，自谓是羲皇上人。"（《与子俨等疏》）盛夏酷热之时偶遇凉风，便自称是远古淳朴之人，这是喜爱平凡质朴生活的真情之自然流露。陆诗写自己从前误入仕途，老方归隐，如今像陶渊明一样享受夏日清风，便能细细品味陶诗的滋味。

陆游还用整首诗的篇幅抒写读陶心得，例如作于六十九岁的《读陶诗》：

> 我诗慕渊明，恨不造其微。退归亦已晚，饮酒或庶几。雨余锄瓜垄，月下坐钓矶。千载无斯人，吾将谁与归？

又如作于七十六岁的《读渊明诗》：

> 渊明甫六十，遽觉前途迮。作诗颇感慨，自谓当去客。吾年久过此，霜雪纷满帻。岂惟仆整驾，已迫牛负轭。奈何不少警，玩此白驹隙。倾身事诗酒，废日弄泉石。梅花何预汝，一笑从渠索。顾以有限身，儿戏作无益。一床宽有余，虚室自生白。要当弃百事，言从老聃役。

二诗都对陶渊明的人生态度表示高度认同，但同中有异：前者的重点在陶渊明归隐后的自由生活，陆游希望像陶渊明那样保持平和、安宁的心情，从鸡犬桑麻的田园生活中寻得心灵的归宿。后者的重点在陶渊明对生命意义的体悟，陆游希望像陶渊明那样珍惜时光，从平凡朴实的日常生活中把握意义丰盈的生命流程。

陶渊明归隐后与其乡邻相处和睦，他与村里的农人同样从事春种秋收、养老抚幼，但他毕竟是个退隐的士大夫，他除了耕种外还有一个重要生活内容，便是读书。陶渊明在《五柳先生传》中自称"好读书，不求甚解"，那是一种轻松、随意，不带任何功利目的的读书方式。众所周知，汉代的经学繁缛琐碎，魏晋以来士风一变，士大夫喜爱哲理思辨，穷究底蕴。陶渊明追求的既不是烦琐的章句之学，也不是好辩的玄谈之风，他自称"每有会意，便欣然忘食"。"会意"便是心领神会，到此便止，不再深究。这种读书方式给陶渊明带来极大的愉悦，也给他的人生带来浓郁的诗意。陶渊明并不需要像一千五百年后的海德格尔那样经过繁复的概念辨析和哲理运思来领悟所谓的"诗意栖居"，他的简朴生活已经达到超越的境界，他用实践修复了人类生活未被异化之前的原生状态。陆游正是在这一点上与陶渊明达成了深刻的默契。

与陶渊明一样，读书也是陆游的日常生活中非常重要的组成部分，由此而产生的一个结果就是，他的读书诗也常常与日常生活的情景结合在一起，从而富有生活气息。除了在书斋中埋头苦读之外，陆游还写到了在各种场合下读书的情形，例如他读书不择地点："传舍僧窗虽异，不妨随处观书。"（《六言杂兴》）在旅途中也不废读书："老子残年未易量，出门随处得徜徉……闲来又取丹经读，夜就松明解布囊。"（《题旅舍壁》）所以随时携带着书箱："呼儿治书笈，吾欲剡中游。"（《立秋前九日大雨凉甚》）甚至到附近村舍临时借宿也携书读之："解囊自取残编读，何处人间无短檠。"（《宿村舍》）偶尔在附近出游也手持书卷："一编在手君无怪，曾典蓬山四库书。"（《挟书一卷至湖上戏作》)"不如上南塘,萧然散予步。季子挟书卷,仲孙奉杖屦。"(《南塘晚步记邻里语》)读一读这些诗句,就能知道陆游并不是白首穷经的老学究,他在读书时仍然着眼于整个人生,仍然充满着对生活的热爱,仍然流露出对生命的感慨。陆游的耕读生涯因此而活色生香、诗意盎然。

"诗情也似并刀快,剪得秋光入卷来。"(《秋思》)陆游的敏锐诗情不仅把春色秋光剪入其诗,而且也把耕读生涯中的种种情趣剪裁入诗,从而像陶渊明一样达到了人生的超越。

四、农耕民族传统文化精神的诗学体现

综上所述,陆游一生似有两种人生选择:一是驰骋疆场、建功立业;二是归隐田园,耕读终生。这两种表面上互相矛盾的选择,是否具有内在的同一性呢?换句话说,陆游的第二种人生选择是否属于无可奈何之举呢?我们不妨从传统文化的角度来思考这个问题。

华夏民族自古生活在黄河、长江流域,这是个气温与降水量都适宜农耕的地区,以农为本便成为整个民族最重要的生存方式。先秦诸子论及国计时言必称农桑,便是经济基础对意识形态的影响。农耕生产必需和平的生存环境和稳定的生存空间,所以华夏民族天生就热爱和平,她的价值观与逐水草而居的游牧民族不可同日而语。然而华夏民族始终面临着游牧民族的侵扰,为了保卫自身的农耕文明,就必须具有抵御侵略的力量。儒家反对战争,但并不轻视军事,而且强调加强国防的重要性,原因便在于此。所以孔子既曰:"俎豆之事,则尝闻之矣。军旅之事,未之学也。"(《论语·卫灵公》)又曰:"不教民战,是谓弃之。"(《论语·子路》)"善人教民七年,亦可以即戎

矣。"(《论语·子路》)孟子则既批判"争地以战,杀人盈野;争城以战,杀人盈城"的不义战争(《孟子·离娄上》),又歌颂"凿斯池也,筑斯城也,与民守之,效死而民弗去"的爱国精神(《孟子·梁惠王下》)。

陆游是受传统文化哺育的士大夫,且成长于一个以耕桑为家风的家族中。所以陆游论《诗》,最重《豳风·七月》之篇,他曾不胜仰慕地说:"我读《豳风七月》篇,圣贤事事在陈编……吾曹所学非章句,白发青灯一泫然。"(《读豳诗》)又说:"西成东作常无事,妇馌夫耕万里同。但愿清平好官府,眼中历历见《豳风》。"(《村居即事》)《豳风·七月》生动地描写了一年四季的农事以及农民的辛勤劳苦,汉儒的《诗序》释曰:"周公遭变故,陈后稷先公风化之所由,致王业之艰难也。"陆游热爱农耕生活,陆游集中描写农村生活的作品多达两千多首,显然与《豳风·七月》有着一脉相承的关系。

不难想象,如果陆游生逢一个和平时代,他既可能为食禄养亲而出仕,也可能急流勇退而归隐,走一条与陶渊明相似的人生轨迹。只因陆游生逢河山破碎、国土沦丧的时代,故而中年投军,万里从戎,且终生渴望着杀敌雪耻、收复中原。但是在内心深处,他热爱和平,热爱安定平和的农耕生活。说到底,陆游所以要坚持抗金复国的大业,其根本目的就是恢复华夏民族赖以生存的神州故土,让人民在不受外族侵扰的和平环境里从事农桑。事实上陶渊明也是如此,他虽然重视农桑,且认为人们应该自食其力,但他并非天生的隐士。陆游的好友朱熹评陶渊明说:"隐者多是带气负性之人为之,陶欲有为而不能者也。"(《朱子语类》卷一四〇)此语乃知人论世的名言。陶渊明少时胸怀大志,可惜身逢浊世,根本不可能有所作为,无奈之下才走上独善其身的归隐之途。所以陶渊明的归隐不是退避,更不是放弃,而是一种特殊形态的坚守与抗争。陆游则生活在国难当头的时代,他虽有心许国,却壮志难酬,被迫退归乡里,亲事农桑,"行遍天涯千万里,却从邻父学春耕!"(《小园》)深沉的感慨之中,有多少无奈与失落!陶、陆二人都重视农耕,而且都是"带气负性之人",这是陆游与陶渊明达成异代默契的两个深层内因。

当然,归耕后所处的自然环境是优美宁静的,农村的风土人情是淳朴敦厚的,所以归隐后的陶渊明总是保持着平和、安宁的心情。躬耕生活尽管艰苦,在陶渊明眼里却是充实、愉快的。他用优美的诗句描写了乡村生活的方方面面,既有劳动的艰辛,也有收获的喜悦;既有贫穷的烦恼,也有亲情的可爱。陆游也是这样。陆游一生中闲居山阴长达三十年,当他在家乡看到安宁、平静的农村生活时,不由得感到由衷的喜爱。比如作于四十三岁的《游山西村》:

莫笑农家腊酒浑,丰年留客足鸡豚。山重水复疑无路,柳暗花明又一村。箫鼓追随春社近,衣冠简朴古风存。从今若许闲乘月,拄杖无时夜叩门。

又如作于六十七岁的《江村初夏》:

紫葚狼藉桑林下,石榴一枝红可把。江村夏浅暑犹薄,农事方兴人满野。连云麦熟新食麨,小裹荷香初卖鲊。蘋洲蓬艇疾如鸟,沙路芒鞋健如马。君看早朝尘扑面,岂胜春耕泥没踝。为农世世乐有余,寄语儿曹勿轻舍。

鸡犬桑麻的乡村风光,古朴淳厚的风土人情,宛如陶渊明笔下的桃花源。

罢职后的陆游虽能时断时续地领到一份菲薄的祠禄,但他家口众多,生活比较清贫,有时还得亲自参加劳动,陆诗中常有描写,例如五十七岁所作《小园》:

> 小园烟草接邻家,桑柘阴阴一径斜。卧读陶诗未终卷,又乘微雨去锄瓜。

又如六十七岁所作《晚秋农家》:

> 我年近七十,与世长相忘。筋力幸可勉,扶衰业耕桑。身杂老农间,何能避风霜?夜半起饭牛,北斗垂大荒。

如果说前一首所写的还是"半耕半读"的隐士,那么后一首中就俨然是亲事稼穑的老农。

由此可见,天性敦厚,感情深挚,是陆游与陶渊明共同的性格特征。而用亲切细腻的笔触描写亲情、友情,则是陆诗与陶渊明诗文共同的创作倾向。

如上所述,陆游与陶渊明的关系经历了合、离、合的复杂过程。1207年,八十三岁的陆游作诗说:"学诗当学陶,学书当学颜。正复不能到,趣乡已可观……汝虽老将死,更勉未死间。"(《自勉》)这既是其诗学思想的晚年定论,也是其创作旨趣的最终表述。

晚期陆诗在主题倾向上既以陶诗为学习典范,它在艺术风格上也必然会受到陶诗的深刻影响。正如清人赵翼评陆诗云:"及乎晚年,则又造平淡,并从前求工见好之意亦尽消除,所谓'诗到无人爱

处工'者,刘后村谓其皮毛落尽矣,此又诗之一变也。"(《瓯北诗话》卷六)

晚期陆诗的主要题材由忧念国事转向对隐居耕读生活的吟咏,其主导风格也从雄浑奔放转向陶诗的平淡自然,这种转变固然有年龄渐老等客观因素的影响,但从根本的意义上说,这正体现出陆游对传统文化精神的认同与皈依。

在诗歌艺术的方面,晚年的陆游也对陶渊明钦佩得五体投地。八十四岁那年,陆游作《读陶诗》:

> 陶谢文章造化侔,篇成能使鬼神愁。君看夏木扶疏句,还许诗家更道不?

诗中虽及"谢"字,当是连类而及,从篇名到诗意,均指渊明无疑。前文说过,陆游三十岁时曾选择陶诗"孟夏草木长绕屋树扶疏"为韵脚,至此已相隔五十四年。如果说青春年少的陆游只是熟悉陶渊明的诗句,那么半个世纪以后,垂垂老矣的陆游已将陶渊明视为诗歌史上登峰造极的伟大诗人。"夏木扶疏"之句见于陶诗《读山海经》之一,全文如下:

> 孟夏草木长,绕屋树扶疏。众鸟欣有托,吾亦爱吾庐。既耕亦已种,时还读我书。穷巷隔深辙,颇回故人车。欢然酌春酒,摘我园中蔬。微雨从东来,好风与之俱。泛览周王传,流观山海图。俯仰终宇宙,不乐复何如。

此诗内容只是平淡无奇的乡村景物,与平淡无奇的日常起居,然而它意味深永,百读不厌,其奥秘在于诗中浸透着陶渊明对平凡生活的满腔深情。在陶渊明看来,风调雨顺的时令,欣欣向荣的草木,以及树上的鸟鸣,园中的菜蔬,杯中的薄酒,案头的闲书,无不使他感到由衷的愉悦。诗人在美好的自然环境中自由自在地生存,他平和安详,心满意足。简陋的穷巷隔绝了尘世的喧嚣,悠闲的心境摆脱了名利的纠缠,生活恢复了朴素纯洁的本来面目,从而充满着美感和诗意。

晚年的陆游从内心深处与陶渊明的人生态度产生了深刻的共鸣,从而对如此准确生动地体现这种人生态度的陶诗感到由衷的钦佩。从总体成就来看,陆游是南宋诗坛上学陶最为成功的诗人。

第六讲　陆游的书斋情趣

陆游是南宋诗坛上学术成就十分卓著的学者型诗人,他除了以其诗、词、文的创作业绩被载入史册以外,其《南唐书》和《老学庵笔记》等学术性著作也深受后人重视。陆游的文学创作成就与其学识有密切关系,正如元人刘埙评陆游诗文所云:"凡此皆以议论为文章,以学识发议论。非胸中有千百卷书,笔下能挽万钧重者不能及。"(《隐居通议》卷二一)

虽然陆游毕生都以抗金复国为最高人生理想,但是事实上他的大部分岁月都是在书斋中度过的,黄卷青灯是他最主要的生活内容,于是陆游作为学者的形象便在其诗中得到了十分全面的展现。这种形象既有学者的刻苦和严谨,又不乏诗人的活泼和灵动,故其元气淋漓的生命力没有被浓郁的书卷气掩盖住,从而有别于清代翁方纲一类学者型诗人。就其全面性和鲜活程度而言,陆游诗中的学者形象也许是整个古典诗歌史上的独特存在。正因如此,生动活泼的书斋情趣是陆游诗歌拥有巨大影响的重要原因之一,值得我们重视。

一、世代相传的书香家庭

陆游成长于世代相传的书香家庭,他对家庭的学术传统津津乐道。陆游说:"我家释耒起,远自东封前。诗书守素业,蝉联二百年。"(《岁暮感怀以余年谅无几休日怆已迫为韵》)他一再提到其高祖陆轸所开创的书香传统:"五世业儒书有种。"(《闲游》)"七世相传一束书。"(《园庐》)陆轸于北宋大中祥符间进士及第,累赠太傅(见《山阴陆氏族谱》),故陆游尊称其为"太傅",并以之为榜样来教育儿孙:"吾家太傅后,衿佩盛青青。我悉殿诸老,汝能通一经。学先严诂训,书要讲声形。夙夜常相勉,诸孙待典刑。"(《示子遹》)他希望把这种家风代代相传:"传家只要存书种。"(《杂题》)"但令书种存,勿愧耕垅亩。"(《东斋杂书》)陆游写了许多首教诲儿孙勤苦读书的诗,后人对此评价甚高,清人俞正燮在《癸巳存稿》卷四中专设"陆放翁教子法"一则,对陆游的教子诗津津乐道。其中如《读书示子遹》云:

> 我性苦爱书,未始去几案。生虽后三代,意尚卑两汉。世衰道术裂,年往朋友散。泽居贫至骨,霜冷衣露骭。犹能乐其乐,肯发穷苦叹。尔来更可笑,身籴儿炊爨。一饱辄欣然,弦诵等雍泮。望古虽天渊,视俗亦冰炭。阿通可怜生,相守忘夜旦。孤学当世传,岁月不可玩。

诗中披露了自己一生苦学,至老不倦且从而安贫乐道的胸襟,并鼓励其子继承这种精神。可见陆游是何等珍视自己家庭的诗书传统,即使这会使得其子孙遭受到与他一样的穷困命运也在所不计。

受到家风影响,陆游嗜书如命,对家中的万卷藏书看得比什么都更珍贵。陆游的祖父陆佃、父亲陆宰都是著名的学者,其家藏书甚富,宋室南渡之后,连朝廷都曾向陆家借钞藏书。据《嘉泰会稽志》

卷十六记载："绍兴十三年，始建秘书省于临安天井巷之东，仍诏求遗书于天下。首命绍兴府，录朝请大夫直秘阁陆宰家所藏书来上，凡万三千卷有奇。"陆游本人也十分注意收集书籍，据记载，他"尝宦两川，出峡不载一物，尽买蜀书以归，其编目日益巨"。（见《嘉泰会稽志》卷十六）陆游对祖、父传下来的藏书当然视若拱璧，不无自满地宣称："赋性无他嗜，传家但古书。"（《书房杂咏》）"藏书万卷未为贫！"（《遣兴》）他把家中的书斋命名为"书巢"，作《书巢记》云："吾室之内，或栖于椟，或陈于前，或枕藉于床，俯仰四顾，无非书者。"

他在诗中也再三咏及身陷书围的情景："倒掩衡门手自关，老身著在乱书间。"（《斋中杂兴》）"万事莫论羁枕梦，一身方堕乱书围。"（《怀故山》）他对家中的藏书甚感得意："有酒一樽聊自适，藏书万卷未为贫。"（《遣兴》）但他有时仍嫌家中的藏书不够阅读，于是努力设法购书："筒衣尽典仍耽酒，困米无炊尚买书。"（《开岁愈贫戏咏》）或是向人借书："新寒换衣典，闲日借书观。"（《幽栖》）如借书未遂便慨叹不已："名酒过于求赵璧，异书浑似借荆州！"（《到严十五晦朔郡酿不佳求于都下既不时至欲借书读之而寓公多秘不肯出无以度日殊悯悯也》）他甚至歆羡友人的藏书之富："万签插架号东庄，多稼连云亦何有！"（《寄题徐载叔秀才东庄》）他还在梦中获得新书："梦里犹曾得异书。"（《秋夜读书有感》）或梦中钞书："尚嗟余习在，梦课吏钞书。"（《老叹》）在《寒夜读书》一诗中，他甚至自嘲颇似终生藏身于书中的蠹鱼："北窗暖焰满炉红，夜半涛翻古桧风。老死爱书心不厌，来生恐堕蠹鱼中！"

由此可见，陆游成为一个成就卓著的学者不是偶然的，代代相传的书香门第和汗牛充栋的丰富藏书为他从事学术活动提供了优良的先天条件。

二、勤奋终生，老学不倦

除了先天的条件以外，自身的刻苦勤奋是陆游成为著名学者的必要条件。这在陆游的诗中表现得最为淋漓尽致的有两个细节：夜读与目力。

首先，陆游常常写到夜读的情景。例如《秋夜读书每以二鼓尽为节》一首，从诗题可知他夜读常到二更方止。他有时也读至三更："败屋颓垣对短檠，课书聊自限三更。"（《寒夜》）有时读至四更："七十未捐书，正恐死乃息。起挑窗下灯，度此风雨夕。"（《四月十三夜四更起读书》）有时干脆读至五更："近村远村鸡续鸣，大星已高天未明。床头瓦檠灯熠爣，老夫冻坐书纵横。"（《五更读书示子》）更多的诗是模糊地说读至夜半："终恨无劳縻廪粟，夜窗聊策读书勋。"（《夜分读书有感》）或是读至天明："读书达旦失衰病，食菜终年安贱贫。"（《简苏训直判院庄器之贤良》）"天涯怀友月千里，灯下读书鸡一鸣。"（《冬夜读书忽闻鸡唱》）甚至在佳节之夜也照常苦读："今年上元灯满城，十里东风度丝竹。蓬窗湿薪不御寒，独取残书伴儿读。"（《上元夜作》）"老学辛勤那有补，旧闻零落恐无传。"（《戊午元日读书至夜分有感》）他因夜读而喜爱漫长的秋夜和冬夜："读书喜夜长，著书悲齿暮。"（《秋夜读书》）"投老难逢身健日，读书偏爱夜长时。"（《冬夜》）

陆游的夜读诗中还有不少写得相当出色的作品，例如《夜雨》《冬夜读书》《寒夜读书》等，且看《夜雨》：

> 齿牙摇动鬓毛疏，四壁萧然卧草庐。急雨声酣战丛竹，孤灯焰短伴残书。壮心未减从戎日，苦学犹如觅举初。自笑坚顽谁得似，同侪太半已丘墟。

虽然是写夜读的主题，然而诗中蕴含着深沉的人生感慨，又用雨声、灯光把孤寂的夜写得有声有色，堪称佳作。

其次，陆游常常写到他的目力，即年已衰老而目力尚健能读细字。对此，清人赵翼曾惊叹"放翁目力亦绝人"，且在陆诗中举出数例，说陆游"七十九，目力方稍减也"云云（详见《瓯北诗话》卷六）。其实除了赵翼所举之例外，陆诗中还有不少作品说到他的目力，尤其是说到他在七十九岁之后的情形。例如在八十岁时叹息自己："读书眼力衰难强。"（《块坐斋中有感》）到八十一岁时又悲叹："眼力衰来怯细书。"（《世事》）"读书灯下目几盲。"（《寓叹》）奇怪的是两年之后他的目力竟又恢复如常："未忘麈尾清谈兴，常读蝇头细字书。"（《南堂杂兴》）但是同样作于是年而稍晚的《目昏有感》却说："两眦眵昏八十余，尔来触事觉空疏。何由四目如苍颉，读尽当年倚相书？"可见此时他的目力时好时坏。至八十四岁时又说："眼明尚见蝇头字，暑退初亲雁足灯。"（《秋思》）甚至到了他去世的那一年即他八十五岁时，他的诗中还出现了如下的句子："云边采药喜身轻，灯下观书觉眼明。"（《病小愈喜晴》）"软蒲稳背供危坐，小帜障灯便细书。"（《山墅》）可见他的一双明目与他相伴终生，这真是上苍对一位嗜书如命的学者的厚爱！

陆游曾在《书巢记》一文中描述他终日与书为伴的情形："吾饮食起居，疾痛呻吟，悲忧愤叹，未尝不与书俱。宾客不至，妻子不觌，而风雨雷雹之变有不知也。间有意欲起，而乱书围之，如积槁枝，或至不得行。则辄自笑，曰：'此非吾所谓巢者耶？'乃引客就观之，客始不能入，既入又不能出，乃亦大笑曰：'信乎其似巢也！'"然而更生动的描写仍在他的诗中，他有许多诗作绘声绘色地画出了一位勤奋苦学者的面貌。试举两首径以《读书》为题的例子，第一首云：

> 放翁白首归剡曲，寂寞衡门书满屋。藜羹麦饭冷不尝，要足平生五车读。校雠心苦谨涂乙，吟讽声悲杂歌哭。三苍奇字已杀青，九译旁行方著录。有时达旦不灭灯，急雪打窗闻簌簌。倘年七十尚一纪，坠典断编真可续。客来不怕笑书痴，终胜牙签新未触。

第二首云：

> 平生爱客如爱书，力虽不逮意有余。门前车马久扫迹，老病又与黄卷疏。人情冷暖可无问，手不触书吾自恨。今年入秋风雨频，灯火得凉初可近。年过七十眼尚明，天公成就老书生。旧业虽衰犹不坠，夜窗父子读书声。

两诗分别作于五十八岁和七十五岁时，前一首有十四句，相当全面地叙述了诗人读书的情况，首先是读书的背景：他是在功业未成、宦游归来后隐居苦读的，故而生活清贫。其次是读书的范围：不但包括各种古文奇字，而且涉及来自域外的奇书。其三是读书的状态：诗人彻夜苦读，急雪打窗的寒夜里也不中断。其四是关于读书的愿望：希望享年长久，得以读尽各种残存的典籍。最后两句表示自己不怕被别人笑为书痴，因为这远胜于那些徒有藏书而未能读者。末句用韩愈《送诸葛觉往随州读书》："邺侯家多书，插架三万轴。一一悬牙签，新若手未触。"钱仲联注此诗引朱翌《猗觉寮杂记》："近世讥有书不读者，多引退之《送诸葛觉》诗……以言手未尝把书，故如此新耳。"堪称确解。如此丰富的内容，又配以感情抑扬、词气跌宕的诗句，遂成为陆游读书诗中的代表作。

后一首十二句，仅写与读书有关的两层意思：因老病而一度废读以及秋夜读书。前面六句是第一层，说自己既爱书，又好客，因贫贱而与客疏，事已无可奈何。但是因老病而与书籍疏远，则心感遗恨。后六句转入另一层：入秋天凉，灯火可亲，遂父子共灯苦读。全诗词句平淡质朴，情感的抑扬也较平缓，娓娓说来，诗人对读书的喜爱之情表现得相当酣畅。

总之，在陆游的为数颇多的写读书主题的诗中，他作为勤奋好学之士的形象体现得十分鲜活生动。

三、博览群书，涵盖四部

从陆游的诗歌中我们可以获知一份相当完整的读书清单，他不愧是一位读遍四部、博览群书的学者。

首先，陆游十分重视儒家经典。他出生于一个有着深厚的儒学传统的家庭，其祖父陆佃即以经学名家，《宋史·陆佃传》称其"著书二百四十二卷，于礼家名数之说尤精"。其父陆宰于经学也有根柢，著有《春秋后传补遗》，载于《宋史·艺文志》。陆游自幼就承父训刻苦读经，他后来回忆说：

> 吾幼从父师,所患经不明。何尝效侯喜,欲取能诗声。亦岂刘随州,五字矜长城。秋雨短檠夜,掉头费经营。区区宇宙间,舍重取所轻。此身倘未死,仁义尚力行。(《读苏叔党汝州北山杂诗次其韵》)

可见在陆游心目中,儒家的经典自是百世不刊之真理,需要用毕生的精力去穷究其精义。

其次,陆游广泛地阅读各类子书,其诗中提到最多的是《老子》《庄子》一类的道家之书,他说:"门无客至惟风月,案有书存但《老》《庄》。"(《闲中》)"手自扫除松菊径,身常枕藉老庄书。"(《自笑》)"有时闲暇时,颇复诵《老》《庄》。"(《山泽》)"此老在家如出家,蒲团跌坐读《南华》。"(《明日复雨排闷》)"蛮童取火炷香碗,不读《南华》谁与归?"(《早饭后戏作》)陆游诗集中仅以《读老子》为题的诗就有四首,试看其一:

> 放翁晨兴坐龟堂,古铜匜烧海南香。临目接手精思床,身如槁木心如墙。《八十一章》独置傍,徐起开读声琅琅。恍然亲见古伯阳,袂属关尹肩庚桑。孰能试之出毫芒,末俗可复跻羲黄。《阴符》伪书实荒唐,稚川金丹空有方。人生忽如瓦上霜,勿恃强健轻年光。

此诗不但表示了对老子哲学的由衷服膺,而且对传世道书中的伪书作了辨析,可见他对老庄之学已经深入堂奥。

陆游也读佛经,诗中时有涉及:"读罢楞伽四卷经,其余终日坐茅亭。"(《茅亭》)"日阅藏经忘岁月,时临阁帖杂真行。"(《新治暖室》)有时句中虽未直接提到佛书,但可由其内容推知,如《剑南诗稿》卷四九《昨非》诗中有"老狐五百生前错"一句,钱仲联注引《五灯会元》卷三中洪州百丈怀海禅师点化"五百生堕野狐身"之典,甚确。陆游还常把二氏之书相提并论:"司马遗书有《坐忘》,颛翁《止观》略相当。"(《观方外书》)"熟读大小《止观》,精思内外《黄庭》。"(《六言杂兴》)

更值得注意的是,陆游对子部书籍中的巫医百工之书也很重视,其诗中所及的就有:医书——"举世方夸稽古力,满怀空贮活人书。"(《野兴》)农书——"村酒儿能取,农书手自钞。"(《雨后复小雪》)茶经——"《水品》《茶经》常在手,前身疑是竟陵翁。"(《戏书燕几》)相牛经——"自笑若为消永日,异书新录《相牛经》。"(《石帆夏日》)当然,陆游在子部书中最为注重的是兵书,请看两首同样题作《夜读兵书》的诗,其一云:

孤灯耿霜夕,穷山读兵书。平生万里心,执戈王前驱。战死士所有,耻复守妻孥。成功亦邂逅,逆料政自疏。陂泽号饥鸿,岁月欺贫儒。叹息镜中面,安得长肤腴?

其二云:

八月风雨夕,千载孙吴书。老病虽惫甚,壮气颇有余。长缨果可请,上马不踟蹰。岂惟鏖皋兰,直欲封狼居。万乘久巡狩,两京尽丘墟。此责在臣子,忧愧何时摅。南郑筑坛场,隆中顾草庐。邂逅未可知,旄头方扫除。

两诗分别作于三十一岁和六十四岁时,都作于山阴故居,然而它们的写作背景却大不相同。作前一首时,陆游尚未进入仕途,他的人生理想尚未受到打击。作后一首时,陆游已经历尽宦海风波,其从军报国的宏图也早已如昙花一现般归于幻灭。然而两诗都表达了诗人要精研兵法以求在抗金复国的斗争中建立功勋的壮怀,是最能体现陆游人生理想的咏怀诗。

陆游最大的学术贡献在于史学,他的诗中涉及史部书的作品相当之多,集中以"读史"为题的诗就有十三首,以"读史有感"为题的诗有四首,其他涉及史书的诗更是难以统计。他咏及的史书有:《汉书》——"镜湖夜半闻新雁,自起吹灯读《汉书》。"(《闻新雁有感》)《晋书》——"诸公日饫万钱厨,人乳蒸豚玉食无。谁信秋风雒城里,有人归棹为莼鲈。"(《读晋书》)《唐书》——"志士慕古人,忠臣挺奇节……我思杲卿发,可配嵇绍血。"(《读唐书忠义传》)此外如正史《后汉书》,以及正史中的《隐逸传》(《读隐逸传》)、《老子传》(《读老子传》)等,不胜枚举。陆游读史并不仅仅为了学术研究,其主要目的在于以史为鉴,并从历史上的仁人志士那里汲取精神力量,试举二例,《读史》:"青灯耿耿夜沉沉,掩卷凄然感独深。恤纬不遑嫠妇叹,美芹欲献野人心。孤忠要有天知我,万事当思后视今。君看宣王何似主,一篇《庭燎》未忘箴。"《读史有感》:"英雄自古埋秋草,世上儿童共笑狂。射贼曾飞白羽箭,闭门空枕绿沉枪。隆中高卧人千载,易水悲歌泪数行。读尽青编窗日晚,一尊聊复吊兴亡。"

作为杰出的诗人,陆游当然要阅读大量的文学作品,尤其是前人的诗集。我们可以开出一张长长的书单:《诗经》《楚辞》——"少谈王霸谋身拙,晚好《诗》《骚》学道疏。"(《杂题》)陶诗——"卧读陶诗未终卷,又乘微雨去锄瓜。"(《小园》)唐诗——"挂墙多汉刻,插架半唐诗。"(《老态》)元结诗——《予读元次山与瀼溪邻里诗意甚爱之取其间四句各作一首亦以示予幽居邻里》。杜甫诗——"后世但作诗人看,使我抚几空嗟咨!"(《读杜诗》)白居易诗——"闭门谁共处,枕藉乐天诗。"(《自咏》)韩愈诗——《读退之人不知古今马牛而襟裾之句有感》。韩偓诗——《读韩致光诗集》。林逋、魏野诗——"君复仲先真隐沦,笔端亦自斡千钧。"(《读林逋魏野二处士诗》)范仲淹诗——《读范文正潇洒桐庐郡诗戏书》。梅尧臣诗——《读宛陵先生诗》。石介、王令——"吾常慕昔人,石介与王令。挑灯读其文,奋起失衰病。"(《冬日读白集爱其贫坚志士节病长高人情之句作古风》)苏过诗——"焚香细读《斜川集》。"(《斋中弄笔偶书示子聿》)以及不知其人的"前辈诗文"——《读前辈诗文有感》等等。

有一个有趣的现象:陆游诗中咏及最频繁的书是《周易》和《离骚》,而且两者常常相伴着出现,例如:"病里犹须看《周易》,醉中亦复读《离骚》。"(《读书》)"病中看《周易》,醉后读《离骚》。"(《自诒》)"问看饮酒咏《离骚》,何似焚香对《周易》?"(《书怀示子遹》)"研朱点《周易》,饮酒读《离骚》。"(《闭门》)"穷每占《周易》,闲惟读《楚骚》。"(《遣怀》)"体不佳时看《周易》,酒痛饮后读《离骚》。"(《杂赋》)……他似乎总在特定的环境中读这两部书:当他在生活中遭遇到某种不幸诸如得病、穷困时,便读《周易》。当他饮酒至醉,兴致勃勃时,便读《离骚》。表面上看来,前者为哀境而后者为乐境,但事实上后者不过是借酒浇愁而已,所以两者在事实上是出于类似的心态。陆游正是在穷困、寂寞的处境里借读《周易》和《离骚》来排愁解闷的,他已经把书籍视作相濡以沫的密友了。

四、陆游为何勤奋读书

读书是为了什么？陆游有时似乎也感到疑惑，他诘问："拾萤读书定何益？"（《秋风曲》）他慨叹："万卷读书无用处。"（《秋夕露坐作》）他劝告他人："劝君莫识一丁字，此事从来误几人！"（《杂感》）他甚至写了一首《书生叹》：

> 君不见城中小儿计不疏，卖浆卖饼活有余。夜归无事唤侪侣，醉倒往往眠街衢。又不见垅头男子手把锄，丁字不识称农夫。筋力虽劳忧患少，春秋社饮常欢娱。可怜秀才最误计，一生衣食囊中书。声名才出众毁集，中道不复能他图。抱书饿死在空谷，人虽可罪汝亦愚。呜呼人虽可罪汝亦愚，曼倩岂即贤侏儒！

表面上简直是古代的"读书无用论"，其实只是怀才不遇的饱学之士常会发出的牢骚之语。

事实上陆游对自己的学者身份极为珍视，他对自己读破万卷而辛苦一生的命运毫无悔意，甚至希望来生继续这种事业："寓世已为当去客，爱书更付未来生。"（《春夜读书》）"后身作书生，努力究此事。"（《书室杂兴》）上面两首诗分别作于七十岁和八十三岁时，可以视作他的遗愿。他还在《诵书示子聿》中说："楚公著书数百编，少师手校世世传。我生七十有八年，见汝任此宁非天。""楚公"指陆游之祖父陆佃，身后赠楚国公。"少师"指其父陆宰，后赠少师。可见他热切希望儿辈能继承祖先开创的书香门第。他还把希望从儿辈延伸到孙辈："身迫九原儿亦老，一经犹欲教诸孙。"（《闲游所至少留得长句》）

陆游读书怀有明确的目标，首先是从典籍中探求儒家之道。他说："洙泗诸生尊所闻，岂容瓦者亦中分。焚经竟欲愚黔首，亡史谁能及阙文。吾道固应千古在，几人虚用一生勤。世间倚相何曾乏，会与明时诵典坟。"（《读书有感》）他认为儒道是千古不可磨灭的真理，士人一定要在这方面下苦功，才能修身进德，他自称："半升粟饭养残躯，晨起衣冠读典谟。莫谓此生无用处，一身自是一唐虞。"（《读经》）陆游精研经典，他通过经书直接与古代的圣贤相对："残编幸有圣贤对。"（《独立》）"窗间一编书，终日圣贤对。"（《北窗》）陆游虽然没有留下经学方面的著作，但是从其诗歌中涉及儒学经典的篇章中，我们可以看到一位衷心服膺儒学且终生孜孜不倦的士人之面貌。

陆游读书的另一目的是尚友古人，他通过阅读典籍增进对古人的理解，把古人视为自己的师友："渊源师友简编上。"（《老鳏》）"幸有古人同臭味，不嫌儿子似迂疏。"（《读书》）"开编喜见平生友。"（《暮春》）"一编蠹简得深交。"（《园中把酒示邻曲》）他常常为古人的遭遇、行为而感动、激奋，例如《读书》云：

> 古人已死书独存，吾曹赖书见古人。后之视今犹视古，吾书未泯要有取。贾生痛哭汉文时，至今读之有余悲。魏徵嘻笑封德彝，生亦岂责绛灌知。穷秋风雨卧孤馆，万世悠悠百年短。垂死成功亦未晚，安知无人叹微管！

诗中对汉代的贾谊和唐代的魏徵这两位著名的古代政治家表示了由衷的敬仰，对他们的远见卓识遭到谗毁的命运表示深深的同情。此诗作于1199年，时陆游年七十五岁。诗中末句乃用《论语·宪问》中"微管仲，吾其披发左衽矣"句意，可见陆游正是通过读书与贾、魏等人结成了异代知己,并从贾、魏那里汲取了精神力量,从而坚持了老骥伏枥的壮志。

陆游读书当然也是为了实际应用,例如读经是为了进德修身并从中取得治国平天下的学识,读史是为了鉴古知今,读兵书、农书、医书则有更为直接的用处,这在他的诗中有所反映,上文也已论及。然而陆游读书还有另一个用处,那就是他已经把读书视为其日常生活的重要内容,甚至是其生命中不可割裂的一部分,他从黄卷青灯的冷淡生涯中获得了无穷的乐趣,这在其诗中有相当酣畅的体现。在陆游看来,读书可以抒写怀抱:"用底舒怀抱,残书阖复开。"(《南窗》)读书可以忘忧:"已将穷博健,更赖学忘忧。"(《村思》)"我于万事本悠悠,危坐读书忘百忧。"(《喜雨》)读书可以忘味:"我读残编食忘味,朱弦三叹有遗音。"(《读书》)因为书中本有至味:"书中固多味,身外尽浮名。"(《七月十七夜五更起坐至旦》)"偶拈一卷读,美若鸠食葚。"(《昼卧》)读书可以忘老:"读书有味身忘老。"(《不寐》)因为读书足以娱老:"得书娱晚暮,遇药起沉绵。"(《书幸》)

既然读书有如许益处,诗人当然要视之为人生最大乐事,例如《秋夜读书》云:

> 门前客三千,帐下兵十万。人生可意事,随手风雨散。不如一编书,相伴过昏旦。岂惟洗贫病,亦足捍患难。老夫垂八十,岩电尚烂烂。孤灯对细字,坚坐常夜半。吾儿幸能继,书亦未残断。安知不遭时,清庙荐玉瓒。不然老空山,亦足化里闬。我死斯言存,观者有追叹。

此诗作于1201年,时陆游年七十七岁,已致仕退居山阴故里,且祠满不复请领祠禄，故生计日益艰窘。然而诗人在这样的处境中仍然勤奋苦读，在他心目中，读书之乐甚至超过富贵功名，因为后者仅是转瞬即逝的短暂存在。他认为书籍不但是人生的最好伴侣，而且具有"洗贫病""捍患难"的神奇功用。无怪诗人要与书朝夕相伴了。虽然在诗人对儿子的叮嘱中读书仍然有着实用价值，但对于诗人自身而言，他在此时此地的读书，已经彻底超越了任何有关实用的世俗考虑，而成为一种纯粹的高尚的精神活动，一种带有终极关怀性质的人生追求，并进而成为读书人的生命的一部分。这样的读书显然已经获得了净化和超越的品格，也许这才是陆游心目中的读书活动的最高境界。

五、陆游"读书"诗的情感内蕴

宋代诗人中曾以"读书"为诗歌内容的诗人为数不少，但是大量地写作"读书"诗的诗人则首推陆游。今据《剑南诗稿校注》统计，陆游诗中径以"读书"两字为题的诗有17首，诗题以"读书"二字开始的诗作（如《读书有感》之类）有8首，题作《冬夜读书》《秋夜读书》之类的诗有30首，而题作"读某某书"（如《读经》《读史》之类）的诗则多达73首。此外题中虽无"读书"字样而内容与读书有关的诗更是不计其数。比如《题北窗》二首，内容完全是写读书生活，即使改题作《北窗读书》也无不可。陆游如此频繁地写作"读书"诗，会不会损害其诗歌的文学意味呢？让我们用文本分析来寻找答案。

在唐宋诗学史上，曾有过所谓"资书以为诗"的现象。唐代韩愈曾说卢殷"无书不读，然止用以资为诗"（《登封县尉卢殷墓志》），宋人刘克庄则有"资书以为诗，失之腐；捐书以为诗，失之野"（《韩隐君诗》)的判断。严羽在《沧浪诗话·诗辩》中提出"诗有别材,非关书也"的命题,后人或引"别材"为"别才",正如顾易生等《宋金元文学批评史》中所论述的,此处应作"别材",所以严羽反对的也即"资书以为诗"的风气。"资书以为诗"是指在诗歌写作中使用较多的书面材料,即记载于书籍的事实和语言,也即广义的典故和成语。很明显,这种做法的出发点仅仅是从前代典籍中寻觅合用的表现手段,然而它也很可能导致从书本上寻找题材的不良倾向,这当然会影响诗歌作品的情感力度。苏、黄诗歌所以会受到那么多批评,与此不无关系。

以"读书"为主题的诗与"资书以为诗"很容易被人混为一谈,但事实上它们属于两种不同的诗学范畴。因为前者是一种主题走向,而后者却是一种表现手段。前者当然可以采用后者作为其手段,但也可以与后者毫无关系。例如陆游的《冬夜读书》这首诗:"霜雪纷纷满鬓毛,凋年怀抱独萧骚。房栊夜悄孤灯暗,原野风悲万木号。病卧极知趋死近,老勤犹欲与书鏖。小儿可付巾箱业,未用逢人叹不遭。"主题虽与读书有关,但是全诗的写景、抒情皆臻高境,而且基本上是用的白描手法,完全没有"资书以为诗"的痕迹。所以本讲论述陆游的"读书"诗,仅从其主题着眼,而对陆游集中也颇为常见的"资书以为诗"现象则暂不置论。

"诗言志",诗歌是诗人对人生的歌咏,这是中国古典诗学关于诗歌内容的基本规定。从这个命题出发,凡是属于人生的各类内容,都可以被纳入诗人取材的范围,不应有什么事先划定的禁区。对于主要身份是士人的古代诗人来说,他们的生活内容有相当大的部分是在书斋里发生的,"读书"正是他们的人生经历的重要组成部分。于是当他们要想写诗歌咏其生活内容,表示其人生感慨时,"读书"便理所当然成为不可或缺的题材。当然，与人生的其他内容相比，书斋生活也许不是很理想的诗歌题材，因为它的环境比较狭小，内容比较单调，所产生的心态比较平静，这些条件都不利于灵感的产生。因此即使在常被责为"资书以为诗"的苏、黄笔下，读书生涯自身并不常常作为诗材而出现。像苏轼的"暂借好诗消永夜，每逢佳处辄参禅"（《夜直玉堂携李之仪端叔诗百余首读至夜半书其后》）、黄庭坚的"想得读书头已白，隔溪猿哭瘴溪藤"（《寄黄几复》）那种描写读书的隽永之句，即使在苏、黄诗集中也很罕见。陆游集中大量出现以"读书"为题的作品，这在诗歌史上是一个创举。那么，陆游的读书诗有没有受题材自身的不利影响呢？我们先从人生的角度来考察这个问题。

陆游出生于书香门第，他的读书生涯是在双亲的督导下从幼年开始的。1201年，七十七岁的陆游追忆双亲说："先亲爱我读书声，追慕慈颜涕每倾。"（《读书》）他的一生中不但自己手不释卷，而且常与他人分享读书的快乐，他作诗怀念友人说："筇杖斜斜倚素屏，北窗遥夜冷如冰。何时得与平生友，作字观书共一灯？"（《有怀》）至于他与儿孙共同读书的情形，在其诗作中更是时时可见，例如前第四讲所引诸作。这些读书诗中往往渗透着浓浓的亲情，读书常常作为家庭生活的一个剪影出现在诗中，从而为全诗增添了几分天伦之乐的情趣，从而减少了题材的枯燥倾向。

此外，陆游的读书诗中还不时流露出壮志难酬、人生易老的人生感慨，即使是那些正面抒写平静心态的读书诗也不例外。例如《老病追感壮岁读书之乐作短歌》：

少年志力强，文史富三冬。但喜寒夜永，那知睡味浓。庭树风淅淅，城楼鼓鼜鼜。自鞭不少贷，冻坐闻晨钟。探义剧攻玉，摘文笑雕龙。落纸笔纵横，围坐书叠重。得意自吟讽，清悲答莎蛩。饥肠得一饼，美如紫驼峰。俯仰五十年，干世终不逢。夜半起饭牛，颓然成老农。束书不更读，蠹简流尘封。世无袁伯业，太息吾何从！

又如《初冬杂咏》：

儿时爱书百事废，饭冷齑干呼不来。一生被误终未醒，老作蠹鱼吁可哀！

这两首诗分别作于陆游六十四岁和八十四岁时，两者都追忆了少年时代刻苦攻读的情景，并由此而生感叹，前者叹息的是自己饱读诗书却功业无成，遂至衰老废学。后者叹息的是自己老尚耽书而壮志未酬，人生实已被书所误。两种感叹貌似不同，但实质上都是胸怀壮志者未能实现人生理想的失意之叹。这种深沉的人生感慨本是古典诗歌中最常见的主题，它最能在诗人心中引起情感的波澜，上述两首写读书主题的诗却包蕴着抑塞磊落的情感，正因此故。

再看前引《秋夜读书》云："人生可意事，随手风雨散。不如一编书，相伴过昏旦。"此诗的价值取向与前面两首恰恰相反，大意谓功业彪炳也是转瞬即逝的短暂之事，不如读书之乐来得长久。然而这种貌似平静的心态下其实正深藏着深刻的感喟，因为陆游的人生理想本是在抗金复国的斗争中建功立业，"但忧死无闻，功不挂青史"（《投梁参政》），这才是陆游的真实心声。所以此诗中说建功立业"不如一编书"，分明是牢骚之语，是诗人不平心态的另一种表现方式。

由此可见，陆游的读书诗中常常包含着深厚的情感因素，平静的书斋生活并没有束缚住他的翻腾诗思。这些诗的感情力度没有因其读书主题而受到减弱。

六、陆游"读书"诗的意象特征

学界或将诗歌意象分成三类：自然的、人生的、神话的（参见陈植锷《诗歌意象论》）。我则倾向于分成两大类，即自然意象和人文意象。所谓人文意象，指与人的文化活动有关的意象。从这种意象分类法来看，宋诗与唐诗在主题走向上有一个重大的差异，就是前者的人文意象远较后者为密集。举凡与文人的生活有关的事物诸如笔、墨、纸、砚等文房四宝，或文人文化活动的产物如书画作品等，都受到诗人的青睐，这在苏、黄诗中有大量的例证。由于人文意象不像自然意象那样生机勃勃，也不像自然意象那样变化多姿，所以那些以人文意象为主要描写对象的诗容易产生单调枯淡、缺乏生气的弊病，这在黄庭坚的诗作中时有体现。陆游的读书诗既然以"读书"为主题，诗中当然以人文意象为主。那么，陆游的读书诗有没有出现类似黄诗的缺点呢？

从整体上说，陆游的读书诗未能完全避免上述缺点。他的某些读书诗纯粹从所读书本自身着眼，或写读书心得，或评书中内容，当然难以写得鲜活生动。例如《与子聿读经因书小诗示之》："经中固多趣，我老未能忘。似获连城璧，如倾九酝觞。信能明孔氏，何暇傲羲皇。努力晨昏事，躬行味始长。"诗句尚称流畅，还运用了比喻，但是仍然难逃诗味不足之讥，原因即在于全诗的主旨皆在"读经"自身，而"读经"其事纯属抽象的理论思维，其价值判断属于道德范畴

东庄图册·耕息轩　明　沈周

卷覺山

新津縣

而非审美范畴,诗歌当然难以写得兴味淋漓了。陆游集中凡是题作"读某某书"的诗较易有此弊病,因为当诗人写此类诗时,其思考重心往往在于所读之书而非读书之事(包括环境、心态等因素),于是诗的内容为书的内容所束缚,诗人也就难以展开灵感的翅膀。

然而陆游毕竟是一位灵心慧性的诗人而非皓首穷经的学究,他的多数读书诗并未呈现上述弊病,尤其是当所读之书本身蕴含强烈情感或其内容与其人生理想密切相关时,诗情也就不为所羁。例如《读杜诗》:

> 城南杜五少不羁,意轻造物呼作儿。一门酣法到孙子,熟视严武名挺之。看渠胸次隘宇宙,惜哉千万不一施。空回英概入笔墨,《生民》《清庙》非唐诗。向令天开太宗业,马周遇合非公谁?后世但作诗人看,使我抚几空嗟咨!

这首诗是对杜甫的生平遭际的歌咏,赞颂杜甫的人格、才华,惋惜杜甫的不遇,这正是怀才不遇的陆游的自我写照。这种借古人之酒杯,浇己身之块垒的诗歌,其情感力度当然不会受到影响。其他诗如前引《夜读兵书》,从夜读兵书写起,进而抒发诗人驰骋疆场、杀敌报国的志向,可谓壮怀激烈,慷慨奋发。这样的诗虽以读书为题,但在情感力度上与一般的抒情诗有何区别!

陆游的读书诗更值得注意的特点是,读书其事虽然是一种人文活动,但是陆游咏读书时并未把目光局限于人文意象的范围之内,而是常常对读书的背景进行描写,从而把有关的自然意象写入诗中,例如:"荒林枭独啸,野水鹅群鸣。我坐蓬窗下,答以读书声。"(《春夜读书感怀》)"风烟惨惨菰蒲老,星斗离离河汉流。寂寞书生学奇字,穷愁客子著春秋。"(《夏夜读书自嘲》)"青灯照空廊,重露滴高林……夜分徐掩卷,闲弄床上琴。帘外初斜河,屋头已横参。"(《秋夜读书》)"飕飕黄叶欲辞枝,况著霜风抵死吹。投老难逢身健日,读书偏爱夜长时。孤村月白闻衣杵,破灶烟青煮芋糜。"(《冬夜》)这四个例子分写春夜、夏夜、秋夜、冬夜的读书情景。夜景本是最难描写的,因为相对于白日而言,黑夜在总体上处于静止状态。而且在黑暗的夜色中,一切色彩都失去了其鲜丽,一切物体都隐去了其轮廓。更何况诗人所写的是在夜间读书的情形,青灯黄卷,形影相吊,有何物象可写!然而陆游却格外擅长于写夜读的情景,即如上引四例,竟把四季的夜景写得如此鲜活流动,且各有特色,其奥秘即在于他并未把目光局限于书斋之内,而是注视着书斋四周的整个环境:禽鸟的啸鸣、星月的光芒,乃至枝头的风声、坠露的声响等,从而把夜景渲染得有声有色。这样一来,本来容易写得枯燥乏味的读书诗便具备了声响、色彩,便由自然意象带来了勃勃生机。

如果说上述自然意象清晰具形,故而开卷可睹,那么陆游的读书诗中还有一类自然意象却是若隐若现,有时甚至是隐而不见的,那就是关于时间的意象。时间是无形的,但它却是自然最重要的性质,也是诗人们最爱吟咏的对象。陆游的读书诗中便常常写到它,并对时间的流逝予以最动情的歌咏。例如:"白发无情侵老境,青灯有味似儿时。"(《秋夜读书每以二鼓尽为节》)"春归不可留,斗柄已峥嵘。老至不可却,雪鬓森千茎。少年所读书,废忘如隔生。"(《四月一日夜漏欲尽起坐达旦》)"束担还山读旧书,断编终日见唐虞。千茎白发年华速,一点青灯夜漏徂。"(《题北窗》)这三首诗分别作于四十一岁、七十二岁、八十岁时,第一首说虽老境已迫,然犹爱读有如少时;第二首慨叹年老脑衰,已不复记忆少时所读之书;第三首又表示虽老而不肯废学，仍然要努力读书。内容各不相同，但都表示了对时光迅速、年华不再的深沉慨叹，比起前代诗歌中"百川东到海，何时复西归"（汉乐府《长歌行》）；"弃我去者，昨日之日不可留"（李白《宣州谢朓楼饯别校书叔云》）之类歌咏时间的名句，陆游对时间的感慨更为具体可感，这是陆游的读书诗中最重要的情感波澜。

这种感慨有时便构成了整首诗的主要意境，例如《读旧稿有感》：

> 我少则嗜书，于道本无得。譬如昌歜芰，乃自性一癖。老来百事废，惟此尚自力。岂惟绝庆吊，乃至忘寝食。吟哦杂诵咏，不觉日既夕。文辞顾浅懦，望古空太息。世俗不可解，更为著金石。收敛固已迟，虽悔终何益。君看老农夫，法亦传后稷。持此少自宽，陶然送余日。

此诗回忆平生嗜好读书的经历，慨叹时光迅逝、韶华难留，并表示将一如既往地度过余生，贯穿全篇的意脉正以时间为纲，而诗人的情感波澜也随着时间而流泻、起伏。可以说，对时间这种自然意象的刻画是此类诗歌最引人注目的地方，这也是陆游的读书诗虽以读书为题却很少陷于呆滞枯窘的原因之一。

七、陆游"读书"诗的自我形象

陆游诗中对读书这个主题的描写是多方面的，他从不同的角度对自己的读书生涯进行吟咏，他的读书诗不啻是一位终身嗜书的诗人的自我画像。

首先，陆游把读书看作自己毕生最重要的事业，即使在贫穷困苦的环境里也不改初衷。他虽然也曾对读书生涯有过抱怨："可怜秀才最误计，一生衣食囊中书。声名才出众毁集，中道不复能他图。抱书饿死在空谷，人虽可罪汝亦愚。"（《书生叹》）但是相对于陆集中大量的读书诗而言，这只是偶尔的牢骚之语而已。他的真实心态则是由衷地喜爱读书，即使为此耽误一生也绝无悔意。他在诗中抒发了在贫困环境中坚持读书的心态："架上有书吾已矣，甑中无饭亦陶然。"（《炊米不继戏作》）"父子共读忘朝饥，此生有尽志不移。"（《诵书示子聿》）他还作诗《书叹》一诗鼓励其子：

> 夜深青灯耿窗扉，老翁稚子穷相依。齑盐不给脱粟饭，布褐仅有悬鹑衣。偶然得肉思共饱，吾儿苦让不忍违。儿饥读书到鸡唱，意虽甚壮气力微。可怜落笔渐健快，其奈瘦面无光辉。布衣儒生例骨立，纨绔市儿皆瓠肥。勿言学古徒自困，吾曹舍此将安归？作诗自宽亦慰汝，吟罢抚几频歔欷。

此诗作时陆游年六十九岁，正在山阴故乡闲居，靠领祠禄为生。诗中具体描写了其家庭生活的窘迫，以及其子忍饥苦读的情景。诗人对此当然不无牢骚，然而他认为读书学古本是儒生的事业，故而鼓励其子在艰苦的处境中勿坠素志。

其次，陆游在诗中具体描写了他的几十年寒窗生涯的情状，生动地展示了一幅寒窗夜读图，其中有一个频频出现的细节是夜读的必需品——灯火。对于夜间苦读的人来说，灯火就是其亲密伴侣。唐代韩愈曾作《短灯檠歌》，生动地描写了贫士寒夜苦读时与短檠为伴以及一朝富贵后长檠高张而将短檠弃于墙角的经历。从此，短灯檠就成了贫士苦读生涯的象征物。正如苏轼《侄安节远来夜坐》云："免使韩公悲世事,白头还对短灯檠。"陆游有句云:"更有一端差自慰,短檠不作白头新。"(《野兴》)意谓他终生与青灯为伴,早已结成知己。

更使人慨叹的是,诗人家境贫困,竟时常无油点灯,所以陆诗中常常由灯火而咏及灯油。当灯盏里尚有灯油时,他感到由衷的欣喜:"膏油幸可具,更尽书一卷。"(《冬夜戏作》)当无钱买油时,他就必须考虑省油:"惜酒已停晨服药,省油仍废夜观书。"(《戏作治生绝句》)经常发生的情形是读兴尚浓而灯油已尽:"夜漏虽深书未竟,半缸谁与续残膏?"(《夜坐油尽戏作》)"挑灯夜读书,油涸意未已。"(《冬夜读书》)有时得钱买油,便欣然作诗:"习气年来扫未平,梦回犹喜读书声。冬裘不赎浑闲事,且为吾儿续短檠。"(《买油》)他还专门写诗安慰油尽辍读的儿子:"彻骨贫来累始轻,孤村月上正三更。汝缘油尽眠差早,我亦尊空醉不成。南陌金羁良自苦,北邙麟冢半无名。书生事业期千载,得丧从来未易评。"(《九月二十三夜小儿方读书而油尽口占此诗示之》)由此可知,一盏青灯为何如此频繁地出现在陆诗中,因为这确实是其读书生涯中最为重要的一件物体,故而成了其读书诗中最引人注目的一个意象。

陆游对自己书积如山的书斋饶有兴味,多次吟咏:"团扇尘埃高挂壁,短檠书史乱成堆。"(《秋晚》)"冷雨萧萧涩不晴,乱书围坐正纵横。"(《龟堂杂题》)他久读而困倦,于是戏称书为引睡之物:"酒是治愁药,书为引睡媒。"(《晚步舍北归》)"浩歌纵酒愁仍在,作意观书睡已来。"(《山斋书事》)"闲游野寺骑驴去,倦拥残书听雨眠。"(《排闷》)有时会发生书卷从手中坠落的有趣细节:"屋角鸣禽呼不觉,手中书册堕无声。"(《早凉熟睡》)"孤梦归湖上,残书堕枕边。"(《客去》)甚至书卷被人搜去也浑然不觉:"一字不看方睡美,任人搜去帐中书。"(《幽居无一事戏作》)

陆游诗中还具体描写了其读书过程中的各种细节，诸如藏书、购书、抄书、校书等，从而大大地丰富了其读书诗的内涵。他颇为家中藏书之富而感到欣慰："有酒一樽聊自适，藏书万卷未为贫。"（《遣兴》）他曾自豪地夸耀说："兰台遗漆书，汲冢收竹简……围座浩纵横，插架高嵯峨。一笑顾吾儿，银艾何足绾！"（《杂兴》）他虽然囊中羞涩，但还是尽力买书："笥衣尽典仍耽酒，困米无炊尚买书。"（《开岁愈贫戏咏》）他甚至声称："儿因作诗瘦，家为买书贫。"（《老民》）正因无力购书，所以他常常说到抄书："入市归村不跨驴，蝇头细字夜抄书。"（《病愈小健戏作》）"眉间喜动君知否？借得丹经手自抄。"（《道室》）作为一个优秀的学者，陆游不但努力藏书，而且手自雠校："笠泽老翁病苏醒，欣然起理西斋书。十年灯前手自校，行间颠倒黄与朱。"（《雨后极凉料简箧中旧书有感》）"雠书千卷杂朱黄。"（《初夏闲居即事》）他甚至为年老体衰不再能校书而慨叹不已："老废雠书病废诗！"（《幽居春晚》）

既然家中藏书万卷，如何保护书籍不受蠹虫和老鼠的损害便成为一大问题，陆游对此大感烦恼："但恨图书阙调护，不胜鼠啮与虫侵。"（《东窗独坐书怀》）他懊恼地发现书卷被蠹鱼所侵："琴缘废久尘常积，书为开稀蠹渐侵。"（《幽居》）有时书中之字被蠹所啮竟至失去偏旁："短褐坼图移曲折，故书经蠹失偏傍。"（《岁晚》）于是他想方设法来消灭蠹虫："剩采芸香辟书蠹。"（《梅雨》）但是他有时也觉得自己终身埋头书册，颇似蠹虫："吾生如蠹鱼，亦复类熠耀。一生守断简，微火寒自照。"（《灯下读书戏作》）他慨叹："身世从来一蠹鱼！"（《道山直舍》）

损害书籍的另一祸害是老鼠："检校案上书，狼藉鼠啮迹。食箪与果筥，攘取初不责。侈然敢四出，乃至暴方册。坐令汉箧亡，不减秦火厄！"（《鼠败书》）陆游的对策是养猫捕鼠："裹盐迎得小狸奴，尽护山房万卷书。惭愧家贫策勋薄，寒无毡坐食无鱼。"（《赠猫》）有时也埋怨猫儿没有尽责："狸奴睡被中，鼠横若不闻。残我架上书，祸乃及斯文。"（《二感》）他还曾专作一诗热情地歌颂猫儿的护书之功，此诗题曰《鼠屡败吾书偶得狸奴捕杀无虚日群鼠几空为赋此诗》。诗云："服役无人自炷香，狸奴乃肯伴禅房。昼眠共藉床敷暖，夜坐同闻漏鼓长。贾勇遂能空鼠穴，策勋何止履胡肠。鱼飧虽薄真无愧，不向花间捕蝶忙。"

此外，陆游还写到了其他的护书行为，例如拂尘、堵漏等："流尘闲拂坏垣书。"（《暮春》）"漏湿恐败书，起视自秉烛。移床顾未暇，盆盎苦不足。"（《夜雨》）

总之，陆游的读书诗中点缀着许多有趣的生活细节，洋溢着浓郁的生活气息，从而鲜明生动地展现出一位士人的日常生活的各种画面。

正因如此，陆游关于书斋生活的优美诗句引起后代读者的浓厚兴趣，诚如钱锺书先生所云，"旧社会里无数客堂、书房和花园中挂的陆游诗联都是例证"（《宋诗选注》），这种情形甚至引起清初何焯的不平："陆放翁之才，万顷海也。今人第以其'疏帘不卷留香久，古砚微凹积墨多'等句，遂认作苏州一老清客耳！"（见阎若璩《潜邱札记》卷四引）其实书斋生活仅是陆游诗的一类内容，我们在对陆游作全面评价时当然不能一叶障目。但时至今日，陆游吟咏书斋情趣的好诗依然传诵甚广，例如《临安春雨初霁》：

世味年来薄似纱，谁令骑马客京华？小楼一夜听春雨，深巷明朝卖杏花。矮纸斜行闲作草，晴窗细乳戏分茶。素衣莫起风尘叹,犹及清明可到家。

此诗作于1186年,时陆游授命权知严州,赴任前先至临安觐见孝宗。此时陆游年近桑榆,不再像少年那样意气风发。他眼见国家的偏安局面逐渐形成,虽然杀敌报国的壮志尚未消尽,但实现夙愿的可能性已经非常渺茫。况且他仕途蹭蹬,多次受到莫名的诽谤乃至弹劾,对宦海风波渐生厌倦。当他被召入京,住在客栈中等候召见之时,对京华红尘的嫌恶之感油然而生。此诗的首、尾二联就是这种心情的生动表现:京城本是世间最大的名利场,也是世态人情最为浇薄的地方,既然世味淡薄,又是谁让自己来到京城作客?这一问问得好,但诗人并未回答,只用问句表示自己的不情愿和不耐烦。尾联安慰自己很快就会回到那山水清幽的山阴老家,故不必为京华风尘染黑素衣而叹息。这两联遥相呼应,充分表现了满纸不可人意的心绪,无疑是此诗的主题。

然而此诗为后人激赏的却是扣题不紧的中间两联。有人认为这两联曲折地体现了诗人的落寞苦恼,恐属误读。颈联或稍寓客中无聊之感,但草书与分茶皆是诗人热爱的生活内容,"矮纸斜行"和"晴窗细乳"的情景也赏心悦目。东汉草书家张芝云"匆匆不暇草书"(卫恒《四体书势》引,载《晋书·卫恒传》),意即闲时方能写好草书,故陆游自称"闲作草"。"分茶"即点茶,是宋人最喜爱的一种饮茶方式,据今人考证,"点茶需要技巧,又以因击拂之法不同盏面泛起之乳花不同而有各种面目"(见扬之水《诗歌名物百例》),可见也是一种细巧费时的技艺。陆诗云"闲作草""戏分茶",流露出对悠闲自在的书斋生活的钟爱。至于颔联,则细腻真切地写出了江南春雨的清新可喜,堪称千古名句,丝毫不见郁闷或惆怅之迹,更无论嫌恶之感。

况且一句或一联诗本可脱离全篇语境而具有独立的价值，颔联只需脱离京华红尘之境而移至山阴故居，诗人便可在自家小楼上倾听一夜春雨，清晨雨霁再走到遍植桃杏的沈园去"晓看红湿处"。听雨赏花，作草分茶，这般的书斋生活，人间乐事何以复加？至于首、尾两联的不可人意，正可解作中间两联的反衬：书斋本是摒弃名缰利锁的清静乐土。

所以《临安春雨初霁》这首诗就是书斋生活的优美颂歌，它对当代读者的启发是：即使你栖居在大城市的一片水泥森林中，也仍能寻到一方诗意栖居的自由空间，那便是你的小小书斋！

第七讲　陆游与巴蜀

在陆游的一生中，游宦蜀汉无疑是十分重要的一个阶段。清人《唐宋诗醇》总评陆游说："观游之生平，有与杜甫类者。少历兵间，晚栖农亩，中间浮沉中外，在蜀之日颇多。"的确，巴蜀之游是陆游最重要的人生经历，他一生中最重要的创作转变就是在从戎蜀汉后发生的，他在出蜀东归后还不断地怀念汉中与蜀地的风土人情以及他在那里的生活经历，并时时见于歌咏。陆游的怀蜀诗有着十分丰富的内容，他对巴蜀的思念既指向山川城郭，更指向其风土人情。陆游少时即有游历巴蜀之意，他说："余少读地志，至蜀汉巴夔，辄怅然有游历山川、揽观风俗之志。私窃自怪，以为异时或至其地以偿素心，未可知也。"（《东楼集序》）他在夔州时曾凭吊杜甫的遗迹，叹息说："少陵，天下士也……盖尝慨然以稷卨自许。及落魄巴蜀，感汉昭烈帝、诸葛丞相之事，屡见于诗，顿挫悲壮，反覆动人，其规模志意岂小哉！"（《东屯高斋记》）巴蜀之游对陆游的诗歌创作产生了巨大的影响，他在晚年回顾平生的创作道路说："入蜀还吴迹已陈，兰亭道上又逢春。诸君试取吾诗看，何异前身与后身？"（《忆昨》）清人赵翼指出："放翁诗之宏肆，自从戎巴蜀，而境界又一变。"（《瓯北诗话》卷六）这与杜甫的经历非常相似。在这重意义上，陆游诗中的巴蜀情结不仅是一个重要的主题倾向，而且可以增进我们对陆游诗歌创作道路的整体认识。

除了诗歌以外，陆游关于巴蜀的古文写作也值得关注。陆游的《入蜀记》是宋代著名的一部笔记，后人对它的重视主要集中于其史地考订方面的成就，例如《四库全书总目》评价它说："游本工文，故于山川风土，叙述颇为雅洁。而于考订古迹，尤所留意……非他家行记徒流连风景、记载琐屑者比也。"的确，《入蜀记》在考订历史、地理方面达到了很高的成就，除了《四库全书总目》中指出的十五六则以外，还有不少同类段落颇有学术价值。但是对一般读者而言，《入蜀记》的文学价值也许更高。它与陆诗一样，都是我们了解陆游与巴蜀的紧密关系的重要文本。

一、陆游诗中的巴蜀行踪

陆游入蜀始于1170年，当时陆游四十六岁。是年闰五月，陆游启程前往夔州，并于同年十月底到达任所，以左奉议郎为通判夔州军州事。两年后任满，应当时正在南郑筹划恢复的四川宣抚使王炎之辟，以左承议郎权四川宣抚司干办公事兼检法官，并于1172年正月离开夔州，三月抵达南郑。同年十月，王炎被召还，陆游改除成都府安抚司参议官，随即离开南郑，于十一月至成都。此后陆游先后转任权通判蜀州（今四川崇州）、摄知嘉州（今四川乐山）、摄知荣州（今四川荣县）等职，任所皆在蜀中。至1175年正月，陆游返回成都任成都府路安抚司参议官兼四川制置使司参议官。次年三月免官，六月领祠禄，主管台州桐柏山崇道观，但仍留居成都。此后曾游历眉州（今四川眉山）、邛州（今四川邛崃）、汉州（今四川广汉）等地，亦皆在蜀中。

1178年暮春，陆游离开成都出峡东归，此时离他入蜀之时已有八年。对于陆游来说，这八年的经历是一个整体，而汉中与蜀地也是一个整体，陆游出蜀后所写的回忆旧游之诗常把两者相提并论，例如"蜀汉崎岖外，江湖莽苍中"（《蜀汉》）、"忆昔遨游蜀汉间，骎骎五十尚朱颜"（《蜀汉》）、"梁益羁游道阻长"（《将至金陵先寄献刘留守》）、《有怀梁益旧游》等等。"蜀汉"也好，"梁益"也好，都是把汉中与蜀地视为一体。从实际逗留的时间来看，陆游在南郑（即所谓的"汉"或"梁"）只待了八个月，其余的七年多时间都是在巴山蜀水间度过的。只是由于在南郑的军幕生涯是陆游一生中仅有的一次亲临抗金前线的宝贵经历，故而在他心中留下了格外珍贵的记忆。而且从空间上说，汉中与蜀地本是毗邻的两个地方；从时间上说，从戎南郑的八个月是嵌在其巴蜀之游中间的，所以陆游回忆往事时就常常要并称"蜀汉"或"梁益"。"八年梁益凋朱颜！"（《楼上醉书》）梁、益之游真是陆游梦魂萦绕的一段岁月！

对于"集中什九从军乐"（梁启超《读陆放翁集》）的陆游来说，从戎南郑的生活成为其诗歌创作的重要主题自是题中应有之义。他难忘行军作战的艰苦："我昔从戎清渭侧，散关嵯峨下临贼。铁衣上马蹴坚冰，有时三日不火食。"（《江北庄取米到作饭香甚有感》）他也难忘军幕生活的豪壮："貂裘宝马梁州日，盘槊横戈一世雄。怒虎吼山争雪刃，惊鸿出塞避雕弓。朝陪策画清油里，暮醉笙歌锦幄中。"（《忆山南》）他反复忆及南郑的烽火："客枕梦游何处所？梁州西北上危台。雪云不隔平安火，一点遥从骆谷来。"（《频夜梦至南郑小益之间慨然感怀》）"壮游谁信梁州日，大雪登城望夕烽。"（《病思》）这正是一位始终希望亲临前线去杀敌报国的爱国诗人笔下应有的内容。那么，陆游诗中同样频繁地回忆其巴蜀之游，又是为了什么呢？为了说清楚这个问题，我们必须考察陆游诗中的巴蜀情结的具体内涵。

首先，陆游对巴蜀的回忆贯穿了很长的时段，几乎可以说他自从出蜀后就无时不在思念巴山蜀水。1178年四月，陆游离开成都行至玉津，作诗云："蜀苑莺花初破梦，巴山风月又关身。"（《舟过玉津》）至泸州，作诗云："行遍梁州到益州，今年又作度泸游……天涯住稳归心懒，登览茫然却欲愁。"（《南定楼遇急雨》）至合江，又作诗云："出门意惝恍，烟波浩无津。安得结茅地，与神永为邻。"（《夜泊合江县月中小舟谒西凉王祠》）在合江往涪州的途中，又作诗云："依依向我不忍别，谁似峨嵋半轮月？"（《舟中对月》）闰六月将到京口，又作诗云："卧听金山古寺钟，三巴昨梦已成空。"（《将至京口》）这些诗不像是一个离乡多年的游子终于归乡时的欢快口吻，倒像是去国怀乡之人对故乡的依依不舍！

是年九月，陆游回到山阴故乡后，即作《怀成都十韵》，满怀深情地回顾"锦城一觉繁华梦"，并慨叹"旧游欲说无人共"！一个月后，又作《梦至成都怅然有作》说："孤梦凄凉身万里，令人憎杀五更鸡！"如果隐去作者之名，说这首诗是一位蜀人离蜀后的思乡之作，谁曰不然！对蜀地的思念从此成为陆游诗中的一大主题，一直持续到他生命的最后时刻。例如作于八十四岁的《新春感事八首终篇因以自解》其四曰："忆到夔门正月初，竹枝歌舞拥肩舆。"其五曰："锦城旧事不堪论，回首繁华欲断魂。"又有绝句《梅》曰："三十三年举眼非，锦江乐事只成悲。溪头忽见梅花发，恰似青羊宫里时。"到了八十五岁，他还作诗怀念蜀道："天回驿畔江如染，凤集城边柳似搓。"（《偶思蜀道有赋》）又怀念青城山："谁知游剡兴，不减上青城？"（《江路》）如果我们把陆游自五十四岁出蜀以后的三十二年创作历程作一番考察,会发现思蜀主题之频繁程度是惊人的,正因如此,当我们读到陆游自称"自计前生定蜀人"(《梦蜀》)以及"未尝举箸忘吾蜀"(《冬夜与溥庵主说川食戏作》)的诗句时,竟一点也不觉得突兀。

其次,陆游对巴蜀的回忆有着非常丰富的内涵,除了雄奇灵秀的巴山蜀水以外,蜀地的风土人情、衣食住行以及诗人的朋僚友好与自身遭际,也都使他梦魂萦绕。雄奇灵秀的巴山蜀水曾经拨动过古今无数诗人的心弦,性喜山水的陆游当然也不例外,他的诗中对蜀中风景作了非常生动的描写,当时即得到其友人周必大的赞誉:"某往时乐闻蜀中山川文物之胜,今读兄前后佳作,极道其风景华丽,至眷眷梦寐间不少忘。"(《与陆务观书》)周必大所指的是陆游离蜀后所作之诗中对巴山蜀水的思念,例如:三峡——"最是客途愁绝处,巫山庙下听猿声。"(《感昔》)蜀道——"云外丹青万仞梯,木阴合处子规啼。嘉陵栈道吾能说,略似黄亭到紫溪。"(《紫溪驿》)剑门——"何处人间非梦境,恍然重到剑关西。"(《客怀》)夔州——"永怀瀼西寺,更忆山南驿。"(《雨夜》)阆中——"骑驴夜到苍溪驿,正是猿啼月落时。三十五年如电掣,败墙谁护旧题诗。"(《自春来数梦至阆中苍溪驿五月十四日又梦作两绝句记之》)……

值得注意的是,陆游回忆的并不一定是赏心悦目的佳丽景致,他对崎岖蜀道上的艰难旅况也念念不忘,试看作于七十四岁时的《雨夜感旧》:

雨来猛打窗,灯暗犹照壁。老人耿不寐,抚事悲夙昔。风生桔柏渡,马病金牛驿。袅枝猿下饮,登树熊自掷。危巢窥鹘栖,深雪见虎迹。至今清夜梦,犹想嶓山碧。废弃谢功名,老疾辍行役。赋诗虽不工，聊用慰今夕。

路险马疲，猛兽出没，分明不是愉快的旅行，故诗人回忆时的情绪也是"抚事悲夙昔"。然而那正是诗人埋藏心底的珍贵回忆，所以嶓山的碧影在二十多年后依然入梦而来，且引起他浓郁的诗兴。

陆游对蜀地的风土人情十分热爱，其子陆子虡回忆其父说："五为州别驾，西溯夔道，乐其风土，有终焉之志……尝为子虡等言：蜀风俗厚，古今类多名人，苟居之，后世子孙宜有兴者。宿留殆十载，戊戌春正月，孝宗念其久外，趣召东下，然心固未尝一日忘蜀也。其形于歌诗，盖可考矣。"（见《剑南诗稿校注》附录）今以陆诗考之，子虡之语确非虚言。

在离开蜀地之后，陆游时时想念蜀中的风土人情，并见诸吟咏。他怀念蜀中的春光："我昔薄游西适秦，归到锦城逢早春。五门收灯药市近，小桃妖妍狂杀人。"（《初春怀成都》）他也怀念蜀中的秋色："锦城曾醉六重阳，回首秋风每断肠。最忆铜壶门外路，满街歌吹月如霜。"（《湖村月夕》）甚至蜀中的雪天也给他留下了温馨的回忆："忆在西州遇雪时，绣筵处处百花围。乌丝阑展新诗就，油壁车迎小猎归。"（《雪中怀成都》）成都在诗人心中永远是一个繁花似锦的地方："尚想锦官城，花时乐事稠。金鞭过南市，红烛宴西楼。千林夸盛丽，一枝赏纤柔。狂吟恨未工，烂醉死即休。"（《海棠》）蜀中物产丰富，居民无饥馑之苦："十载西游无恶岁，羡他峻下足蹲鸱。"（《浡饥之余复苦久雨感叹有作》）而且蜀中的食品是那么的丰盛："唐安薏米白如玉，汉嘉栮脯美胜肉。大巢初生蚕正浴，小巢渐老麦米熟。龙鹤作羹香出釜，木鱼瀹菹子盈腹。未论索饼与馎饭，最爱红糟并米粥。"（《冬夜与溥庵主说川食戏作》）蜀中的美酒也令人思念："安得连车载郫酿，金鞭重作浣花游？"（《到严十五晦朔郫酿不佳求于都下既不时至欲借书读之而寓公多秘不肯出无以度日殊悃悃也》）连蜀地的方言在他耳中都亲切有如乡音："蜀语初闻喜复惊，依然如有故乡情。"（《病中忽有眉山士人史君见过欣然接之口占绝句》）他因而后悔离蜀："长记残春入蜀时，嘉陵江上雨霏微……杜鹃言语元无据，悔作东吴万里归。"（《张季长学士自兴元遣人来因询梁益间事怅然有感》）甚至希望终老于蜀："弃官若遂飘然计，不死扬州死剑南！"（《东斋偶书》）。

有一点情况需要稍作辨析。陆游在蜀地的遭遇并非一帆风顺，他长年沉沦下僚，不但无法实现杀敌报国的壮志，而且连生计都成问题，曾一度休官以领祠禄为生。他在蜀地的生活并不总是"轻裘骏马成都花"（林景熙《书陆放翁诗卷后》），他在成都时与范成大唱和的诗中便有"末路凄凉老巴蜀"之句（《和范舍人书怀》）。然而对陆游来说，他在蜀地的一切都是值得追思的，他在成都时曾有句云："万里西游为觅诗！"（《春晚书怀》）对于诗人陆游来说，蜀地的一切生活经历都是令人诗思飞扬的丰富诗材，试看《怀旧用昔人蜀道诗韵》：

> 曩自白帝城，一马独入蜀。昼行多水湄，夜宿必山麓。时闻木客啸，常忧射工毒。蜿蜒蛇两头，蹢躅夔一足。岂惟耳目骇，直恐性命促。稍历葭萌西，遂出剑阁北。奴僵不敢诉，马病犹尽力。我亦困人客，一日带屡束。最忆苍溪县，送客一亭绿。豆枯狐兔肥，霜早柿栗熟。酒酸压查梨，妓野立土木。主别意益勤，我去疲已极。行行求旅店，借问久乃得。溪声答歌长，灯焰照影独。村深寒更甚，薪尽烧箐竹。须臾风雨至，终夕苦漏屋。于时厌道途，自誓弃微禄。犹几三十年，始谢祝史职。君恩念笃老，

内阁使寓直。亦思秋豪报，力衺艺黍稷。却寻少时书，开卷有惭色。

此诗所写的景象仅是崎岖荒凉、危险丛生，所述的经历都是穷愁潦倒、困苦艰辛，甚至连宴游之乐也是"酒酸妓野"，全无乐趣可言。更使人不堪回首的是旅途中的孤寂无聊、形影相吊，以至于诗人"自誓弃微禄"！然而此诗作于1201年，时陆游年七十七岁，距离诗中所写的1172年自夔州赴南郑之事已近三十年，却还保留着如此清晰的印象，诗则写得兴味淋漓，由此可见陆游对巴蜀的思念包含着多么丰富的内容。

二、蜀中的地灵：成都与青城山

陆游对巴蜀之地的思念有两个集中的焦点，那就是成都与青城山，其诗集中涉及这两个地点的篇章皆在二十篇以上。陆游为什么对这两个地点情有独钟呢？

应该说，陆游对成都的思念是理所当然的，因为成都本是蜀中的大都会，物华天宝，繁盛富丽；而且陆游在蜀中的八年岁月中有一半是在成都度过的，成都给他留下的印象特别深刻。当他出蜀之后，当然会时时想念成都："依然锦城梦，忘却在南州。"(《雨夜》)并叹息："锦城重到叹无期！"(《建安遣兴》)他想念成都的繁花似锦："常记东园按舞时，春风一架晚蔷薇。尊前不展鸳鸯锦，只就残红作地衣。"(《感昔》，诗后有自注："成都小东门外赵氏园。")他想念成都的树木："五门西角红楼下，一树丹枫马上看。回首旧游如梦里，西风吹泪倚阑干。"(《山中望篱东枫树有怀成都》，诗后有自注："红楼，蜀王所作，在五门西南隅。"）他更想念在成都的宴乐生活："梦饮成都好事家，新妆执乐雁行斜。赪肩郫县千筒酒，照眼彭州百驮花。醉帽倾欹歌未阕，罚觥潋滟笑方哗。"（《梦蜀》）并思念成都的故友："二十年前客锦城，酒徒诗社尽豪英。才名吏部倾朝野，意气成州共死生。废苑探梅常共醉，遗祠访柏亦俱行。即今病卧寒灯里，欲话当时涕已倾。"（《思蜀》）

关于陆游对成都的思念，曾有人认为别有缘由，比如周密云："陆放翁在蜀日，有所盼……出蜀后，每怀旧游，多见之赋咏。"（《齐东野语》卷一五）与此类似的传说尚多，例如陆集中有《感秋》一诗，陈世崇《随隐漫录》卷五谓其后半首乃蜀中某地驿卒女所作，陆游赏之且因此纳女为妾云云。钱仲联先生在陆游诗注中驳之曰："宋人割裂此诗为绝句，造为游纳驿卒女为妾之谰言，诚不可信。"不过陆游在蜀中确曾纳妾，钱仲联先生已据陆游《山阴陆氏女墓铭》考定其事。此外，陆游在蜀、汉两地都曾有过冶游经历，这在其词作中有所流露，例如《蝶恋花》："倩笑娇颦，忍记逢迎处。"题下自注云："离小益作。"可见它作于蜀中，其冶游内容也非虚构。然而说陆游的怀蜀诗大多旨在怀念蜀中的"所盼"之人，则纯属附会。因为陆游的怀蜀诗数量甚多，原文具在，它们所写的内容班班可考，即使是怀人之作，其对象也都是士大夫或隐士、侠士一流人物，几曾见有怀念"所盼"之人的作品？

所以我认为对陆游的怀蜀诗，尤其是其怀念成都的诗，最多只能说它们所咏及的"轻裘骏马"的生活中也许包含冶游内容在内，而不能说它们的直接旨向就是"所盼"之人。例如作于1174年的《春愁曲》有句云："我愿无愁但欢乐，朱颜绿鬓常如昨。金丹九转徒可闻，玉兔千年空捣药。蜀姬双鬟娅姹娇，醉看恐是海棠妖。世间无处无愁到,底事难过万里桥?"以及作于1183年的《后春愁曲》:"六年成都擅豪华,黄金买断城中花。醉狂戏作《春愁曲》,素屏纨扇传千家。当时说愁如梦寐,眼底何曾有愁事。朱颜忽去白发生,真堕愁城出无计。世间万事元悠悠,此身长短归山丘。闭门坚坐愈生愁,未死且复秉烛游。"两诗皆以夸张的手法描写了诗人在成都时的豪纵生活,然而全诗的主旨仍在感叹人生之短促,并不专以冶游为念,况且这样的诗在陆集中非常罕见。陆游思念成都之诗中最有代表性的当是他在八十四岁所作的《新春感事八首终篇因以自解》:"锦城旧事不堪论,回首繁华欲断魂。绣毂金羁三十里,至今犹梦小东门。"可见在总体上呈现繁华面貌的成都生活才是陆游思念的对象。

那么,陆游对青城山的思念又是出于什么原因呢?青城山是蜀中名山,也是道教的"第五大洞宝仙九室之天",又与成都近在咫尺,性喜山水且深好神仙家言的陆游曾多次前往游之。据于北山《陆游年谱》所考,陆游曾四游青城。当他离蜀之后,当然会像思念其他巴山蜀水一样地思念青城山。然而当我们把陆游思念青城山的诗作检阅一过后,却发现他对青城的怀念主要不在其幽美景色,而在此山的神仙色彩。陆集中最早出现的思念青城之诗是作于1179年的《书怀》,诗中说:"青城结云巢,拟住三千年。御风偶南游,万里栖紫烟。翠袭绿玉杖,白日凌青天。招呼方瞳翁,邂逅鸟爪仙。"虽然也涉及青城的风光,但主旨无疑是仰慕山中的神仙,希望隐居此山以求长生。此后陆游曾反复作诗追念青城,意旨皆与神仙有关。甚至他在梦游青城时也不忘此旨:"俗念绝知无起处,梦为孤鹤过青城。"(《美睡》)"想得今宵清绝梦,又携猿鹤上青城。"(《舟中作》)

照常理推测,既然陆诗中所思念的是青城山中的神仙,这些诗应属游仙诗的范畴,然而事实上他的写法却与传统的游仙诗颇异其趣。

其关键在于陆游所咏的神仙都是他曾亲眼见过的真实人物,这些人物有的已难考其名,如下诗所写的"道友":"雪谷孤松自郁然,纷纷朝菌但堪怜。坐更拂石芥城劫,时说开皇龙汉年。淡煮藜羹天送供,闲拖藤杖地行仙。共看王室中兴后,更约长安一醉眠。"(《有怀青城雾中道友》)"雾中"是山名,在大邑县境(见《嘉庆四川通志》),并非指云雾之中。又如下诗所写的"故人":"骄气年来痛自锄,似能略契度关书。神光出眦夜穿帐,胎发满头晨映梳。吾道元知非土苴,此身那可付丘墟。岷山幸有丹炉在,青壁何时共结庐?"(《新岁颇健寄青城故人》)这些人物当然也可能是出于诗人的虚构,诗人称之为"道友""故人",不过是故弄狡狯。但是揆诸其他类似诗作,我还是倾向于把他们视为真实的人物。

陆诗中写得更多的则是有名姓可考的真实人物,例如出现最为频繁的上官道人,即是陆游游青城时结识的一位道友,他曾作诗寄之:"轻别青城十二年,至今客枕梦林泉。一杯松屑斋前进,两卷丹经肘后传。欲与公为尘外侣,几时身上峡中船。世间牛蚁何劳问,输与云窗一粲然。"(《蜀使归寄青城上官道人》)他还回忆了与上官结识的过程:"往年屡游丈人祠,上官八十如婴儿。自言少年聋不治,芝房松鬣可无饥。叩之不答但解颐,德人之容端可师。我闻学道当精思,毕世不可须臾离。公虽泯默意可知,亡羊要是缘多歧。逝从公游亦未迟,联杖跨海寻安期。"(《予顷游青城数从上官道翁游暑中忽思其人》)这位上官道人不是虚构的人物,陆游在《老学庵笔记》中记载说:"青城山上官道人,北人也。巢居食松麨,年九十矣。人有谒之者,但粲然一笑耳。有所请问,则托言病聩,一语不肯答。予尝见之于丈人观道院。"

值得注意的是,陆游对青城的仰慕并未停留于思念道友,他还追忆在青城炼丹的经历："忆在青城炼大丹,丹成垂欲上仙班。"(《道院偶述》)又说青城道友相约炼丹:"青城旧友频相约,归养金丹尚未迟。"(《得蜀信》)这是否出于虚构已不可知,但它们至少说明了陆游对服食成仙确曾怀有很大兴趣,这是他时时思念青城山的主要原因。

由此可知,陆游对成都和青城山的思念虽然表面上一实一虚,但都是他的实际生活内容或浪漫人生经历的抒写,他的怀蜀诗中没有无病呻吟之作。

三、蜀中的人杰:贤士与志士

陆游的巴蜀情结也凝聚于蜀中的人物身上,除了上文中所论及的道友一类人物之外,陆游常常怀念的主要是贤士与志士。

陆游性喜交游,平生结交甚广,他在蜀地结交了相当多的人士,别后怀想不已,常常见诸吟咏。例如:谭德称——"谭子文章旧有声,几年同客锦官城。江楼列炬千钟饮,花市联鞍一字行。人世绝知非昨梦,天真堪笑博浮名。空斋独夜萧萧雨,枕上诗成梦不成。"(《怀谭德称》)宇文衮臣——"英姿爽气宇邛州,虽古人中岂易求。"(《宇文衮臣吏部予在蜀日与之游至厚契阔死生二十年矣庚申三月忽梦相从如平生怆然有赋》)然而他写得最多的是对已经逝世的蜀中友好的怀念,例如:师伯浑——"君不见仁人志士穷死眉山阳,空使后世传文章!"(《山中观残菊追怀眉山师伯浑》)王季夷——"爽气即今犹可想,旧游何处不堪哀。"(《哭王季夷》)

由于此类诗作中往往渗透着对友人的美好才德不为世知的惋惜和对人生的死生穷通、盛衰变化的感慨,所以激情充沛,感人至深。试看《感旧二首》:

君不见资中名士有李石，八月秋涛供笔力。初为博士不暖席，晚补台郎俄复斥。诸公熟睨亦太息，摧压至死终不惜。生前何曾一钱直，没后遗文价金璧。后之视今犹视昔，此事诚非一朝夕。山城旧庐暗荆棘，嬴然诸孙守坟籍。抚孤我负朋友责，万里诗成泪空滴。

君不见蜀师浑甫字伯浑，半生高卧蟆颐村。才不得施道则尊，死已骨朽名犹存。文章落笔数千言，上友《离骚》下《招魂》。望之眉宇何轩轩，高谈浩若洪河翻。范尹敬如绮与园，方饰羔雁登衡门。小人谤伤实不根，妄指拱璧求瑕痕。穷通在公岂足论，浮云终散朝阳暾。安得此老起九原，入赞国论苏黎元。

二诗分咏李石与师伯浑，二人皆是蜀中名士。李石生平见李心传《建炎以来朝野杂记》乙集卷一二，师伯浑生平见陆游《师伯浑文集序》，二人皆是怀才不遇、郁郁没世，故陆游把两人写在同一组诗中。由于诗中渗透着诗人自身浓郁的身世之感，长歌当哭，诗情格外抑塞历落，所流露的死生契阔之情也格外深挚感人。

陆游诗中思念最深的蜀中友人是张缜（字季长）和独孤策（字景略），他们正是他心目中最典型的贤士和志士。

张季长是陆游在南郑幕中结识的蜀士，两人志同道合，相交甚密。陆游诗中曾十九次写到这位密友，其中最早的思念张季长之诗作于1177年，其时陆游尚在成都，诗中说："道途逢使君，令我生精神。顿增江山丽，更觉风月新。对床得晤语，倾倒夜达晨。"（《别后寄季长》）他离蜀后更是频频作诗怀之，得到张的书信便喜出望外：

"敲门忽有岷山使，惭愧交情未作疏。"(《秋获后即事》，诗后自注云："是日得张季长书。")他常常为没有张的来书而千里相思："巴江尺素何时到，剩著新诗寄断肠。"(《冬暮》，诗后自注云："张梓州书久不至。")"岷山学士无消息，空想灯前语入微。"(《怀故山》，诗后自注云"张季长秘阁久不得书。")他甚至派人到处打听张季长的消息："故人万里岷山下，安得书来慰断魂。"(《春阴溪上小轩作》，诗后自注云："比遣书问张季长消息于都下，未报。")当张季长去世的噩耗传来后，他作诗痛哭："三径就荒俱已老，一樽相属永无期。寝门哀恸今何及，泉壤从游后不疑。"(《哭季长》)直到1208年，也即陆游去世的前一年，他还作《登山西望有怀季长》悼念亡友：

> 行年垂九十，举世少辈行。敢言贫非病，要是老益壮。平时懒书疏，有答未始倡。张卿独所敬，夙昔推直谅。迹虽隔吴蜀，相忆每惨怆。使者交道中，万里问亡恙。忽焉奉赴告，斯文岂将丧。腰绖不抚棺，执绋不会葬。送子岷山下，想见车百两。我徒哭寝门，泪尽气塞吭。年虽不耄期，仕谁不将相。神明司祸福，于职岂亦旷。霜风九月初，凭高极西望。江原在何许，安得铲叠嶂。

诗中对张季长的才德作了衷心的赞颂，并满怀深情地回忆与亡友的亲密交往，还因相隔万里无法前往吊唁而感到分外的悲痛。此时陆游年已八十四岁，他与张季长的交情真可谓生死不渝了。全诗情深意挚而语句较为朴实，不像陆游平昔的诗风那样华美。刘勰《文心雕龙·哀吊》云："奢体为辞，则虽丽不哀。必使情往会悲，文来引泣，乃其贵耳。"陆游此诗可谓深得其妙。

独孤景略其人除了陆诗以外不见于典籍所载，但他是陆游心目中可共大事的一位奇士。其生平略见于陆游的这首《独孤生策字景略河中人工文善射喜击剑一世奇士也有自峡中来者言其死于忠涪间感涕赋诗》："忆昨骑驴入蜀关，旗亭邂逅一开颜。气钟太华中条秀，文在先秦两汉间。宝剑凭谁占斗气，名驹竟失养天闲。身今老病投空谷，回首东风涕自潸。""河中"地在黄河之北，南宋时已属金国版图，当是独孤景略的祖籍。独孤景略的生平行事可考者皆在蜀中，又卒于蜀地，实可视为蜀人。

陆游诗中最初提到独孤景略是在1177年，他与独孤景略在自成都往汉州的道中相识，作《猎罢夜饮示独孤生》三首，其一云："客途孤愤只君知，不作儿曹怨别离。报国虽思包马革，爱身未忍价羊皮。呼鹰小猎新霜后，弹剑长歌夜雨时。感慨却愁伤壮志，倒瓶浊酒洗余悲。"其二云："关辅何时一战收，蜀郊且复猎清秋。洗空狡穴银头鹘，突过重城玉腕骝。贼势已衰真大庆，士心未振尚私忧。一樽共讲平戎策，勿为飞鸢念少游。"其三后半云："关河可使成南北，豪杰谁堪共死生？欲疏万言投魏阙，灯前揽笔涕先倾。"从诗意来看，独孤景略是与陆游一样怀有报国壮志和雄才大略的志士，而沉沦下僚、报国无路也是两人共同的遭遇，无怪他们倾盖如故，成为披肝沥胆的生死之交。可惜的是独孤景略终于老于草莱，赍志以没，这怎么不让陆游为之悲愤！

这种悲愤交加的情思一再在陆游诗中出现："富贵世间元不乏，此君才大独难成……荒山野水涪州路，肠断西风《薤露》声。"（《有怀独孤景略》）"当年书剑揖三公，谈舌如云气吐虹……奇士久埋巴硖骨，灯前慷慨与谁同？"（《感旧》，诗后自注云："独孤景略死于忠州十年矣。"）写得最好的当推下面这首《夜归偶怀故人独孤景略》：

> 买醉村场半夜归，西山落月照柴扉。刘琨死后无奇士，独听荒鸡泪满衣。

此诗作于1190年秋，时陆游年六十六岁，已被劾罢官，返回山阴闲居。他在夜半孤寂之时忽然想到故友，不禁回忆起当年两人邂逅相逢、意气相投的经历。东晋时祖逖与刘琨这两位志同道合的爱国志士曾经在中夜闻鸡起舞，互相勉励。而今独孤景略已死，自己也一事无成，垂垂老矣。听到中夜乱鸣的荒鸡，不由得泪湿衣襟。此时上距隆兴北伐有二十七年，下距开禧北伐尚有十六年，南宋的抗金事业正处于低潮时期，朝廷里文恬武嬉，士气低迷，像陆游那样坚持抗金复国的志士越来越少。无怪陆游在此诗中流露出一股浓重的孤寂之感，也无怪他要对早已去世的独孤景略重致哀思。

贤士和侠士是陆游最为敬重的两类人物，也是他对自己人生道路的自期自许。陆游既是才高学优的士人，又是性格豪放的奇士。他在历史上虽以诗人、学者而名垂后世，但在其生前，却是以"上马击狂胡，下马草军书"（《观大散关图有感》）为平生最大志愿。在国土沦丧、国势不振的现实环境中，陆游常常把希望寄托在英雄和豪侠身上，他曾在诗中对诸葛亮极表推崇："出师一表真名世，千载谁堪伯仲间！"（《书愤》）又对隐居草莱的侠士表示敬意："功名不遣斯人了，无奈和戎白面郎！"（《题海首座侠客像》）蜀中自古多出人才，张季长和独孤景略便是陆游在蜀中结识的贤士与侠士之代表。由此可见陆游对蜀中人物的思念正寄托着其自身的人生理想，此类怀友诗也即是抒情诗，故而渗入的情感特别深挚，感人至深。

四、杰出的古文游记《入蜀记》

陆游古文创作的成就历来为其诗名所掩，其实陆游是南宋的古文大家，其《入蜀记》在整个古代散文史上都占有重要的地位。《入蜀记》不仅包含许多精丽的写景小品，而且对沿途的风土人情作了生动的叙述。全书还记录了作者的人生经历，融入了浓厚的身世之感，有些片段富有诗意，如与陆游的巴蜀诗对读，可以增进我们对诗文之关系的理解。

1169年年底，四十五岁的陆游接到朝报，以左奉议郎为通判夔州军州事。由于陆游其时正在山阴养病，故而没有立即赴任。次年闰五月，他才启程前往夔州。此次入蜀之旅始于1170年闰五月十八日，终于是年十月二十七日。他在入蜀途中除了写作诗歌以外，还按日作记，即使其日无事可纪，也仍纪其日，如乾道五年（1169）闰五月的二十七日、三十日等，最后结集成《入蜀记》六卷。对于这部游记性质的笔记，陆游本人相当看重，曾叮嘱其子将《入蜀记》编入文集："如《入蜀记》、《牡丹谱》、《乐府词》，本当别行，而异时或至散失，宜用庐陵所刊欧阳公集例，附于集后。"（见陆子遹《渭南文集跋》）果如其愿，《入蜀记》成为传世的古文佳作。

后人非常重视陆游在巴蜀的生活经历对其诗歌成就的影响，却很少认识到巴蜀之游对陆游古文创作的巨大作用。陆游曾说："古乐府有《东武吟》，鲍明远辈所作，皆名千载。盖其山川气俗，有以感发人意，故骚人墨客得以驰骋上下，与荆州、邯郸、巴东三峡之类，森然并传，至于今不泯也。"（《徐大用乐府序》）《入蜀记》就是在自浙东至于巴东的数千里"山川气俗"的感发下写成的一部杰作，它与作者安坐在故乡书斋里所写的散文作品有着不同的艺术风貌。

作为游记作品,《入蜀记》首先关注的是沿途所见的山川风物。陆游此行的路线可以分为两段,第一段是先沿着运河从山阴到临安,再经嘉兴、苏州、常州,到镇江后进入长江。第二段路程全是在长江中行进的,沿途经过的重要地点有建康府(今南京)、太平州(今马鞍山)、芜湖、池州、江州(今九江)、黄州(今黄冈)、鄂州(今武汉)、岳州(今岳阳)、江陵府(今荆州)、夷陵(今宜昌)、秭归、夔州等。由于第一段路程中的地点都是陆游曾多次经过的,其山川风景是他非常熟悉的,所以不很能引起他的写作兴趣。《入蜀记》中仅用不足一卷的篇幅来写第一段路程,当因此故。第二段路程则在陆游面前展开了一幅全新的江山画卷,除了镇江一带的江山算是故地重游以外,其余的地点都是首次经历。而且自镇江开始溯江而上,两岸的奇丽风光接连不断且变化无穷,镇江的金山、焦山可算是渐入佳境的起点。《入蜀记》中泼墨如水地进行大笔濡染的写景即始于镇江,多半是出于这个原因。

与一般仅注重写景的游记散文不同,《入蜀记》对沿途山川的描写是多角度的,举凡地貌特征、地理沿革、郡国利病、名胜古迹、地方物产等各个方面,都被映入了作者的眼帘,而且娓娓道来,富于文学意味。试各举一例:

>（十月）八日,五鼓尽,解船过下牢关。夹江千峰万嶂,有竞起者,有独拔者,有崩欲压者,有危欲坠者,有横裂者,有直坼者,有凸者,有洼者,有罅者,奇怪不可尽状。初冬,草木皆青苍不凋。西望重山如阙,江出其间,则所谓下牢溪也。（卷六）

（七月）七日……同登石头，西望宣化渡及历阳诸山，真形胜之地。若异时定都建康，则石头当仍为关要。或以为今都城徙而南，石头虽守无益，盖未之思也。惟城既南徙，秦淮乃横贯城中。六朝立栅断航之类，缓急不可复施。然大江天险，都城临之，金汤之势，比六朝为胜，岂必依淮为固耶？（卷二）

七月一日，黎明，离瓜洲。便风挂帆，晚至真州，泊鉴远亭。州本唐扬州扬子县之白沙镇，杨溥有淮南，徐温自金陵来，觐溥于白沙，因改曰"迎銮镇"。或谓周世宗征淮时，诸将尝于此迎谒，非也。国朝乾德中，升为建安军。祥符中……建军曰真州。（卷二）

（八月）五日，郡集于庾楼。楼正对庐山之双剑峰，北临大江，气象雄丽，自京口以西，登览之地多矣，无出庾楼右者。楼不甚高，而觉江山烟云，皆在几席间，真绝景也。（卷三）

（九月）十一日……又有水禽双浮江中，色白，类鹅而大，楚人谓之天鹅。飞骞绝高，有弋得者，味甚美，或曰即鹄也。（卷五）

第一则写船过下牢关后所见之景。下牢关位于夷陵之西，从此溯江西上，即是长江三峡的第一峡西陵峡。陆游从江汉平原行来，陡然看到那遮天蔽日的崇山峻岭，而长江即从山阙中奔泻而来，不免产生惊愕之感。此段文字虽然甚为简洁，但是在对千奇百怪的山峰形状之描写中透露出作者对自然伟力的赞叹膜拜之情，所谓"崩欲压者""危欲坠者"等等，都用拟人化的写法，正是对自然伟力的传神写照。在这种伟力面前，人的渺小无力是不言而喻的。故而这一则在字面上虽然仅有写景而无抒情，事实上作者的赞叹之情即渗透在写景之中，这正是古文高手的不凡表现。

第二则写作者在建康府登临石头城的情景，重点在于论述将建康作为抗金重镇乃至作为南宋首都的理由。在宋、金对峙的形势下，陆游一向反对建都于临安，而主张迁都建康乃至关中，因为那样退可以恃关山险阻以抵抗金兵，进可以号召中原，在时机适当时北上收复失土。1163年，陆游曾上书朝廷，建议迁都建康："某闻江左自吴以来，未有舍建康他都者……何哉？天造地设，山川形势有不可易者也。"（《上二府论都邑札子》）如今他来到建康其地，实地考察了建康的门户——石头城的形势，更加坚定了迁都建康的想法。他甚至想到了一旦战火燃烧到建康，宋军应如何防守的问题。这则文字既及地理，又是政论，言之有物，正气凛然，是掷地有声的好文章。

其他三则对所经地方的地理沿革、名胜古迹和特殊物产作了生动的描写，也都富于文学意味。

当然，就文学性而言，《入蜀记》最值得注重的是它的写景。虽然作者并未着意把本书写成纯粹的山水游记，但是全书中优美的写景片段在在皆是，这些片段常常只是寥寥数语，却画龙点睛式地展现了长江沿岸的壮丽风光。例如："（七月）十四日，晚晴。开南窗观溪山。溪中绝多鱼，时裂水面跃出，斜日映之，有如银刀。"（卷二）"（七月）十六日……城濠皆植荷花。是夜月白如昼，影入溪中，摇荡如玉塔。始知东坡'玉塔卧微澜'之句为妙也。"（卷二）"（七月）二十二日，过大江，入丁家洲夹，复行大江。自离当涂，风日清美，波平如席。白云青嶂，远相映带。终日如行图画，殊忘道途之劳也。"

（卷三）

至于那些篇幅较长的片段，则俨然就是一篇完整的游记佳作，例如：

> 八月一日，过烽火矶。南朝自武昌至京口，列置烽燧，此山当是其一也。自舟中望山，突兀而已。及抛江过其下，嵌岩窦穴，怪奇万状。色泽莹润，亦与它石迥异。又有一石，不附山，杰然特起，高百余尺。丹藤翠蔓，罗络其上，如宝装屏风。是日风静，舟行颇迟。又秋深潦缩，故得尽见杜老所谓'幸有舟楫迟，得尽所历妙'也。过澎浪矶、小孤山，二山东西相望。小孤属舒州宿松县，有戍兵。凡江中独山，如金山、焦山、落星之类，皆名天下。然峭拔秀丽，皆不可与小孤比。自数十里外望之，碧峰巉然孤起，上干云霄，已非它山可拟。愈近愈秀，冬夏晴雨，姿态万变，信造化之尤物也。但祠宇极于荒残，若稍饰以楼观亭榭，与江山相发挥，自当高出金山之上矣。（卷三）

此则写从船上眺望江上孤峰的情景。在长江接近鄱阳湖口的江面上，有好几座孤岛，其中以小孤、大孤最为著名。此则写小孤及烽火矶、澎浪矶以及无名的一块独石。这些江上孤峰都是陡然耸起于江面上的，其共同特点是独立孤耸，但是陆游对它们的这个共性的描写却绝不雷同，烽火矶是"突兀"，无名独石是"杰然特起"，小孤山是"巉然孤起"，文字也与所写对象同样地变化多姿。此外，烽火矶的特点是石色晶莹并多洞穴，无名独石的特点是藤蔓萦络，而小孤山的特点则是高耸入云，真可谓千姿百态，争奇斗艳。如此简练的一段文字，却把几座山峰写得各具面目，各显精神，即使独立成篇，也是一篇精妙的山水游记。而这样的段落在《入蜀记》中至少有二三十段，可见陆游在写景方面的高超手段。

可以说，即使《入蜀记》的文学成就仅仅体现于写景，它也足以与唐宋古文名家的同类作品媲美。然而事实上《入蜀记》的文学成就绝不仅止于写景，其中对历史的思考、对民生的描摹等部分同样具有深永的文学意味。

五、《入蜀记》中的怀古幽情

《入蜀记》中涉及历史的内容非常的丰富，主要有以下三类：缅怀历史人物、评说历史事件、考证历史事实。现各举一例：

> （八月）十九日早，游东坡。自州门而东，冈垄高下，至东坡，则地势平旷开豁。东起一垄颇高，有屋三间。一龟头，曰"居士亭"。亭下面南一堂颇雄，四壁皆画雪。堂中有苏公像，乌帽紫裘，横按筇杖，是为雪堂。堂东大柳，传以为公手植。正南有桥，榜曰"小桥"，以"莫忘小桥流水"之句得名。其下初无渠涧，遇雨则有涓流耳。旧止片石布其上，近辄增广为木桥，覆以一屋，颇败人意。东一井曰"暗井"，取苏公诗中"走报暗井出"之句。泉寒熨齿，但不甚甘。又有"四望亭"，正与雪堂相直。在高阜上，览观江山，为一郡之最。亭名见苏公及张文潜集中。坡西竹林，古氏故物，号南坡，今已残伐无几，地亦不在古氏矣。出城五里，至安国寺，亦苏公所尝寓。兵火之余，无复遗迹。惟绕寺茂林啼鸟，似犹有当时气象也。（卷三）

（七月）十一日……采石一名牛渚，与和州对岸，江面比瓜洲为狭，故隋韩擒虎平陈及本朝曹彬下南唐，皆自此渡。然微风辄浪作，不可行。刘宾客云："芦苇晚风起，秋江鳞甲生。"王文公云："一风微吹万舟阻。"皆谓此矶也。矶，即南唐樊若冰献策作浮梁渡王师处。初，若冰不得志于李氏，诈祝发为僧，庐于采石山，凿石为窍，及建石浮图，又月夜系绳于浮图，棹小舟急渡，引绳至江北，以度江面。既习知不谬，即亡走京师上书。其后王师南渡，浮梁果不差尺寸。予按：隋炀帝征辽，盖尝用此策渡辽水……然隋终不能平高丽，国朝遂下南唐者，实天意也，若冰何力之有！方若冰之北走也，江南皆知其献南征之策……然若冰所凿石窍及石浮图皆不毁，王师卒用以系浮梁。则李氏君臣之暗且怠，亦可知矣！（卷二）

（八月）五日，郡集于庾楼。楼正对庐山之双剑峰，北临大江，气象雄丽。自京口以西，登览之地多矣，无出庾楼右者。楼不甚高，而觉江山烟云皆在几席间，真绝景也。庾亮尝为江、荆、豫州刺史，其实则治武昌。若武昌南楼名庾楼，犹有理。今江州治所，在晋特柴桑县之湓口关耳，此楼附会甚明。然白乐天诗固已云"浔阳欲到思无穷，庾亮楼南湓口东"，则承误亦已久矣。张芸叟《南迁录》云："庾亮镇浔阳，经始此楼。"其误尤甚。（卷三）

第一则是对黄州苏轼遗迹的描写。对于苏轼，陆游一向怀有最高的敬意，这不仅仅是由于苏轼的杰出文学成就，也是由于苏轼崇高的人格精神。陆游曾称誉苏轼说："公不以一身祸福，易其忧国之心。

陆游行草诗卷《怀成都十韵》

唐李嘉之眉山驛
眉州界峨眉山以名
古眉州地在今嘉州

晚賦園　眉山　景蘇樓　迓景樓　江鄉館

蕋顒山
至德尼

岷峨亭

千载之下，生气凛然，忠臣烈士所当取法也。"(《跋东坡帖》)他在入蜀途中对苏轼的流风遗韵极为留意，仅在《入蜀记》中提及苏轼的就有十二处之多，上引第一则就是其中之一。黄州是苏轼最早的贬谪之地，也是苏轼的文学事业首次大放异彩的地方，他的别号"东坡居士"就得名于黄州的一处地名。而今陆游亲临当年苏轼啸傲风月的地方，怎能不思潮澎湃呢？"东坡""雪堂"，自是当年苏轼的经行憩息之地。连"小桥""暗井"这种极为常见的地名，竟然也是得名于苏轼的名章迥句。陆游每到一处，即将所记诵的苏轼名句与眼前景象对照勘察，仿佛是随在苏轼的杖履之后一路经行，难怪他要感慨万千，流连忘返了。整段文字中充溢着对昔贤的景仰之情和对时代变迁的沧桑之感，读来娓娓动人。

第二则是对南唐史事的感叹、议论。陆游是南唐史专家，对南唐一朝的史事了然于心。当他来到采石矶，目睹了当年樊若冰暗测江面留下的遗迹，不免要对这件与南唐亡国直接有关的事件评论一番。陆游是宋臣，对本朝平定南唐当然是拥护的。然而他对樊若冰因个人不得意遂卖国投敌的行为却不以为然，故再三强调宋朝灭南唐事出天意，不是樊若冰个人的举动所能决定。不但如此，他还在此节之末引北宋张耒《平江南议》的意见，认为宋朝对樊若冰应该"正其叛主之罪而诛之"，并评论说："文潜此说，实天下正论也。"南宋虽是南唐的敌国北宋之延续，但在面临来自北方强敌的威胁而将长江视作边防要地的形势上却与南唐非常相像。在陆游所处的年代里，尤其需要号召国人忠君爱国、抵御侵侮的精神，所以陆游对樊若冰那种投敌求荣的行为持批判态度，不足为奇。此外，陆游对南唐君臣文恬武嬉终致亡国的史实也深为慨叹，如果联系南宋小朝廷的黑暗现状，"暗且怠"三字难道不正是实有所指的微言大义！在指点江山之中评说历史，正是此段文字在内容上的特点。

第三则对江州"庾楼"的景观作了描绘,并考辨此楼不应以晋人庾亮命名。陆游指出庾亮当年任江、荆、豫州刺史,其治所是在武昌,所以只有武昌的南楼才能称为"庾楼"(按:《世说新语·容止》载庾亮在武昌时,曾于秋夜登南楼与诸贤咏谑之事,陆游所云当即据此),所以前人白居易、张芸叟等人的诗文将江州之楼称作"庾楼"都是出于误传。陆游在此处充分发挥了他长于史地考订的长处,先指出庾亮作镇之地不在江州,再说明眼下的江州治所在晋时仅是一个小镇,此处的一座楼当然与庾亮没有什么关系。此类以考订见长的文字在《入蜀记》中相当常见,它们思路灵动多姿,文笔清丽可诵,绝不同于枯燥烦琐的纯考证文字,故而具有较浓的文学意味。

《入蜀记》中最引人入胜的是那些融写景、论史与抒情于一炉的段落,有些片段简直就是一篇独立的小品佳作,试举一例:

(十月)二十一日,舟中望石门关,仅通一人行,天下至险也。晚泊巴东县,江山雄丽,大胜秭归。但井邑极于萧条,邑中才百余户。自令廨而下,皆茅茨,了无片瓦……谒寇莱公祠堂,登秋风亭。下临江山,是日,重阴微雪,天气飂飘,复观亭名,使人怅然,始有流落天涯之叹。遂登双柏堂、白云亭。堂下旧有莱公所植柏,今已槁死。然南山重复,秀丽可爱。白云亭则天下幽奇绝境,群山环拥,层出间见,古木森然,往往二三百年物。栏外双瀑泻石涧中,跳珠溅玉,冷入人骨。其下是为慈溪,奔流与江会。予自吴入楚,行五千余里,过十五州,亭榭之胜,无如白云者,而止在县廨厅事之后。巴东了无一事,为令者可以寝饭于亭中,其乐无涯。而阙令动辄二三年,无肯补者,何哉?(卷六)

陆游在萧瑟秋风中登上"秋风亭",缅怀当年名臣寇准贬谪至此的事迹,遂产生了"同是天涯沦落人"的感叹。又想到江山如此秀美,却因地僻人贫,竟然无人愿意来此作令,更是慨叹不已。应该说,前后两种慨叹本是有矛盾的,可是由于作者是触景生情,兴之所至,笔亦随之,所以反而显得真切动人。寇准本是陆游景仰的前贤,作于同时的陆诗《秋风亭拜寇莱公遗像》云:"豪杰何心后世名,材高遇事即峥嵘。巴东诗句澶州策,信手拈来尽可惊。"可以为证。寇准当年被谮远谪而流落至此,如今陆游离乡万里来到此地,又适逢"重阴微雪"的萧条天气,怎能不生天涯流落之感?可是巴东的江山之美毕竟唤起了陆游的极大好感,想到这里地僻政简,作令者正可优游逍遥,便又对"阙令"之事表示不解。前者是一个离乡万里游宦至此的陆游的真情实感,后者则是一个富于诗人气质且热爱山水的陆游的真情实感,两者通过穿插在文中的景色描写和谐地融为一体。

这正是《入蜀记》这种特殊文体所独有的优点:它只是逐日记事的笔记,而不是精心谋篇的独立篇章,故而自由挥洒,随意行止,读来分外觉得亲切。

六、《入蜀记》中的风土人情

陆游一向关注百姓民生,《入蜀记》对沿途的风土、民俗乃至生产、生活情形都有趣味盎然的描绘,这是《入蜀记》中最富有生活气息的部分。

首先,《入蜀记》中有一些为普通人所画的人物素描,例如以下三则:

（毛）德昭极苦学，中年不幸病盲而卒，无子……其盲后犹终日危坐，默诵六经，至数千言不已，可哀也。（卷一）

　　庙中遇武人王秀，自言博州人，年五十一。完颜亮寇边时，自河朔从义军攻下大名，以待王师。既归朝，不见录。且自言孤远，无路自通，歔欷不已。（卷一）

　　有嘉州人王百一者，初应募为船之招头。招头，盖三老之长，顾直差厚，每祭神得胙肉倍众人。既而船户赵清改用所善程小八为招头，百一失职怏怏，又不决去，遂发狂赴水。予急遣人拯之，流一里余，三没三踊，仅得出。（卷五）

　　第一则写终身潦倒而苦学不已的读书人，第二则写曾抗金立功但没有得到任何封赏的战士，他们都是默默无名的失意之人。陆游对这两类人物都很看重，故笔下充满着感情，自不必多言。第三则写一个性格急躁的船工，失去"招头"（即水手长）的职务后，竟至投江自尽。寥寥几笔，一个普通劳动者的形象栩栩如生。此类内容，也许是那些自视高雅的文人墨客所不屑措意的，可是在陆游笔下是何等生动有趣！

　　其次，《入蜀记》中对沿途所见的风土民俗的叙写相当常见，随意点缀，涉笔成趣。例如下面这些比较罕见的生产情景：

　　抛大江，遇一木筏，广十余丈，长五十余丈。上有三四十家。妻子、鸡犬、臼碓皆具，中为阡陌相往来，亦有神祠，素所

未睹也。舟人云:"此尚其小者耳,大者于筏上铺土作蔬圃,或作酒肆,皆不复能入夹,但行大江而已。"(卷四)

妇人汲水,皆背负一全木盎,长二尺,下有三足。至泉旁,以杓挹水,及八分,即倒坐旁石,束盎背上而去。大抵峡中负物率着背,又多妇人,不独水也。有妇人负酒卖,亦如负水状。呼买之,长跪以献。未嫁者率为同心髻,高二尺,插银钗至六只,后插大象牙梳,如手大。(卷六)

运河水泛溢,高于近村地至数尺。两岸皆车出积水,妇人、儿童竭作,亦或用牛。妇人足踏水车,手犹绩麻不置。(卷一)

第一则写飘浮在江中的大筏,居然有数十户居民居住在筏上随波逐流。这当然是没有土地的贫民的无可奈何之举!二、三两则写劳动妇女的生活情景,前者展现了一幅三峡沿岸的劳动妇女的画卷,她们背负重物之情状以及其发髻装饰皆历历如画;后者写运河边的妇女手脚并用地进行两种劳作,其辛苦劳顿不言自明。

其三,《入蜀记》中也记载了其他有趣的生活插曲,例如下面两则:

(六月)二十五日,早,以一豨、壶酒谒英灵助顺王祠,所谓下元水府也。祠属金山寺,寺常以二僧守之,无他祝史。然榜云:"赛祭猪头,例归本庙。"观者无不笑。(卷一)

(六月)二十六日,五鼓发船。是日,舟人始伐鼓,遂游金山……山绝顶有吞海亭，取"气吞巨海"之意。登望尤胜。每北使来聘，例延至此亭烹茶。金山与焦山相望，皆名蓝，每争雄长。焦山旧有吸江亭，最为佳处，故此名"吞海"以胜之，可笑也。（卷一）

金山寺与焦山寺是镇江的两处名刹，也是该地的两处名胜。寺庙僧人本应六根清净，与世无争，然而金山寺的僧人却不但垄断了水神庙的祭神猪头，而且出榜公示。佛门净地居然收进去许多猪头，难怪观者无不大笑。该寺的僧人还为了与焦山寺争胜，为亭子取名"吞海亭"来压倒后者的"吸江亭"，这哪里像是遁入空门中人的作为！陆游并不反对佛教，他此次路经金、焦二寺时还曾与焦山长老定圜、金山长老宝印相晤，只是当他看到僧人们的世情俗态时，便不免忍俊不禁。这种气活气息浓厚的小插曲，使《入蜀记》宛如一幅千里长江的风俗画卷，读来饶有趣味。

七、《入蜀记》中的行旅实录

《入蜀记》从两个方面记载了陆游的旅行状况，是一部名副其实的行旅实录。一方面，《入蜀记》记载了作者奉朝廷之命赶赴任所的经过，为后代读者提供了关于宋代官差旅行的丰富资料。一是赶赴远处任所不必日夜兼程，赴官者可以从容为之。陆游从1169年年底接到任命，迟至次年闰五月才动身赴任。如果说这是因病而迁延，那么他业已上路之后仍然"行道迟迟"，走了五个多月方到达夔州，就只能说他并未把王命看得急如星火了。《入蜀记》中对陆游一路上的情形有详细的记载：他不但沿途访亲问友，而且每逢名胜古迹，都要停留数日，以尽观览之兴。例如他在闰五月十八日动身以后，至二十日已达临安，在临安逗留十日，省兄访友，游览西湖，至六月一日才离开。又如他于六月十七日抵镇江，又停留十日，到二十八日才渡江至瓜洲。其后他行经建康府、庐山、鄂州等地，也都停留五日以上。难怪他在此行途中不但写了《入蜀记》六卷，而且作诗九十多首，取得了丰硕的创作成果。

二是远行赴官者的盘缠必须自筹，但是政府也提供一定的旅行便利。陆游入蜀，就是靠亲友的资助才凑足了路费。所以他到达夔州任所后在《上虞丞相书》中说："家世山阴，以贫悴逐禄于夔。其行也，故时交友醵缗钱以遣之。"但是当他上路之后，一路上也曾得到官府的照应。八月三日，陆游行至江州，"始得夔州公移"（卷三），也就是说夔州官府已有文书前来。至二十三日，陆游行至鄂州，"夔州迓兵来参"（卷四），即夔州方面已派士兵来迎接。九月十日，陆游行至石首县附近，"遣人先至夔"（卷五），所遣之人当即夔州派来迎接的士兵。九月二十一日，陆游在江陵府，"刘帅丁内艰，分迓兵之半，负肩舆自山路先归夔州。"（卷五）可证夔州派来的"迓兵"人数不少。从这些记载可见南宋时官府对地方官的赴任之行有所安排照应。而陆游在路经所有的州府时都得到当地长官的宴请接待，这在《入蜀记》中记载甚多，而那些官员并非都是他的旧交，可见地方官府负有接待过路官员的责任。

另一方面，《入蜀记》中详细记载了作者乘舟旅行的过程，为后代读者提供了关于宋代长江航运的丰富资料。陆游此行在临安时曾一度搭乘官船，《入蜀记》卷一记云：闰五月二十日，"登漕司所假舟于红亭税务之西。"自那以后，陆游一路上都是租船而行。《入蜀记》中的租船记载始于镇江，那正好是长江航行的始点："二十日，迁入嘉州王知义船。"（卷一）至二十九日又记云："舟人以帆弊，往姑苏买帆，是日方至。"（卷一）可见船主为了在长江上的长途航行，事先须作好充分的准备。这条船是一条载重量很大的"二千斛舟"（卷三），一路平安无事。然而经过公安县后，陆游终于换了一条船：（九月）十七日，"日入后迁行李过嘉州赵青船，盖入峡船也。"（卷五）原来过三峡必须换乘专门的"入峡船"。

《入蜀记》中还具体记述了这种船的特征："（九月）二十日，倒樯竿，立橹床。盖上峡惟用橹及百丈，不复张帆矣。百丈以巨竹四破为之，大如人臂。予所乘千六百斛舟，凡用橹六枝、百丈两车。"（卷五）可惜这条"入峡船"并没有把陆游一行安全地送到夔州，"（十月）十三日，舟上新滩，由南岸上及十七八，船底为石所损。急遣人往拯之，仅不至沉。然锐石穿船底，牢不可动。盖舟人载陶器多所致。"（卷六）"十五日，舟人尽出所载，始能挽舟过滩，然须修治。遂易舟，离新滩，过白狗峡。"（卷六）原来船主贪利多载货物，导致船底被礁石刺穿，陆游只得又一次换船，才过了新滩和白狗峡到达归州。陆游自镇江至夔州，竟三易其舟，才得到达，可见那时从水路入蜀是何等艰险！

《入蜀记》中还详细描写了在长江上行舟的经过，包括舟子如何与险滩湍流搏斗，以及祭神、避险及旅客搭乘等细节，生动有趣。例如下面数则："（八月）十四日……是日逆风，挽船自平旦至日昳，才行十五六里。"（卷四）"九月一日，始入沌，实江中小夹也……两岸皆葭苇弥望，谓之百里荒。又无挽路，舟人以小舟引百丈，入夜才行四十五里。"（卷五）用纤挽船逆流而上，一整天才前进十多里，更何况遇到连纤路也没有的地方，竟需要用小船来拉纤，这是何等的辛苦！

然而更大的麻烦是险滩急流的威胁，所以舟子常常要向神灵祈求平安："（九月）四日，平旦，始解舟。舟人云：'自此陂泽深阻，虎狼出没。未明而行，则挽卒多为所害。'是日早，见舟人焚香祈神云：'告红头须、小使头、长年三老，莫令错呼错唤！'"（卷五）至是月二十二日，"舟人祀峡神，屠一豨。"（卷五）至十月二日，"舟人杀猪十余口祭神，谓之开头。"（卷五）如此频繁地祭神，可见覆舟之险在舟子心头投下的阴影有多么严重！在如此险恶的长江上行舟，舟子又是何等辛苦！

　　陆游也记载了舟子们的一些趣闻，例如下面两则："（七月十一日）是日便风，击鼓挂帆而行。有两大舟东下者，阻风泊浦溆，见之大怒，顿足诟骂不已。舟人不答，但抚掌大笑，鸣鼓愈厉，作得意之状。"（卷二）"（七月二十八日）至石壁下，忽昼晦，风势横甚。舟人大恐失色，急下帆，趋小港，竭力牵挽，仅能入港。系缆同泊者四五舟，皆来助牵。"（卷三）前一则写顺风行舟者与逆风行舟者的矛盾心态，后一则写舟子间的互相帮助，皆生动如画。

　　此外如乘客搭船之事，在《入蜀记》中也有所记载："（八月）二十九日早，有广汉僧世全、左绵僧了证来附从人舟。"（卷五）"（九月）十三日，泊柳子。夜过全、证二僧舟中，听诵梵语《般若心经》。"（卷五）可见陆游在镇江所租王知义之船共有两艘，其一是给从人乘坐的，二僧来搭乘的就是"从人舟"。

　　凡此种种，为后代读者展现了当时长江航运的许多细节性的画面，后代学者如要研究宋代内河航运情况，《入蜀记》乃是不可多得的绝佳史料。

八、《入蜀记》与入蜀诗歌的异同

陆游在写《入蜀记》的同时,也写了六十四首诗歌,最早的一首是《将赴官夔府书怀》,最后的一首是《登江楼》。两相对照,有何异同呢?

首先,不管是散文还是诗歌,当然都必须有感而发,必须言之有物,否则便成为无病呻吟之作。但是诗与文的写作条件毕竟有所差异,后者可以比较客观地记述所经之事,或比较冷静地考证史地,不一定要有很强的感情因素,而诗歌的写作则非动情不可,这在陆游入蜀途中的写作中得到了明显的体现。例如陆游在《入蜀记》中记载说:"(六月十日)宿枫桥寺前,唐人所谓'半夜钟声到客船'者。"(卷一)这仅仅是对自己行止的客观记录,即使想到了唐人诗句,也仅止于此,并未有何感想。然而他在同时所作的《宿枫桥》一诗中却说:"七年不到枫桥寺,客枕依然半夜钟。风月未须轻感慨,巴山此去尚千重。"既对旧地重游表示深沉的感慨,又对自己即将经历千山万水的巴蜀之行觉得心事重重。总之,此诗虽仅寥寥四句,但是字里行间却渗透着浓郁的情感。诗、文之别,判若泾渭。

正因如此,陆游在《入蜀记》中的写法是排日作记,五个月中只留下很少空白的日子。可是其途中诗作却只有五十八题六十四首,在多数的地点仅仅作记而未曾写诗,尽管陆游是以高产诗人而著称于世。例如《入蜀记》卷六记载:"(十月)十六日,到归州……城中无尺寸平土,滩声常如暴风雨至。隔江有楚王城,亦山谷间,然地比归州差平。或云:楚始封于此。"楚王城本是一个绝妙的诗题,然而陆游此时并未作诗。《入蜀记》中的上述记载基本上是客观的描写,即使是势如暴风雨的滩声也并未在作者心头引起什么情感波动。八年以后，陆游出峡东归经过此地，才作《楚城》一诗：

> 江上荒城猿鸟悲，隔江便是屈原祠。一千五百年间事，只有滩声似旧时！

牢骚满腹，思绪万千，对历史的无限感慨中包蕴着对眼前国势和个人命运的深沉叹息，因为当年楚国的暗弱正是如今国势的写照，而当年屈原报国无路的悲剧如今又在自己身上重演。诗人对这些感触不着一字，只说时迁世移，只有江上的滩声亘古如斯。然而诗人心中的汹涌思绪正如这滩声一样，会在读者心上引起暴风雨般的感觉。

那么，如此激情澎湃的一首好诗，为什么在陆游入蜀时没能写出？当然诗歌的灵感会有一些偶然因素在内，不全可以解说，但是大致说来，我觉得这是由于诗人在八年前入蜀时对人生事业还充满着憧憬，对国势也存在着希望，所以江边那座荒芜的楚城还没有引起他太深的感叹。及至他出蜀东归，平生梦寐以求的从军机会已经消逝，对国势衰弱的局势也看得更为清晰。当他再次看到楚城及隔江的屈原祠时，便不由得诗思如潮。而散文的写作与诗歌不同，陆游入蜀途经楚城时虽然心中并无太深的感触，但并不妨碍他客观地记述行踪、描摹风物。

其次，文学创作都允许虚构、想象，但相较而言，诗歌更需要想象的翅膀，而散文却不妨与想象暂时分手，甚至可以把实事求是当作写作的高境。陆游入蜀途中的诗文写作给我们提供了很好的例子：《入蜀记》卷四：

> （八月十九日）至竹楼，规模甚陋，不知当王元之时亦止此

> 耶？楼下稍东，即赤壁矶，亦茅冈尔，略无草木……此矶《图经》及传者皆以为周公瑾败曹操之地。然江上多此名，不指可考质。李太白《赤壁歌》云："烈火张天照云海，周瑜于此败曹公。"不言在黄州。苏公尤疑之，赋云："此非曹孟德之困于周郎者乎？"《乐府》云："故垒西边，人道是，当日周郎赤壁。"盖一字不轻下如此。至韩子苍云"此地能令阿瞒走"，则真指为公瑾之赤壁矣。又黄人实谓赤壁曰"赤鼻"，尤可疑也。

陆游指出长江边上以"赤壁"为名的山矶很多，黄州的赤壁一名"赤鼻"矶，故不一定是三国时周瑜大破曹操的古战场。文中虽说"不可考质"，但"尤可疑也"一语分明是否定的意思居多。可是陆游作于同时的诗歌《黄州》中却说："江声不尽英雄恨，天意无私草木秋。"又说："君看赤壁终陈迹，生子何须似仲谋！"则又分明把黄州的赤壁看作古战场了。为什么会有这种貌似矛盾的现象呢？原因即在于文征实而诗尚虚，当陆游写《入蜀记》时，他是以征史考实的态度来看待黄州之赤壁的，当然要实事求是。可是当他作诗时，只是借怀古以抒写胸中的感慨，既是借酒浇愁，当然无须细究史实，否则便是胶柱鼓瑟。

当然，诗与文的界限不是绝对不可超越的雷池，它们有时也会互相渗透，甚至造成一些交叉地带，《入蜀记》中就有不少诗情浓郁的片段，除了前文所引的例子以外，再引数例：

> （八月十六日）晚过道士矶，石壁数百尺，色正青，了无窍穴，而竹树迸根，交络其上，苍翠可爱。自过小孤，临江峰嶂无出其右。矶一名西塞山，即玄真子《渔父辞》所谓"西塞山前白

鹭飞"者……泊散花洲，洲与西塞相直。前一夕，月犹未极圆，盖望正在是夕。空江万顷，月如紫金盘自水中涌出，平生无此中秋也。（卷四）

（九月四日）过纲步，有二十余家，在夕阳高柳中，短篱晒罾，小艇往来，正如画图所见，沌中最佳处也。（卷五）

（九月）九日，早谒后土祠。道旁民屋，苫茅皆厚尺余，整洁无一枝乱。挂帆抛江行三十里，泊塔子矶，江滨大山也。自离鄂州，至是始见山。买羊置酒，盖村步以重九故，屠一羊。诸舟买之，俄顷而尽。求菊花于江上人家，得数枝，芬馥可爱，为之颓然径醉。夜雨极寒，始覆絮衾。（卷五）

就文学价值而言，正是这些诗意盎然的片段使《入蜀记》臻于极高的艺术境界。它们像闪闪发光的珍珠点缀着全文，使之进入了诗的意境。《入蜀记》是大诗人陆游的古文作品，它与陆游的巴蜀诗歌一样，成为宋代巴蜀书写中的不朽之作，永远值得珍视。

第八讲　陆游的"诗家三昧"

陆游一生的经历可分为三个阶段，简而言之，即如《唐宋诗醇》所云："少历兵间，晚栖农亩，中间浮沉中外，在蜀之日颇多。"陆游的诗歌创作过程也可分成与之相应的三个阶段，其中第二个阶段，即自1170年陆游四十六岁入蜀至1189年陆游六十五岁被劾罢官的二十年，是陆诗臻于成熟的关键时期，学者都很注意陆游的《九月一日夜读诗稿有感走笔作歌》一诗："我昔学诗未有得，残余未免从人乞。力孱气馁心自知，妄取虚名有惭色。四十从戎驻南郑，酣宴军中夜连日。打球筑场一千步，阅马列厩三万匹。华灯纵博声满楼，宝钗艳舞光照席。琵琶弦急冰雹乱，羯鼓手匀风雨疾。诗家三昧忽见前，屈贾在眼元历历。天机云锦用在我，剪裁妙处非刀尺。世间才杰固不乏，秋毫未合天地隔。放翁老死何足论，《广陵散》绝还堪惜！"诗中明确声称自己的诗歌在四十八岁从戎南郑时发生了飞跃。

然而，诗中的"诗家三昧"究竟指什么呢？当代学者大多认为这是指诗歌的主题倾向，例如朱东润先生《陆游传》中说："他获得诗家三昧以后，过去的那一套本领，只能算作形式主义，可是美的形式结合了积极的思想性，便成为有用的东西。从这一年起，作为一个诗人，陆游已经不再是以前的陆游。"他在《陆游诗的转变》一文中又说，陆游在那时"抛弃了从江西诗派所学到的理论而自觉地走上现实主义的道路"。此外如游国恩等《中国文学史》、刘大杰《中国文学发展史》等著作也皆持类似观点。到了1992年,我在《陆游"诗家三昧"辨》中首次指出陆游在南郑的军营生活中悟得的"诗家三昧"当指找到了最适合自己的诗歌风格,即雄浑奔放。

由于《剑南诗稿》所载的陆游诗歌具有准确的编年,我们完全可以对陆游从军前后的整个创作过程进行历时性的分析,进而对"诗家三昧"获取实事求是的准确理解。

一、"诗家三昧"并非诗歌主题的转变

陆游从小的生活道路就相当坎坷,在他入蜀以前,已经经历了与爱妻被迫离婚及参加科举考试遭秦桧黜落等人生打击。尤其重要的是,陆游从小就与祖国、人民同历艰难,稍长之后,又亲见父亲陆宰与爱国士大夫们"相与言及国事,或裂眦嚼齿,或流涕痛哭,人人自期以杀身翊戴王室。虽丑裔方张,视之蔑如也"(《跋傅给事帖》)。从而受到了深刻的爱国主义教育,决心以自己的文才武略为恢复中原的事业作出贡献。

陆游三十八岁那年,宋孝宗即位,主战派开始受到重视,陆游也被召见,且赐进士出身。陆游积极地向朝廷提出了许多关于抗金复国的建议,且坚决支持爱国将领张浚北伐,后来终以"力说张浚用兵"的罪名被罢黜。所以陆游在入蜀以前并非过着宁静的书斋生活,并未远离当时的现实社会和政治斗争。

陆游早期的诗作只保存下来不足二百首,但内容并不贫乏。他咏过"山重水复疑无路,柳暗花明又一村"(《游山西村》)的农村风光,也描写过自己"岂惟饥索邻僧米,真是寒无坐客毡"(《霜风》)的贫

寒生活,而忧念国事则是其诗的主要内容,有的作品已经具有鲜明的时代气息,例如《闻武均州报已复西京》:

　　白发将军亦壮哉!西京昨夜捷书来。胡儿敢作千年计,天意宁知一日回?列圣仁恩深雨露,中兴赦令疾风雷。悬知寒食朝陵使,驿路梨花处处开。

又如《送七兄赴扬州帅幕》:

　　初报边烽照石头,旋闻胡马集瓜洲。诸公谁听刍荛策,吾辈空怀畎亩忧。急雪打窗心共碎,危楼望远涕俱流。岂知今日淮南路,乱絮飞花送客舟。

这两首诗分别作于陆游三十七岁和三十八岁时,前者激昂,后者沉郁,然而都表现出强烈的爱国主义精神。就思想倾向而言,实在无法说它们与入蜀后的爱国诗篇有什么区别。

即使是此时所作的一些咏怀、赠答之作中也时时闪烁着爱国思想的光辉,例如作于四十六岁的《送芮国器司业》中说:"往岁淮边虏未归,诸生合疏论危机。人材衰靡方当虑,士气峥嵘未可非。"同年作《投梁参政》说:"何时嫖姚师,大刷渭桥耻。士各奋所长,儒生未宜鄙。复毡草军书,不畏寒堕指。"这些诗绝非一般的投献赠答之作。再如《闻雨》:

　　慷慨心犹壮,蹉跎鬓已秋。百年殊鼎鼎,万事只悠悠。不悟鱼千里,终归貉一丘。夜阑闻急雨,起坐涕交流。

题目似为写景，内容也似为慨叹时序变迁、光阴迅速的陈旧主题，但是字里行间分明流露出诗人报国无路的满腔悲愤，其情调是激昂而不是低抑，读之使人感奋而不是消沉。这样的诗，显然与当时的沉闷现实密切相关，因为此诗作于1168年或1169年，当时张浚北伐已告失败，主和派又得势于朝廷。所以此诗仍是南宋爱国主义文学的一个重要组成部分。

事实证明，就爱国主义的主题走向而言，陆游入蜀以后的诗歌是与他的早期诗歌一脉相承的，它们之间的关系是水平的提高和数量的增多，而不是根本性的质的转变。那种认为陆游入蜀后才体验到生活，陆游入蜀后的诗才"结合积极的思想性"的观点，既不符合陆游早期的生活经历，也不符合他早期的诗歌实践。

况且，陆游于四十八岁那年的三月到达南郑，当年十一月即赴成都，在前线只停留了八个月。其时陆游的上级四川宣抚使王炎正准备收复长安，对于长期渴望着"上马击狂胡"的陆游来说，这一段经历使他激动万分，庆幸自己终于到达了抗金斗争的最前线。他曾登上巍峨的大散关俯瞰敌军，还曾驰马飞渡渭水掠过敌阵。但是由于朝廷的掣肘，王炎未能实行他的计划，而且当年九月就被召回。所以陆游在南郑并未参加真正的战斗，他的军中生活更多的内容是射猎宴饮，这在陆游后来回忆往事的许多诗中可以得到证明，例如他在五十四岁所作的《风顺舟行甚疾戏书》中说："昔者远戍南山边，军中无事酒如川。呼卢喝雉连暮夜，击兔伐狐穷岁年。"同年作《冬夜闻雁有感》说："从军昔戍南山边，传烽直照东骆谷。军中罢战壮士闲，细草平郊恣驰逐。洮州骏马金络头，梁州球场日打球。玉杯传酒和鹿血，女真降虏弹箜篌。"次年作《忆山南》说："貂裘宝马梁州日，盘槊横戈一世雄。怒虎吼山争雪刃,惊鸿出塞避雕弓。朝陪策画清油里,暮醉笙歌锦幄中。"六十一岁作《独酌有怀南郑》说:"投笔书生古来有,从军乐事世间无。秋风逐虎花叱拨,夜雪射熊金仆姑。"七十一岁作《得季长书追怀南郑幕府慨然有作》说:"从戎昔在山南日,强半春光醉里销。绿树啼莺窥帽影,画桥飞絮逐鞭梢。花经小雨开差晚,笋怯余寒涩未调。"直到他八十四岁时,还作《初冬》说:"初冬常忆宴梁州,百炬如椽满画楼。"

当然陆游也有一些诗回忆在南郑的军中生活中紧张艰苦的一面,如六十一岁作《江北庄取米到作饭香甚有感》说:"我昔从戎清渭侧,散关嵯峨下临贼。铁衣上马蹴坚冰,有时三日不火食。"但相比之下,后者的数量远不如前者之多。

我们认为,这种情形是与陆游在南郑的实际生活相符的。正如上面所引的诗中所说,"军中无事酒如川","军中罢战壮士闲",在没有实际战事的时候,军中生活,尤其是将领、官员的军中生活,确是以射猎宴饮为主的。例如陆游敬佩的唐代边塞诗人岑参就常描写类似的生活场面:"五千甲兵胆力粗,军中无事但欢娱。暖屋绣帘红地炉,织成壁衣花氍毹。灯前侍婢泻玉壶,金铛乱点野驼酥……美人一双闲且都,朱唇翠眉映明矑。"(《玉门关盖将军歌》)类似的岑诗尚有《与独孤渐道别长句兼呈严八侍御》《田使君美人如莲花舞北旋歌》等。所以,当陆游在《九月一日夜读诗稿有感走笔作歌》中回忆他在南郑突然领悟到诗家三昧的过程时,将原因归结于打球阅马、宴饮歌舞等豪纵生活的感触,这绝不是出于疏忽,也不是以偏概全——以豪纵奢华的一面概括包括艰苦紧张一面的整个军中生活,而是如实地回忆自己创作过程中的一个重要环节,显然,说这种豪纵生活所触发的"诗家三昧"就是"认识到现实生活对于作品的重要关系"(见刘大杰

《中国文学发展史》第二十章），甚至就是"自觉地走上现实主义的道路"，是十分牵强的。

二、"诗家三昧"并非抛弃江西诗派的理论

朱东润先生说陆游获得"诗家三昧"是指"抛弃了江西派的理论"，也与陆游的创作实践不合。首先，陆游诗中的爱国主义精神是与江西派诗人吕本中、曾几、陈与义等人一脉相承的。他在绍兴末年与曾几"略无三日不进见，见必闻忧国之言"（《跋曾文清公奏议稿》）。在陆游之前，把爱国主义的主题引入宋诗的诗人首推吕本中、陈与义等人，这必然会对陆诗产生深刻的影响，我在拙著《江西诗派研究》的附录一《江西派诗人的政治态度》有较翔实的论述。我们认为陆诗中耀眼的爱国主义光辉正体现了江西诗派的影响，而不是"一扫江西派的积弊"（游国恩等编《中国文学史》第五编第六章）的结果。

至于说陆游在诗歌艺术方面与江西诗派之间是否有始合终离的关系，则需要作具体的分析。陆游受江西派诗歌艺术的影响主要来自吕本中与曾几，他对于吕、曾二人是终身服膺的。陆游七十二岁时为吕本中文集作序称：

> 某自童子时读公诗文，愿学焉。稍长，未能远游，而公捐馆舍。晚见曾文清公，文清谓某："君之诗，渊源殆自吕紫微，恨不一识面。"某于是尤以为恨。则今得托名公集之首，岂非幸欤！（《吕居仁集序》）

可见他不但始终钦慕吕本中，而且作诗受吕本中之影响还得到曾几的认可。至于曾几，更是陆游终生敬爱的老师。陆游从十八岁到三十七岁之间，曾几曾数度为其面授诗法，陆游在诗中也再三道及。

我们知道，吕本中与曾几二人的诗法本是出于同一渊源的。二人同年，但吕本中诗名早著，故曾几曾向他请教诗艺，曾几于晚年回忆这一段经历说：

> 绍兴辛亥，几避地柳州，居仁在桂林。是时年皆未五十，居仁之诗，固已独步海内。几亦妄意学作诗。居仁一日寄近诗来，几次其韵，因作书请问句律。公察我至诚，教我甚至……又曰："诗卷熟读，治择工夫已胜，而波澜尚未阔。欲波澜之阔，须令规模宏放，以涵养吾气而后可。规模既大，波澜自阔，少加治择，功已倍于古矣。"几受而书诸绅。（《东莱先生诗集后序》）

曾几在此处虽未明言所谓"教我甚至"的"句律"究系何指，但他还说过：

> 学诗如参禅，慎勿参死句。纵横无不可，乃在欢喜处。又如学仙子，辛苦终不遇。忽然毛骨换，政用口诀故。居仁说活法，大意欲人悟。（《读吕居仁旧诗有怀其人作诗寄之》）

可见所谓"句律"即指"活法"而言。

陆游从吕本中和曾几等江西派诗人那里学到的诗法主要就是这两个内容："养气"和"活法"，他对二者终身奉作圭臬。

先说"活法"。吕本中说：

> 学诗当识活法。所谓活法者,规矩备具,而能出于规矩之外,变化不测,而亦不背于规矩也。是道也,盖有定法而无定法,无定法而有定法,知是者,则可以与语活法矣。谢玄晖有言:"好诗流转圆美如弹丸。"此真活法也。近世惟豫章黄公首变前作之弊,而后学者知所趣向。毕精尽知左规右矩,庶几至于变化不测。(《夏均父集序》,见刘克庄《后村先生大全集》卷九五《江西诗派》)

此文中"毕精尽知"原作"必精尽知",此据《知不足斋丛书》本《江西诗派小序》校改。吕氏此论与早期江西诗派的理论一脉相承,正如曾季狸所云:"后山论诗说换骨,东湖论诗说中的,东莱论诗说活法,子苍论诗说饱参,入处虽不同,然其实皆一关捩,要知非悟入不可。"(《艇斋诗话》)

吕氏诗论的特点是更强调求新求变的精神,只要把吕氏的其他言论及曾几对其诗论的复述相参照,可知所谓"活法"的主要精神有两点:一,熟精诗律而不为诗律所缚,即"勿参死句";二,须待诗歌艺术修养积累到一定程度后再求透彻的悟入,即"换骨"。陆游对此深信不疑,而且随着创作经验的积累,他的体会也越来越深。例如他在四十七岁时作《追怀曾文清公呈赵教授赵近尝示诗》说:"忆在茶山听说诗,亲从夜半得玄机……律令合时方帖妥,工夫深处却平夷。"六十八岁时作《示儿》说:"文能换骨余无法,学但穷源自不疑。齿豁头童方悟此,乃翁见事可怜迟。"七十岁时作《赠应秀才》说:"我得茶山一转语,文章切勿参死句。"七十八岁时又作《夜吟》说:"六十余年妄学诗,工夫深处独心知。夜来一笑寒灯下,始是金丹换骨时。"真可谓津津乐道，念念不忘，陆游终生都未曾"全盘否定他和曾几的学习关系"（朱东润《陆游的创作道路》）。

这里有一个问题须予以说明。陆游五十九岁时作《答郑虞任检法见赠》说："区区圆美非绝伦，弹丸之评方误人。"朱东润先生因此说："陆游对于圆美的主张又否定了，那么他和吕本中的主张又有什么渊源呢？"（朱东润《陆游》）的确，陆游此言是针对吕本中引谢朓"好诗流转圆美如弹丸"语以喻活法而发，然而比陆游稍后的刘克庄早已指出："近时学者误认弹丸之喻，而趋于易，故放翁诗云。"（《后村先生大全集》卷九五《江西诗派》）可见这是由于当时诗人对"弹丸"之喻产生误解，陆游才这样说。况且陆诗在"区区圆美"句前尚有"文章要须到屈宋，万仞青霄下鸾凤"二句，可见其本意是要诗人向更高的境界努力，而不要停留于自以为是的"圆美"之境，这并不是对吕本中诗论的全盘否定。否则的话，陆游就不会在此之后又有许多肯定吕氏诗论的言论并承认自己"渊源殆自吕紫微"了。

那么，陆游在诗歌创作方面与江西诗派有何种关系呢？

对于江西诗派的始祖黄庭坚，陆游十分敬重。陆游五十四岁时出蜀东归，途中多次瞻仰山谷遗迹，且慨叹说："元祐太史公，世宁有斯人！瘴烟侵玉骨，老作宜州民。至今杖屦地，来者犹酸辛。"（《访青神尉廨借景亭盖山谷先生旧游也》）又说："文章何罪触雷霆，风雨南溪自醉醒。"（《叙州》）可谓景仰之至。对于黄诗中的一些精警之句，陆游也时时仿效，如四十三岁作《夜闻松声有感》中"松声惊破三更梦，犹作当时风浪听"学黄诗《六月十七日昼寝》中"马啮枯萁喧午枕，梦成风雨浪翻江"；八十四岁作《遣兴》中"得酒不妨开口笑，学人难作捧心颦"学黄诗《同子瞻韵和赵伯充团练》中"家酿可供开口笑，侍儿工作捧心颦"，等等。

同时，对于陈师道，陆游也称其"诗妙天下"（《跋后山居士长短句》）。且时时效其句法，例如七十三岁时作《春近山中即事》中"人意自殊平日乐，梅花宁减故时香"效陈诗《次韵李节推九日登南山》中"人事自生今日意，寒花只作去年香"，八十三岁作《南堂杂兴》中"剩欲出门寻一笑"效陈诗《春怀示邻里》中"剩欲出门追语笑"，等等。

此外陆游对其他江西派诗人的佳句也时时效之，如八十岁作《独立》中"独立濛濛细雨中"即用陈与义《春寒》中成句，又如八十四岁作《冬夜舟中作》中"绕枝倦鹊寒无影"效韩驹《和李上舍冬日书事》中"倦鹊绕枝翻冻影"等，皆为显例。

上述例子皆引自钱仲联先生《剑南诗稿校注》，此外钱先生亦偶有失注者，如陆诗《十二月二十七日祭风师归道中作》中"虎豹生憎上九关"句本于黄诗《再次韵寄子由》中"虎豹憎人上九天"，陆诗《忆昔》中"何限人间失意人"句即陈诗《题柱二首》中成句等，限于篇幅，不再多引。这说明陆游对黄、陈等江西派诗人的艺术成就十分重视，而且这种态度直至晚年也没有什么改变。

当然我们也应注意到，陆游对黄、陈等人的学习大多仅为字句末节，而较少从整体上摹仿他们的风格。或许早期诗中原有这方面的作品，但已被删去，不得而知。今本《剑南诗稿》中偶有例外，如《读赵昌甫诗卷》：

蜗庐溽暑不可过，把卷一读赵子诗。如游麻源第三谷，忽见梅花开一枝。寄书问讯不可得，握臂晤语应无期。惟当饮水绝火食，海山忽有相逢时。

此诗作于八十一岁，朱东润先生称之为"全篇作江西语，置之山谷集中几可乱真者"（《陆游的创作道路》），诚为确评。然而这是由于赵昌甫（赵蕃）是江西诗派的后继者，其诗竭力模仿黄庭坚的瘦硬诗风，故陆游巧效山谷诗风作此诗以评赵诗，犹如苏轼作《读孟郊诗二首》，诗亦"即作东野体"（纪昀批《苏文忠公诗集》卷一六），实乃一时戏笔，不足以证明其风格倾向。

同样，陆游的诗风虽然受到吕本中和曾几一定的影响，但其主导风格却并不受二家之牢笼。在陆游诗中，特别是在他晚年写闲适生活的近体诗中，颇有风格近于吕、曾者，例如《初夏行平水道中》：

老去人间乐事稀，一年容易又春归。市桥压担莼丝滑，村店堆盘豆荚肥。傍水风林莺语语，满原烟草蝶飞飞。郊行已觉侵微暑，小立桐阴换夹衣。

此诗作于七十一岁时，风格轻俊圆活，置于吕、曾集中几乎难以辨认，但这种风格在陆诗中显然不占主导地位。

产生这种情形的原因有两点：第一，陆游从江西诗派那里学到的主要诗法是"活法""换骨"等观点，其精神本是求新求变，自成一家。如果一个诗人真正领悟了这种精神，又具有足够的才力学识，就一定会创造出新的独特的风格来。陆游无疑具备这两个条件，所以他虽然终身服膺江西诗派，诗风却"不蹑江西篱下迹"（姜特立《陆严州惠剑外集》）。

第二，陆游学诗的态度是博采众家之长，并不限于某派某家以作茧自缚。他对前代诗人陶渊明、李白、王维、杜甫、岑参、白居易及至某些晚唐诗人，以及宋代诗人梅尧臣、苏轼等都视作典范，至老不厌,他的风格和成就当然不可能局限于江西诗派的范围之内。

综上所述,我们认为陆游对江西诗派的学习和借鉴是贯穿其整个创作过程的,他在四十八岁时悟得的"诗家三昧"不可能是指"抛弃了从江西诗派学到的理论"。

三、"诗家三昧"的含义:雄浑奔放的诗歌风格

既然陆游在南郑悟得的"诗家三昧"不是指在诗歌的思想内容方面发生了质变,也不是指在诗歌理论方面抛弃了从前的观点,那么,它的真正含义就势必限定于诗歌艺术的范畴之内。然而,它到底包含哪些具体的内容呢?我们认为,除了对《九月一日夜读诗稿有感走笔作歌》这首诗进行仔细分析之外,尚须对陆游的其他有关言论及其诗歌创作历程进行研究,两相对照,才有可能逐步接近准确的答案。

首先我们应注意到,诗题中说"夜读诗稿有感",而这首诗作于1192年秋天,时陆游六十八岁,可见所谓"诗稿",定是指诗人六十八岁以前的作品,即今本《剑南诗稿》卷一至卷二十五中《秋日焚香读书戏作》一诗。再进一步推测,很可能是指诗人六十三岁时在严州刻成的《剑南诗稿》二十卷。所以,此诗实即陆游对自己早期和中期两个创作阶段所作的总结。

陆诗中首先批评自己早期的创作状态:"我昔学诗未有得,残余未免从人乞。力孱气馁心自知,妄取虚名有惭色。"这里关键的一句是"残余未免从人乞",这到底是指什么?钱锺书先生认为这是指蹈袭前人佳句,他说:"《四六话》论隶事,有'伐山语、伐材语'之别。放翁诗中,美具难并,然亦不无蹈袭之嫌者。《困学纪闻》卷一八即举其本朱新仲、叶少蕴两联,殆翁《九月一日夜读诗稿有感

走笔作歌》所谓'残余未免从人乞'者欤?"(《谈艺录》三三)以下还补充了二十三首陆诗作为例证。今检《困学纪闻》卷一八云:"陆务观'谁其云者两黄鹄,何以报之双玉盘',本于新仲'何以报之青玉案,我姑酌彼黄金罍'。叶少蕴'逸人旧住子午谷,诗客独寻丁卯桥',务观用之。"陆游的前一联见于《自东泾度小岭闻有地可卜庵喜而有赋》诗,上句用《汉书》卷八四《翟方进传》中童谣"谁云者,两黄鹄",下句径用张衡《四愁诗》中成句,乃以汉时成语作对,不得谓之本于宋人朱翌(新仲)之诗。后一联即指陆游《小筑》"虽非隐士子午谷,宁愧诗人丁卯桥",确实本于叶梦得(少蕴)诗。钱先生补充的二十三例都是确有所本者。

然而在这二十四首诗中,只有《游山西村》一首作于陆游四十三岁时,即作于从戎南郑之前。《寓驿舍》《读胡基仲旧诗有感》等六首作于陆游五十岁至六十八岁之间,即陆游从戎南郑之后、作《九月一日夜读诗稿有感走笔作歌》之前。剩下的《望永阜陵》《春近山中即事》等十七首则作于陆游七十二岁与八十五岁之间,即陆游作诗反省自己早期作诗"残余未免从人乞"之后,去世之前。而且,作于早期的《游山西村》中"山重水复疑无路,柳暗花明又一村"一联虽与强彦文之"远山初见疑无路,曲径徐行渐有村"语意相仿,但是陆诗句律流丽,意旨曲折,显然是青出于蓝而胜于蓝,未可径称为"蹈袭"。相反,作于中、晚期的二十三例倒多有名副其实的"不无蹈袭之嫌者",如《江楼醉中作》之"天上但闻星主酒,人间宁有地埋忧"本于宋祁《感秋》之"天上有星宁免客,人间无地可埋忧",《春日绝句》中"二十四番花有信,一百七日食犹寒"本于徐俯《春日》之"一百五日寒食雨,二十四番花信风"等,皆是如此。

应该指出,这种情形在陆游中、晚期的诗中是相当常见的,钱仲联先生在《剑南诗稿校注》中已经指出许多,但还有一些遗漏未注者,仅本于杜诗的例子就有:作于六十五岁的《喜杨廷秀秘监再入馆》中"公去蓬山轻,公归蓬山重"本于杜甫《八哀诗》中"公来雪山重,公去雪山轻";作于七十岁的《送王仲言倅泰州绝句》中"物色分留待下车"本于杜甫《岳麓山道林二寺行》中"物色分留待老夫";作于七十三岁的《送严居厚弃官归建阳溪庄》中"会结茅斋傍青壁"本于杜甫《阆山歌》中"应结茅斋看青壁";作于七十八岁的《雪后龟堂独坐》中"牙齿欲落何足惜"本于杜甫《莫相疑行》中"牙齿欲落真可惜";作于八十三岁的《秋日村舍》中"川云惨惨欲成雨"本于杜甫《发阆中》中"山木惨惨天欲雨",等等。由于陆游的早期作品曾经严加删汰,也许有许多蹈袭前人佳句的诗被删去。但无论如何,"残余未免从人乞"不可能是指蹈袭前人佳句。否则的话,陆游怎么会在四十八岁时已悟其非,至六十八岁时又郑重申明此意,而在实际创作中却越来越严重地出现这种情形呢?

我们认为,"残余未免从人乞"是指陆游早期作诗尚处于模仿前人的最初阶段,当时他仅能对前人进行一字一句的借鉴而不是整体风格上的借鉴,所以还未能建立自己的独特风格。而"诗家三昧忽见前"则是指诗人终于悟得了属于自己的风格,从而跃入了诗歌的自由王国。这是陆游对自己的创作历程从整体上进行的总结,而不是对某些枝节性技巧的回顾。

众所周知,是否具有个人的独特风格是诗人是否成熟的标志。虽说诗歌的风格实即诗人人格的艺术体现,但是要想使这种体现达到完美的程度而且显示出独特性,诗人就必须经历艰苦的探索。那些优秀的诗人在艺术上不断探索、不断前进的过程其实也就是寻找、建立其独特风格的过程,陆游在《九月一日夜读诗稿有感走笔作歌》中所叙述的正是这样的一个过程。陆游早期的作品留存太少,我们无法细述他初学诗时的具体情形。但是他晚年所作序跋中曾提到自幼喜爱陶渊明、王维、岑参等人的诗(见《跋渊明集》),可见他在早期广泛地向前代诗人学习,而不仅仅受到江西派诗人的熏陶。像一切大诗人一样,陆游也经历了一个学习前人艺术,模仿前人风格的阶段。虽说陆游当时就希望逾越这个阶段,摆脱"残余未免从人乞"的境地,但心有余而力不足,无怪他要慨叹"力孱气馁心自知"了。

那么,诗人后来是如何摆脱"残余未免从人乞"的境地的呢?陆游在这首诗中只说在南郑时发生了"诗家三昧忽见前"的突变而没有提到自己的努力过程,显然这是一种艺术的夸张。从陆游的作品及其他言论来看,他实际上是经过品格修养和艺术技巧两方面的长期积累才实现飞跃的。用陆游自己的话说,就是"养气"和"藻绘"。陆游在《示子遹》一诗中回顾自己的创作历程说:

> 我初学诗日,但欲工藻绘。中年始少悟,渐若窥宏大。怪奇亦间出,如石漱湍濑。数仞李杜墙,常恨欠领会。元白才倚门,温李真自郐。正令笔扛鼎,亦未造三昧。诗为六艺一,岂用资狡狯。汝果欲学诗,工夫在诗外。

此诗作于八十四岁时,可视为诗人的晚年定论。它又是诗人向爱子传授的经验之谈,意思就说得更明白一些。论者多以为陆游此诗是批判讲求艺术技巧,提倡"从生活着眼,从现实着眼,以独倡其现实主义的文艺理论。"(齐治平《陆游的文艺理论与实践》)其实,陆游所谓"工夫在诗外"虽然含有积累生活阅历的意思,但其重点却是指"养气"而言。治诗而重视"养气",正是江西派诗人的诗学观点,我们在本书第一讲之"三、陆游诗学观的儒家精神"中已有论述。

陆游对"养气"之说深信不疑,他与友人论诗说:"谁能养气塞天地,吐出自足成虹蜺。"(《次韵和杨伯子主簿见赠》)又说:"诗岂易言哉?才得之天,而气者我之所自养。有才矣,气不足以御之。淫于富贵,移于贫贱,得不偿失,荣不盖愧。诗由此出,而欲追古人之逸驾,讵可得哉!"(《方德亨诗集序》)可见陆游所谓"养气",就是孟子所谓"我善养吾浩然之气"(《孟子·公孙丑上》),即培养一种至大至刚的精神力量,培养高尚的人格与高洁的情操。

而且,陆游所说的"养气"与宋代理学家所倡的修养工夫有很大的区别:首先,陆游主张"养气"须以丰富的人生阅历、深沉的人生感慨为基础,他在《感兴》中说:"文章天所秘,赋予均功名。吾尝考在昔,颇见造物情。离堆太史公,青莲老先生。悲鸣伏枥骥,蹭蹬失水鲸。饱以五车读,劳以万里行。险艰外备尝,愤郁中不平。山川与风俗,杂错而交并。邦家志忠孝,人鬼参幽明。感慨发奇节,涵养出正声。故其所述作,浩浩河流倾。"其次,陆游所说的"养气"具有鲜明的时代气息,与当时的社会现实密不可分,他说:"盖人之情,悲愤积于中而无言,始发为诗。不然,无诗矣……绍兴间,秦丞相桧用事,动以语言罪士大夫,士气抑而不伸,大抵窃寓于诗,亦多不免。若澹斋居士陈公德召者,故与秦公有学校旧,自揣必不合,因不复与相闻,退以文章自娱。诗尤中律吕,不怨不怒,而愤世疾邪之气,凛然不少回挠。"(《澹斋居士诗序》)陆游幼时即经丧乱,后来又在爱情、功名等方面遭受挫折。当他于四十六岁入蜀后,饱览了巴山蜀水的壮丽景色,又经历了紧张而热烈的军中生活,在人生阅历方面有了一定的积累。同时,生活道路的艰难,报国壮志的被压抑,使陆游心中郁积了深沉的人生感慨。这一切使诗人终于完成了"养气"

的过程,从而以充沛的人格力量为建立其独特诗风提供了内在的可能性。

那么,陆游说"我初学诗日,但欲工藻绘",是不是否定对诗歌艺术技巧的讲求呢?并非如此。陆游不满的是"但欲工藻绘",而不是"工藻绘"本身。也就是说,陆游反对单纯讲求艺术技巧而不反对这种艺术技巧本身。在这方面陆游没有留下太多的言论,但他的诗歌可以证实这一点。只要通读《剑南诗稿》,很容易发现诗人对艺术技巧的讲求是贯穿终始的。比如律诗的对仗讲求工巧,是陆诗的一大特色,宋人刘克庄云:"古人好对偶被放翁用尽。"(《后村诗话》前集)元人吴师道则云:"世称宋诗人……对偶工切,必曰陆放翁。"(《吴礼部诗话》)二人都指出了这一点。在陆游中期和晚期的诗中,有大量对仗工稳乃至奇巧的例子:"暮雪乌奴停醉帽,秋风白帝放归船"(《赴成都泛舟自三泉至益昌谋以明年下三峡》,作于四十八岁);"丁年汉使殊方老,子夜吴歌昨梦残"(《高斋小饮戏作》,作于五十岁);"前日已传天狗堕,今年宁许佛狸生"(《客自凤州来言岐雍间事怅然有感》,作于五十二岁);"得饱罢挥求米帖,爱眠新著《毁茶》文"(《幽居》,作于五十三岁);"舍鱼正可取熊掌,食肉何须知马肝"(《初春遣兴》,作于五十四岁);"风来弱柳摇官绿,云破奇峰涌帝青"(《遣兴》,作于六十二岁);"世事本来谁得鹿,人生何处不亡羊"(《早秋》,作于七十岁);"屏围燕几成山字,簟展凉轩作水纹"(《龟堂晨起》,作于七十七岁),凡此种种,不胜枚举。

又如陆诗向称浅易,但在后期作品中却也不时出现一些奇字僻典,例如作于八十二岁的《亲旧见过多见贺强健戏作此篇》中有句云"道貌安能希睟盎,世缘但可付猗违。"钱仲联先生在注中指出"睟盎"字出《孟子·尽心上》,"猗违"字出《汉书·孔光传》,都是比较罕见之字眼。又如作于同年的《酒药》中有"焦革死已久"一句，钱先生注曰"未详"，并怀疑"焦革"乃"梁革"之讹。其实"焦革"并不误，唐人吕才《王无功文集序》云："时太乐有府史焦革，家善酝酒，冠绝当时。君（王绩）苦求为太乐丞……数月而焦革死……君叹曰：'天乃不令吾饱美酒！'"陆游用此典说自己爱酒而美酒苦不可得，十分贴切，然典故本身确实相当冷僻。这些情况都从侧面说明陆游中年以后仍然重视"工藻绘"。至于他早期的诗，由于删剩无几，反而看不出有多少"藻绘"。但既然他自称"我初学诗日，但欲工藻绘"，可以推知他定曾在艺术技巧上下过一番琢磨功夫，而且已经达到相当娴熟的程度。在艺术技巧方面的积累使陆游有足够的才力为建立其独特诗风提供了外在的可能性。

正是在上述两方面的积累达到一定程度之后，陆游终于找到了自己的主导风格：雄浑奔放。所谓"诗家三昧忽见前，屈贾在眼元历历"，所谓"中年始少悟，渐若窥宏大。怪奇亦间出，如石漱湍濑"，都是指此而言。他四十九岁时赞扬岑参诗云："公诗信豪伟，笔力追李杜。"（《夜读岑嘉州诗集》）五十岁时又仰慕建安诗歌："何当扫纤艳，杰作追黄初。"（《醉书》）都表示了同样的风格追求。而下面这首作于五十三岁的《白鹤馆夜坐》说得更加明确：

  竹声风雨交，松声波涛翻。我坐白鹤馆，灯青无晤言。廓然心境寂，一洗吏卒喧。袖手哦新诗，清寒愧雄浑。屈宋死千载，谁能起九原？中间李与杜，独招湘水魂。自此竞摹写，几人望其藩？兰苕看翡翠，烟雨啼青猿。岂知云海中，九万击鹏鲲。更阑灯欲死，此意与谁论？

杜甫《戏为六绝句》中以"或看翡翠兰苕上，未掣鲸鱼碧海中"二句批评诗人但有纤巧绮丽之辞而未造雄健壮丽之境，此诗中"兰苕看翡翠"句即本杜诗，它与"烟雨啼青猿"一起构成"清寒"的诗风，也即字句清丽而境界狭小、骨力细弱，陆游对之表示不满。与之相反，"岂知云海中，九万击鹏鲲"则指雄浑奔放的诗风，陆游对之表示赞赏。陆游在那个时期内再三赞颂屈、贾、李、杜，分明是把他们看作后一种风格的杰出代表。因为屈贾赋与李杜诗虽各具特色，但有着重要的共同之处：内容壮阔，感情宏大，气势奔放，骨力遒劲，这些因素即构成了陆游所追求的雄浑奔放。显然，只有雄浑奔放的风格才与陆游建立奇功的宏伟抱负、爱国忧时的炽烈感情、不拘小节的狂放性格最相适应，也只有这种风格最能符合陆诗所要反映的动荡时代的脉搏。

陆游一旦找到这种属于他自己的风格之后，他的诗歌创作就产生了质的飞跃，诗风也发生了巨大的转变，诚如清人赵翼所云："放翁诗之宏肆，自从戎巴蜀，而境界又一变。"（《瓯北诗话》卷六）

经过以上的分析，我们回过头来重读《九月一日夜读诗稿有感走笔作歌》这首诗，就比较容易理解其内容。显然，此诗的前四句是说自己尚需傍人门户而未能建立独特风格时的苦闷。后八句则是说自己悟得"诗家三昧"后的喜悦，他终于找到了属于自己的风格——雄浑奔放，从而跃入了从心所欲、挥洒自如的境界。"天机云锦用在我，剪裁妙处非刀尺"二句与杨万里五十二岁时作诗"忽若有悟"从而"浏浏焉无复前日之轧轧矣"（《诚斋荆溪集序》）相似，都是指进入艺术的自由王国后纵意所如的创作心态。"世间才杰固不乏，秋毫未合天地隔"二句意谓世上虽有许多才华杰出的诗人，但如果他们没有找到属于自己的风格，则势必始差毫厘而终隔千里。由于陆游是经过长

陆游尺牍

岑翁洞

西山

南浦

南浦縣即圓澤
李源三生名敦路

萬州至雲安一百四十里
瀼水經至水磨二十七難

後周置安鄉郡改浦州又
改萬州以平濮有萬竹池也

期的艰苦探索才悟得"诗家三昧"的,所以他不无自矜地将它视作自己的独得之秘,并希望能够传授他人,以免与嵇康临终所弹的《广陵散》乐曲一样随人而亡!

剩下的最后一个疑问是此诗的中间八句,为什么恰恰是诗人在南郑军中的豪纵生活触发了他对"诗家三昧"的领悟呢?合理的解释是,世间一切事物的变化过程都包含量变与质变两个步骤,诗人的创作历程也不例外。上文中说过,陆游在品格修养和艺术技巧两方面经历了长期的积累过程,当他到达南郑后,豪纵奢华的军中生活成了发生质变所需的最后一个条件,从而使他领悟了自己的风格应是雄浑奔放。因为打球阅马、纵博痛饮的豪壮生活会使人精神激昂,意气风发,这与雄放诗风在感情倾向上无疑是一致的。而浏漓顿挫的舞姿和急节紧音的乐曲更与雄放诗风有相似的美学倾向。陆机《文赋》中论文人构思之妙时说:"譬犹舞者赴节以投袂,歌者应弦而遣声。"可见诗文与歌舞之间本有相通之处。而杜甫《观公孙大娘弟子舞剑器行·序》中更提到张旭见到公孙大娘的"浏漓顿挫"的"西河剑器"舞后,"自此草书长进,豪荡感激",其实杜甫的这首诗也有"豪荡感激"的风格倾向。陆游虽未明言所观为何种舞蹈,但所奏乐曲是:"琵琶弦急冰雹乱,羯鼓手匀风雨疾",这与杜甫《观公孙大娘弟子舞剑器行》中所说的"玳筵急管"具有相似的节奏、韵律,不难推想所谓"宝钗艳舞光照席"者也是一种"浏漓顿挫"的舞蹈。陆游正是从这种节奏繁促、旋律跌宕顿挫、热情奔放的歌舞艺术中得到了关于雄放风格的启示,就像电光石火似的灵感倏然而来一样,诗人于刹那之间发现了属于自己的风格。

正因如此,陆游在二十年后仍然如此清晰地记得当时的情景,并郑重地把这情景说成是"诗家三昧忽见前"的前提。也正因如此,陆游认为他在南郑军中获得的艺术感悟是自己的独得之秘，假如死而不传，就会痛惜莫及！

四、由"诗家三昧"催生的七古名篇

陆游从豪壮热烈的军营生活中获得"诗家三昧"后创造出"雄浑奔放"的诗风，这种风格日后曾体现于各种诗体的写作中，像七律《感愤》《书愤》，七绝《雪中忽起从戎之兴戏作四首》《十一月四日风雨大作》等皆为显例。但毫无疑问，这种风格的最佳载体当是七言歌行，正是这些雄浑壮丽、豪宕奔放的七言歌行奠定了陆诗的主导风格。值得注意的是，此种风格的七古在陆游早期作品中没有出现，却如此集中地涌现在他"诗家三昧忽见前"之后的数年之间，绝非偶然。我们按照《剑南诗稿》将陆游七古名篇的写作年代排列如下：

《游锦屏山谒少陵祠堂》（四十八岁）
《三月十七日夜醉中作》（四十九岁）
《九月十六日夜梦驻军河外遣使招降诸城觉而有作》（四十九岁）
《金错刀行》（四十九岁）
《胡无人》（四十九岁）
《醉后草书歌诗戏作》（四十九岁）
《晓叹》（五十岁）
《神君歌》（五十岁）
《对酒叹》（五十岁）
《蒸暑思梁州述怀》（五十岁）
《秋声》（五十岁）

《龙眠画马》（五十岁）

《我有美酒歌》（五十岁）

《长歌行》［人生不作安期生］（五十岁）

《涉白马渡慨然有怀》（五十岁）

《离堆伏龙祠观孙太古画英惠王像》（五十岁）

《登灌口庙东大楼观岷江雪山》（五十岁）

《夜闻浣花江声甚壮》（五十一岁）

《谒诸葛丞相庙》（五十一岁）

《楼上醉歌》（五十一岁）

《春感》（五十二岁）

《中夜闻大雷雨》（五十二岁）

《题醉中所作草书卷后》（五十二岁）

《松骥行》（五十二岁）

《夏夜大醉醒后有感》（五十二岁）

《夜读东京记》（五十二岁）

《与青城道人饮酒作》（五十二岁）

《龙挂》（五十二岁）

《关山月》（五十三岁）

《出塞曲》［佩刀一刺山为开］（五十三岁）

《战城南》（五十三岁）

《楼上醉书》（五十三岁）

《送范舍人还朝》（五十三岁）

《秋兴》［成都城中秋夜长］（五十三岁）

《大雪歌》（五十三岁）

《晚登子城》（五十三岁）

《大风登城》（五十三岁）

《游诸葛武侯书台》（五十四岁）

《眉州披风榭拜东坡先生遗像》（五十四岁）

《醉中下瞿塘峡中流观石壁飞泉》（五十四岁）

《岳阳楼》（五十四岁）

《冬夜闻雁有感》（五十四岁）

《出塞曲》[千骑为一队]（五十五岁）

《长歌行》[人生宦游亦不恶]（五十五岁）

《雨夜不寐观壁间所张魏郑公砥柱铭》（五十五岁）

《大将出师歌》（五十五岁）

《弋阳道中遇大雪》（五十五岁）

《拟岘台观雪》（五十六岁）

《醉中怀江湖旧游偶作短歌》（五十六岁）

《五月十一日夜且半梦从大驾亲征尽复汉唐故地见城邑人物繁丽云西凉府也喜甚马上作长句未终篇而觉乃足成之》（五十六岁）

上面只统计风格雄豪且成就突出的名篇，未为追求数量而降格以求，例如作于五十岁的《长生观观月》，从"碧天万里月正中，清夜弭节长生宫。广寒忽堕人间世，但怪步虚声散瑶台空"写起，到"天台四万八千丈，明年照我扶藜杖"结束，全篇风格都很雄壮。又如作于同年的《龙洞》，描写"峭崖摩天如立壁，楠根横走松倒植"的窈深洞穴，且有"一朝偶为旱岁起，卷海作雨飞霹雳"的奇特想象，诗风亦雄奇豪宕。但它们的整体成就尚未臻于高境，故摒弃不录。即便如此，上引陆游的七古名篇多达五十首，而且它们集中出现于陆游悟得"诗家三昧"之后的八九年间，堪称陆游诗风发生飞跃的显著标志。细读这些作品，有助于我们领悟陆诗的总体风格倾向，更有助于我们理解"诗家三昧"的准确内涵。

这五十首七古名篇的题材大致可以分成七类：一是对节物时序的感怀，计有《秋声》《中夜闻大雷雨》《龙挂》《秋兴》(成都城中秋夜长)《大雪歌》《晚登子城》《大风登城》《弋阳道中遇大雪》等。二是描绘风景，计有《登灌口庙东大楼观岷江雪山》《夜闻浣花江声甚壮》《醉中下瞿塘峡中流观石壁飞泉》《岳阳楼》《拟岘台观雪》等。三是描写日常生活细节如饮酒、读书、送别、题咏书画等，计有《醉后草书歌诗戏作》《对酒叹》《龙眠画马》《题醉中所作草书卷后》《夏夜大醉醒后有感》《夜读东京记》《与青城道人饮酒作》《送范舍人还朝》等。四是怀古，计有《游锦屏山谒少陵祠堂》《神君歌》《涉白马渡慨然有怀》《离堆伏龙祠观孙太古画英惠王像》《谒诸葛丞相庙》《眉州披风榭拜东坡先生遗像》《雨夜不寐观壁间所张魏郑公砥柱铭》等。五是感怀旧游，计有《三月十七日夜醉中作》《蒸暑思梁州述怀》《冬夜闻雁有感》《醉中怀江湖旧游偶作短歌》等。六是乐府旧题，计有《胡无人》《长歌行》(二首)《关山月》《出塞曲》(二首)《战城南》等。七是即事命题、不易归类者，计有记梦诗二首、咏物诗二首等。题材范围甚为广阔，并非都属爱国主题，但在风格上都倾向于豪壮雄伟。

试在前面四类中各举一例。第一类如《龙挂》：

成都六月天大风，发屋动地声势雄。黑云崔嵬行风中，凛如鬼神塞虚空。霹雳进火射地红，上帝有命起伏龙。龙尾不卷曳天东，壮哉雨点车轴同。山摧江溢路不通，连根拔出千尺松。未言为人作年丰，伟观一洗芥蒂胸。

第二类如《醉中下瞿塘峡中流观石壁飞泉》:

吾舟十丈如青蛟，乘风翔舞从天下。江流触地白盐动，滟滪浮波真一马。主人满酌白玉杯，旗下画鼓如春雷。回头已失瀼西市，奇哉一削千仞之苍崖。苍崖中裂银河飞，空里万斛倾珠玑。醉面正须迎乱点，京尘未许化征衣。

第三类如《醉后草书歌诗戏作》:

朱楼矫首临八荒，绿酒一举累百觞。洗我堆阜峥嵘之胸次，写为淋漓放纵之词章。墨翻初若鬼神怒，字瘦忽作蛟螭僵。宝刀出匣挥雪刃，大舸破浪驰风樯。纸穷掷笔霹雳响，妇女惊走儿童藏。往时草檄喻西域，飒飒声动中书堂。一收朝迹忽十载，西掠三巴穷夜郎。山川荒绝风俗异，赖有酒美犹能狂。醉中自脱头上帻，绿发未许侵微霜。人生得丧良细事，孰谓老大多悲伤！

第四类如《游锦屏山谒少陵祠堂》:

城中飞阁连危亭，处处轩窗临锦屏。涉江亲到锦屏上，却望城郭如丹青。虚堂奉祠子杜子，眉宇高寒照江水。古来磨灭知几人，此老至今元不死。山川寂寞客子迷，草木摇落壮士悲。文章垂世自一事，忠义凛凛令人思。夜归沙头雨如注，北风吹船横半渡。亦知此老愤未平，万窍争号泄悲怒。

四诗笔力雄健,风格豪荡,皆是陆游的七古名篇。

当然这四类诗有时在写景抒怀时忽然阑入抗金复国之情思,也是陆游笔下常有的情形,试各举一例。第一类如《秋声》:

人言悲秋难为情,我喜枕上闻秋声。快鹰下鞲爪觜健,壮士抚剑精神生。我亦奋迅起衰病,唾手便有擒胡兴。弦开雁落诗亦成,笔力未饶弓力劲。五原草枯苜蓿空,青海萧萧风卷蓬。草罢捷书重上马,却从銮驾下辽东。

第二类如《夜闻浣花江声甚壮》:

浣花之东当筰桥,奔流啮桥桥为摇。分洪初疑两蛟舞,触石散作千珠跳。壮声每挟雷雨横,巨势潜借鼋鼍骄。梦回闻之坐太息,铁衣何日东征辽?衔枚度碛沙飒飒,盘槊断陇风萧萧。不然投檄径归去,短篷卧听钱塘潮。

第三类如《龙眠画马》:

国家一从失西陲,年年买马西南夷。瘴乡所产非权奇,边头岁入几番皮。崔嵬瘦骨带火印,离立欲不禁风吹。圉人太仆空列位,龙媒汗血来何时?李公太平官京师,立仗惯见渥洼姿。断缣岁久墨色暗,逸气尚若不可羁。赏奇好古自一癖,感事忧国空余悲。呜呼,安得毛骨若此三千匹,衔枚夜度桑干碛。

第四类如《涉白马渡慨然有怀》:

> 我马顾影嘶，忽涉白马津。虽非黄河上，抚事犹悲辛。太行之下吹虏尘，燕南赵北空无人。袁曹百战相持处，犬羊堂堂自来去。

四首诗都将忧国之思渗入其他题材，风格之雄浑奇伟则如出一辙。

至于后面三类，或追怀往事而集中于从戎生涯，或沿用乐府古题而倾情于边塞题材，或直接抒写久蓄胸中的报国情怀，它们不但是陆游诗中的爱国主题名篇，而且把爱国主义精神提升到古典诗歌史上前所未有的高度。不言而喻，它们的风格必然倾向于慷慨激昂、雄伟豪壮。我们在第二讲中已经讲过《关山月》《金错刀行》和《长歌行》三首，下面再从后面三类中各选一首略作分析。

1173年，陆游刚结束南郑的从军生涯返回成都，夜宿驿站时作《三月十七日夜醉中作》：

> 前年脍鲸东海上，白浪如山寄豪壮。去年射虎南山秋，夜归急雪满貂裘。今年摧颓最堪笑，华发苍颜羞自照。谁知得酒尚能狂，脱帽向人时大叫。逆胡未灭心未平，孤剑床头铿有声。破驿梦回灯欲死，打窗风雨正三更。

首联回忆他1159年任福建宁德县主簿时泛舟入海之事，当年所作《航海》有句云："潮来涌银山，忽复磨青铜。饥鹘掠船舷，大鱼舞虚空。"又作《海中醉题时雷雨初霁天水相接也》云："浪蹴半空白，天浮无尽青。吐吞交日月，渢洞战雷霆。"虽然"脍鲸东海"语有夸张，但"白浪如山"确是历久难忘的沧海奇景，十余年后回忆，豪情未减。次联回忆去年从军南郑时冒雪射虎之壮举，陆诗中多次说到射虎，当是实事。南郑地处抗金前沿，一心抗金复国的陆游亲临前线，满腔豪情喷薄而出，虽未能斩将搴旗，但也曾巡边掠阵。此处独拈"射虎南山"，既与首联相映成趣，也是举一反三来指代那段激动人心的从军经历。然后诗情陡然跌落，实写眼前华发苍颜的潦倒之状。然而诗人忽又借酒发狂，脱帽大叫，原来他灭胡之心尚在，连床头孤剑也铿然震动。及至酒醒梦回，窗外正是雨横风狂的三更天。全诗的情绪由扬转抑，又由抑转扬，再由扬转抑，诗情跌宕，悲慨莫名。诗中充溢着抗金志士报国无路的满腔悲愤，感人至深。

　　1173年夏，陆游摄知嘉州，是年冬作《胡无人》。《胡无人》是乐府古题，今存于《乐府诗集》者尚有六首，皆为抗击胡虏之主题，其中李白所作一首云："安得猛士兮守四方，胡无人，汉道昌！"陆游拟作此题，与古辞一脉相承，但其现实指向当然是抗金复国的国家形势。诗云：

　　　　须如猬毛磔，面如紫石棱。丈夫出门无万里，风云之会立可乘。追奔露宿青海月，夺城夜蹋黄河冰。铁衣度碛雨飒飒，战鼓上陇雷凭凭。三更穷虏送降款，天明积甲如丘陵。中华初识汗血马，东夷再贡霜毛鹰。群阴伏，太阳升。胡无人，宋中兴。丈夫报主有如此，笑人白首蓬窗灯。

相传晋人桓温"眼如紫石棱，须作猬毛磔"，此处借用，是指相貌奇特而有英气。这是陆游自指，还是描写他期望出现的抗金英雄，都有可能。反正全诗皆出于想象，都是对实现抗金复国大业的虚拟描写，诗人自己当然也是获胜将士中的一员。接下来的十句就是对宋军势如破竹地击溃敌军的具体描述：宋军斗志昂扬，乘时出击，气吞万里。将士们勇夺敌城，击溃敌军，一鼓作气地收复青海、黄河等故国山河。他们不畏艰险，身披铁甲冒着寒雨渡过沙碛，战鼓响彻陇坂。敌人连夜送来降书，缴下的盔甲堆积如山。残敌争相进贡宝马与雄鹰，以示臣服。总之宋军大获全胜，残虏被扫荡一空！诗人欢欣鼓舞，振臂高呼：阴伏阳升，正义之师全面战胜邪恶力量。胡虏破灭，大宋中兴！这是一首抗金复国的胜利颂歌，诗人在幻想中实现了立功报国的夙愿，并嗤笑那些书生只知白首穷经！

1180年，陆游在抚州作《五月十一日夜且半梦从大驾亲征尽复汉唐故地见城邑人物繁丽云西凉府也喜甚马上作长句未终篇而觉乃足成之》：

> 天宝胡兵陷两京，北庭安西无汉营。五百年间置不问，圣主下诏初亲征。熊罴百万从銮驾，故地不劳传檄下。筑城绝塞进新图，排仗行宫宣大赦。冈峦极目汉山川，文书初用淳熙年。驾前六军错锦绣，秋风鼓角声满天。首蓿峰前尽亭障，平安火在交河上。凉州女儿满高楼，梳头已学京都样。

前一首是白日的幻想，此一首则是夜间的梦境。虽是记梦诗，但由于诗人心中久有此梦，故写得条理清晰，一如实事。全诗先从历史写起，而且不说靖康而说天宝，直接把思绪引向唐代，说自从安史乱起，唐帝国设在西域的都护府全部沦陷，至今五百年无人过问。意即江山沦陷的国耻由来已久，直到当今圣主宋孝宗才下诏初征。大军随着銮驾胜利北伐，敌人望风披靡，沦陷的故土随即得以恢复。古人形容王师有征无战曰"传檄而定"，陆诗却说连传檄都不需要，以见宋军北伐之顺应民心，所向披靡。宋军进至绝塞修筑新城，皇帝则在行宫中隆重庆功，宣布赦令。于是无边的江山尽归大宋，各地的文书都遵用宋朝年号。銮驾前的卫士穿着五色相错的锦衣，鼓角声随着秋风响彻天空。远在安西的苜蓿峰前建满堡垒，报告平安的烽火则从交河传来。至于诗人在梦中亲至的凉州，则高楼上的姑娘不但改行汉妆，而且已经梳着京城流行的最新发式！

爱国主义精神是古典诗歌史的优秀传统，每当国家危难时便会发出夺目的光辉。陆游是南宋爱国诗歌的杰出代表，其诗中最成功的诗体选择首推七言歌行，最成功的风格倾向则是雄浑奔放，这两者都是他在从军南郑时悟得"诗家三昧"后诗风转变的重要标志，也是我们理解"诗家三昧"真实内涵的重要参照。

第九讲　陆游与杨万里

南宋末年的方回总结南宋初期诗坛情况说:"宋中兴以来……言诗必曰尤、杨、范、陆,其先或曰尤、萧,然千岩早世不显,诗刻留湘中,传者少。尤、杨、范、陆特擅名天下。"(《跋遂初尤先生尚书诗》)"萧"指萧德藻,号千岩老人,去世较早。真正活跃在南宋初期诗坛上的重要诗人是尤袤、杨万里、范成大、陆游四人,合称"中兴四大诗人",或"南宋四大诗人"。四人中尤袤作品传世较少,杨、范、陆三人则作品颇富,诗名甚高。三人年龄相仿,陆游生于1125年,范成大生于1126年,杨万里生于1127年,当1127年发生靖康事变时,三人俱是初生幼童。他们是在烽火连天、山河破碎的动荡时代中成长起来的,强敌压境、国势艰危的时局使他们具有完全不同于苏轼、黄庭坚的创作环境。他们虽然受到吕本中、曾几、陈与义等南渡诗人的影响,但自少就感受到现实时局与诗坛风气的转变,所以比前辈更加富有独创精神,最终以全新的艺术风貌取代了江西诗派在诗坛上的主流地位。

从终身成就及后世影响来看,陆游与杨万里的地位均超过范成大,二人在南宋前期诗坛上双峰并峙,平分秋色。陆、杨二人在思想倾向、诗学观点及诗歌风格上皆有较大差异,其诗文作品互相成为对方的重要参照。例如二人之诗学思想均出儒家,然杨万里从理学家的角度阐释儒家诗论,颇有食古不化的倾向,陆游则将儒学精神与现实需要相结合。又如二人均重视客观环境对诗人灵感的作用,然杨万里更重视自然之触动,作诗也多咏景物;陆游则重视社会生活之激发,作诗多关注社会现实。再如二人均自称诗风曾发生突变,然杨万里之诗风转变实为循序渐进之量变,陆游则受到军营生活的激发而悟入雄豪的风格境界。

本讲拟从各个方面对陆、杨进行比较,目的是以杨万里为参照来理解陆游及其诗歌的独特风貌。

一、陆、杨优劣之争的现代观照

在南宋诗坛上,陆游与杨万里是成就最高、影响最大的诗人。后人并论陆、杨,往往意在褒贬、扬此抑彼之间,遂难免偏颇。比如陆、杨在当时诗坛上均享盛名,时人褒扬陆、杨之语,不知凡几。

褒扬陆游者如姜特立《应致远谒放翁》:"呜呼断弦谁续髓?风雅道丧骚人死。三山先生真若人,独将诗坛壁孤垒。"周必大《次韵陆务观送行二首》之二:"议论今谁及,词章更可宗。"楼钥《谢陆伯业通判示淮西小稿》:"四海诗名老放翁。"赵蕃《呈陆严州五首》之四:"一代文翰主。"又《呈陆严州二首》之一:"一代诗盟孰主张……可不一登君子堂!"苏泂《寿陆放翁三首》之二:"千岁斯人要宗主。"又《三山放翁先生生朝以筇竹杖为寿一首》:"声名固自盖天下。"戴复古《读放翁先生剑南诗草》:"茶山衣钵放翁诗,南渡百年无此奇。"刘克庄《题放翁像二首》之一:"譬宗门中初祖,自过江后一人。"

褒扬杨万里者如姜特立《谢杨诚斋惠长句》:"今日诗坛谁是主,诚斋诗律正施行。"周必大《跋杨廷秀赠族人复字道卿诗》:"执诗坛之牛耳。"周必大《跋杨廷秀赠族人复字道卿诗》："执诗坛之牛耳。"项安世《又用韵酬赠潘杨二首》之二："四海诚斋独霸诗。"又《题刘都监所藏杨秘监诗卷》："雄吞诗界前无古，新创文机独有今。"王迈《山中读诚斋诗》："万首七言千绝句，九州四海一诚斋。"袁说友《和杨诚斋韵谢惠南海集三首》："四海声名今大手，万人辟易几降旗。"

　　细味上述言语，都是对陆、杨诗名的赞美称扬，并无轩轾。可是到了现代，却有论者列举上引姜特立诸人称扬杨万里之语来证明杨万里在当时的诗名胜于陆游，并说："注意，南宋一代似乎还没有人将陆游的名字摆在杨万里之上，更没有称陆游'四海独霸'之类的话。除了赵蕃、苏泂等人评语很高之外，有地位影响的评论家如周必大、刘克庄等人说话都有保留。"（胡明《诚斋放翁诗品人品谈》）其实"四海独霸"不过是个比喻的说法，与"一代文翰主"等句并无实质性的差异。且如姜特立既称陆游"独将诗坛壁孤垒"，又称杨万里"今日诗坛谁是主"，两者并无高下之分。至于说"有地位影响的评论家"，在南宋首推朱熹。朱熹与陆、杨二人相交皆笃，但他仅说过："放翁之诗，读之爽然，近代唯见此人为有诗人风致。"（《答徐载叔》）又说："放翁老笔尤健，在今当推为第一流。"（《答巩仲至》之十七）对杨万里之诗则未置一辞。这也并不足以证明陆游的诗名胜于杨万里。

　　除了诗名高低之外，陆、杨的人品也是后人集中评说的一个话题。对于杨万里的人品，后人几乎是同声赞扬，不必赘述。对于陆游的人品，则颇有讥议。有意思的是，这两种评价有一个交叉点，就是陆游为韩侂胄作《南园记》之事。清四库馆臣为杨万里《诚斋集》所撰提要中的议论最具有代表性："南宋诗集传于今者，惟万里及陆游最富。游晚年隳节，为韩侂胄作《南园记》，得除从官。万里寄诗规之，有'不应李杜翻鲸海，更羡夔龙集凤池'句。罗大经《鹤林玉露》尝记其事。以诗品论，万里不及游之锻炼工细。以人品论，则万里侗乎远矣！"（《四库全书总目》卷一六〇）言之凿凿，实为捕风捉影之谈，于北山先生的《陆游年谱》、邱鸣皋先生的《陆游评传》对此均有翔实的考辨。为免词费，我们综合二家之论作一简单的说明。

首先，陆游的《南园记》以及同样是为韩侂胄所撰的《阅古泉记》原文具在，正如于北山先生《陆游年谱》所云："无非描叙山林泉石之奇，宴饮游观之盛，并未溢出一般游记之范围；且期之以'许闲''归耕'，微讽私悰，更昭昭在人心目，亦何'隳节'之可言！"其次，韩侂胄其人，虽有独擅朝政及排斥异己等劣迹，但并非十恶不赦之窃国巨奸，当其主持准备"开禧北伐"之时，辛弃疾等爱国将领都甚感兴奋，一向力主抗金复国的陆游为何一定要拒之于千里之外！其三，所谓杨万里"寄诗规之"的《寄陆务观》一诗，作于1194年，下距陆游作《南园记》之1200年或1201年，尚有六七年之久，杨万里不应未卜先知。其四，常被后人用来对比并贬低陆游的杨万里坚拒为韩侂胄作《南园记》，以及杨万里闻知韩氏北伐之消息忧愤而卒等事，虽见于《宋史》及《续资治通鉴》，其实皆本于杨万里之子杨长孺于韩侂胄身败名裂后上献朝廷之"私家记载"，并非实录，不能用作贬低陆游的史料。

事实上陆、杨二人虽然晚年出处态度有异，但人品俱无可议之处，于北山先生的《陆游年谱》与《杨万里年谱》记二人事迹甚详，班班可考。1195年，韩侂胄始专朝政。1206年，韩侂胄发动北伐失利，次年被杀。在这十年之间，陆游于1202年被召为实录院同修撰兼同修国史，次年修孝宗、光宗两朝实录毕，即请求致仕返回山阴，此后至死未曾入朝。1204年，陆游获封山阴县开国子、食邑五百户（虚封）。1207年，又获封渭南伯、食邑八百户。杨万里则于1192年就已辞职归隐，其直接原因是得罪了丞相留正与吏部尚书赵汝愚（二人皆为韩侂胄之政敌），当时韩侂胄尚未专权。及至韩氏专权之后，杨万里虽一再请求致仕，却直至1199年方得获准，其间且于1198年进封吉水县开国子、食邑五百户，于1204年晋封庐陵郡侯、食邑一千户，至1206年即杨万里去世当年，尚获封宝谟阁学士，赐衣带鞍马。相比而言，杨万里在韩侂胄专权时期从朝廷得到的待遇并不低于陆游，我们固然不能因此而指责杨万里，但又怎能称赞杨万里如何痛恨韩侂胄并从而讥刺陆游之人品？

上述两点本与本讲的主旨无关，但是人们在评价陆、杨二人之异同时往往会受其影响，以至于出奴入主，难得公允，故需略作说明。读者如想详细了解二人晚年的政治态度，可以参看于北山先生的《陆游年谱》与《杨万里年谱》，二书都是材料翔实、考订精确，对陆、杨的态度也十分公允，值得细读。

二、陆、杨诗学观念的异同

从表面上看，陆游与杨万里的诗学思想都是立足于儒家诗论，其实却有相当显著的歧异。杨万里身为著名理学家，曾遍论六经，其中有《诗论》一篇曰：

> 天下皆善乎？天下不能皆善，则不善亦可导乎圣人之徐，于是变而为迫。非乐于迫也，欲不变而不得也。迫之者，矫之也，是故有《诗》焉。《诗》也者，矫天下之具也。

又曰：

> 盖天下之至情，矫生于愧，愧生于众，愧非议则安，议非众则私。安则不愧其愧，私则反议其议。圣人不使天下不愧其愧，反议其议也。于是举众以议之，举议以愧之，则天下之不善者，不得不愧。愧斯矫，矫斯复，复斯善矣。此《诗》之教也。

又曰：

> 诗人之言，至发其君宫闱不修之隐慝，而亦不舍匹夫匹妇"复关""溱洧"之过。歌咏文武之遗风余泽，而叹息东周列国之乱。哀穷屈而憎贪逸，深陈而悉数，作非一人，词非一口，则议之者寡耶？夫人之为不善，非不自知也，而自赦也。自赦而后自肆，自赦而天下不赦也，则其肆必收。圣人引天下之众，以议天下之善不善，此《诗》之所以作也。故《诗》也者，收天下之肆者也。

这是对儒家诗论中关于"美刺"也即诗歌社会教化功能之观念的沿袭与强化，不过汉儒论及"美刺"时是以"美"为主、以"刺"为辅，杨万里则变而以"刺"为主。

今人顾易生、蒋凡、刘明今等在《中国文学批评通史（宋金元卷）》（以下简称《批评通史》）中以为"杨万里则大力提倡'下以风刺上'的批评，企图借助诗歌文学的特殊功能，形成一种自下而上的群众性批评"，此话当然不错，但我们也应注意到以下两点：一是儒家诗学原有更加丰富的内涵，在"美刺"之外，儒家也重视诗歌的抒情述志、疏导情绪等作用。杨万里主张的"下以风刺上"仅相当于孔子所云"兴、观、群、怨"中的一个"怨"字,也就是仅在儒家诗学中择取一端以立论,未免偏颇。二是杨万里所倡导的"举众以议之,举议以愧之",只是上古时代《国风》《小雅》之类"集体创作"的诗歌才可能具备的社会功能。作为理学家的杨万里在以《诗经》为论说对象的《诗论》中这样说,当然并无不妥。但在诗歌创作早已成为个性化行为的南宋诗坛,杨万里的此种议论可谓食古不化,无的放矢。

顾易生等人的《批评通史》中还认为"杨万里的诗歌创作,的确努力实践上述的理论纲领",这种观点缺乏事实支撑。杨万里诗中对于南宋强敌压境、朝廷屈辱求和的社会现实是有所反映的,例如《初入淮河四绝句》之哀痛国土沦丧、恢复无望;《过扬子江二首》之讥刺苟安求和、有失国体;《宿牧牛亭秦太师坟庵》之批判秦桧之弄权误国,均为南宋爱国主义诗歌中的佳作。但是在现存作品总数达到4200多首的杨万里诗中,此类例子实属凤毛麟角。以至于凡是想在诗歌思想内容方面赞扬杨万里的论者,所能举出的例证总是包括上引诸诗在内的一二十首作品。至于南宋的其他社会弊病,特别是君臣之昏庸、朝政之阙失等朝政黑暗面,杨万里诗中基本没有涉及。

所以张瑞君《杨万里评传》的第二章中专设"寓意深刻的政治诗"一节,虽举出八首作品作为例证,却难惬人意。比如该书引《九月十五夜月细看桂枝北茂南缺未经古人拈出纪以二绝句》之二:"青天如水月如空,月色天容一皎中。若遣桂华生塞了,姮娥无殿兔无宫。"且解曰:"第二首以姮娥、玉兔隐喻南宋统治者,微语讽刺,言南宋有被金人消灭的危险。诗人忧心忡忡,担心国运但出语曲折,耐人寻味。"这样的解说似属过度阐释。该书所以会如此,根本原因是杨万里诗中实在缺乏合适的例证。

从1192年归隐到1206年逝世,杨万里的十五年晚年生活基本上都在韩侂胄专政时期。其子杨长孺等人《请谥状》云:"先臣万里,历事四朝,遭逢若此,每思报国,念念不忘。自奸臣韩侂胄窃弄陛下威福之柄,专恣狂悖,有无君之心。先臣万里,常愤怒不平。既而侂胄平章军国事,先臣万里,惊叹忧惧,以至得疾。"但我们细检杨集,此十五年之诗作结集为《退休集》,共存诗720首。诚如于北山《杨万里年谱》所言,"诚斋晚年诗作,多见饮酒赏花,怡情适性,孤芳自赏,引退炫高,及于朝政时事者绝少。"试举杨万里的绝笔诗《端午病中止酒》为例:

> 病里无聊费扫除,节中不饮更愁予。偶然一读《香山集》,不但无愁病亦无。

是诗作于1206年五月初五。据杨长孺等《请谥状》所言,两天之后,杨士元"五月七日来访先臣万里。方坐未定,遽言及《邸报》中所报侂胄用兵事。先臣万里,失声恸哭,谓奸臣妄作,一至于此,流涕长太息者久之。"假如杨长孺所言属实,则此时杨万里对韩侂胄兴兵北伐之事深恶痛绝。今检《宋史》,韩侂胄定议伐金事在1204年正月。至1205年四月,武学生华岳上书谏止用兵且乞斩侂胄。同年五月,金主闻知宋朝将用兵且为之备。1206年四、五月间,宋军收复新息、虹县等地,五月七日下诏伐金。所谓"《邸报》中所报侂胄用兵事",当指下诏伐金而言。但对于用兵之议,杨万里应是早已知晓。今观其《端午病中止酒》诗,心态平静,全无"愤怒不平"之痕迹。《退休集》中的其他诗作,也大体如此。

对此,我们只能有两种合理的推测:一是杨长孺所言之"愤怒不平""惊叹忧惧"出于虚构或夸大,二是杨万里根本不想用诗歌写作来实行"下以风刺上"。无论如何,杨万里关于"下以风刺上"的诗学主张并未付诸实践,它的意义仅仅存在于理学家的理论言说之中。

陆游的情况有所不同。我们在第一讲中说过,陆游虽然也被后人列入《宋元学案》,但事实上陆游与这些学案的关系相当松懈,他在当时并不以理学家著称。不但如此,陆游对南宋理学家空谈性理的学风深为不满,他在《唐虞》一诗中讥讽那些自诩独得千年不传之秘而实际上偏离儒学传统的理学家说:"大道岂容私学裂,专门常怪世儒非。"陆游没有写过像杨万里《诗论》那样的理学专论,但他服膺、崇尚儒家诗论,从孔子的"兴、观、群、怨"之论,到汉儒的《诗大序》,陆游都是心领神会,念兹在兹。

所以陆游对儒家诗学的把握是从整体上着眼的,他在《澹斋居士诗序》中说:

> 盖人之情,悲愤积于中而无言,始发为诗。不然,无诗矣。苏武、李陵、陶潜、谢灵运、杜甫、李白,激于不能自已,故其诗为百代法。国朝林逋、魏野以布衣死;梅尧臣、石延年弃不用;苏舜钦、黄庭坚以废绌死。近时江西名家者,例以党籍禁锢,乃有才名。盖诗之兴本如是。

他又在《曾裘父诗集序》中说:

> 古之说诗曰言志。夫得志而形于言,如皋陶、周公、召公、吉甫,固所谓志也。若遭变遇谗,流离困悴,自道其不得志,是亦志也。然感激悲伤,忧时闵己,托情寓物,使人读之至于太息

流涕，固难矣。至于安时处顺，超然事外，不矜不挫，不诬不怼，发为文辞，冲澹简远，读之者遗声利，冥得丧，如见东郭顺子，悠然意消，岂不又难哉？

这些言论强调诗歌最重要的本质是抒泄内心郁积的悲愤之情，并指出诗歌最重要的功能是用强烈的情感内蕴感动读者，使读者或叹息流涕，或悠然意消，即获得心灵的默契或震撼。

在此基础上，陆游对儒家关于诗歌功能的思想也从整体着眼，他为友人诗集作跋云：

> 吾友吴梦予，橐其歌诗数百篇于天下名卿贤大夫之主斯文盟者，翕然叹誉之。末以示余。余愀然曰："子之文，其工可悲，其不幸可吊。年益老，身益穷，后世将曰：'是穷人之工于歌诗者。'计吾吴君之情，亦岂乐受此名哉？余请广其志曰：穷当益坚，老当益壮，丈夫盖棺事始定。君子之学，尧舜其君民，余之所望于朋友也。娱悲舒忧，为风为骚而已。岂余之所望于朋友哉！"（《跋吴梦予诗编》）

"尧舜其君民"一语，意义重大。它一方面是对孔子论诗歌功能时所云"远之事君"（《论语·阳货》）之言的深刻领悟，另一方面是对杜甫"致君尧舜上"（《奉赠韦左丞丈二十二韵》）之人生理想的拓展延伸。在南宋小朝廷苟安一隅，朝野士气萎靡不振的时代背景中，陆游此论具有深刻的现实意义。

从表面上看，陆游没有像杨万里那样强调"下以风刺上"，但事实上陆游对儒家诗学思想的整体性领会中已经包含此种精神，所以他在诗歌创作中对社会现实的反映和对朝政国策的批评都远胜杨万里。为了便于比较，我们仅以陆游在"开禧北伐"前后的诗作为例。

1205年，南宋朝廷紧锣密鼓地准备北伐，年过八旬的陆游作《出塞四首借用秦少游韵》，其一云："北伐下辽碣，西征取伊凉。壮士凯歌归，岂复赋《国殇》。连颈俘女真，贷死遣牧羊。犬豕何足雠，汝自承余殃。"又作《残年》云："遗戍虽传说，何时复两京？"又作《秋夜思南郑军中》云："盛事何由观北伐，后人谁可继西平？"又作《记梦》云："宁知老作功名梦，十万全装入晋阳？"又作《客从城中来》云："客从城中来，相视惨不悦。引杯抚长剑，慨叹胡未灭。我亦为悲愤，共论到明发。向来酣斗时，人情愿少歇。及今数十载，复谓须岁月。诸将尔何心，安坐望旄节？"

及1206年北伐取得小胜，陆游作《观邸报感怀》，慨叹自己无缘亲预此役："却看长剑空三叹，上蔡临淮奏捷频。"又作《赛神》欢呼胜利："日闻淮颍归王化，要使新民识太平。"又作《老马行》表达报国之志："中原蝗旱胡运衰，王师北伐方传诏。一闻战鼓意气生，犹能为国平燕赵。"又作《闻西师复华州》希望迁居收复的关中地区："西师驿上破番书，鄠杜真成可卜居。"又作《记梦》记录梦中参加北伐之事："征行忽入夜来梦，意气尚如年少时。"

应该指出的是，陆游支持北伐是他一贯的政治主张，并非专为响应韩侂胄的决策。所以当1207年宋军北伐不利，吴曦叛宋被平，和议复兴，并导致韩侂胄被杀后，陆游仍作《书感》表示对韩侂胄定策北伐的支持："一是端能服万人，施行自足扫胡尘。"又作《雨》表示对和议的担忧："淮浦戎初遁，兴州盗甫平。为邦要持重，恐复议消兵。"又作《书文稿后》哀叹韩侂胄的悲惨下场："上蔡牵黄犬，丹徒作布衣。苦言谁解听，临祸始知非。"钱仲联先生注引陆文《南园记》

中"公之志岂在于登临游观之美哉？始曰'许闲'，终曰'归耕'，是公之志也"，并谓"此游诗之所谓'苦言'也"，甚确。

上引陆诗是否像今人钱锺书所谓"好谈匡救之略"的"官腔"（《谈艺录》三七）呢？不是的。试看作于1207年之秋的《观诸将除书》：

> 百炼刚非绕指柔，貂蝉要是出兜鍪。得官若使皆齐虏，对泣何疑效楚囚。

"齐虏"乃用汉初齐人刘敬之典，因谏止刘邦阻击匈奴，刘邦骂曰："齐虏以口舌得官，今乃妄言沮吾军！"（《史记》卷九九）邱鸣皋先生《陆游评传》中说："陆游此诗语重意切，振聋发聩，一针见血地指出了朝廷任命将领的弊端，特别是预言之这次北伐无疑将是一个失败的结局。"并举出多个实例，然后说："这些事实，皆可证明陆游《观诸将除书》中的指斥是正确的，有先见之明。这些将领们不是百炼钢，而是韩侂胄的'绕指柔'，他们头上的'貂蝉'（高级官员的冠饰）不是用兜鍪（作战时戴的头盔）换取的，而是靠吹牛拍马，即如汉高帝所说的'以口舌得官'。"这个分析非常准确。可见陆游对"开禧北伐"既感兴奋，又有忧虑，对于一位久居乡村、年至耄耋的诗人来说，这真是难能可贵。

上述论证说明，陆游始终用诗歌作为指责时弊、批评政治的工具，这是对儒家诗论"下以风刺上"之精神的真正继承。

三、陆、杨创作论的异同

杨万里论诗歌创作,格外重视外部环境的触发作用,他说:

> 我初无意于作是诗,而是物、是事适然触乎我,我之意亦适然感乎是物、是事,触先焉,感随焉,而是诗出焉。我何与哉?天也。斯之谓兴。(《答建康府大军库监门徐达书》)

顾易生等《批评通史》中分析说:"所谓'物',不仅指自然界的山水草木、禽兽鱼虫,更重要的是指人类社会生活的人和事。而且,即使是自然景物,在诗中也实际是人化的自然——同样是人类现实生活的有机组成部分。客观之'物',即现实生活矛盾斗争的刺激,是引发诗人创作激情爆发的第一推动力。"表面上归纳得十分周全,但是"所谓'物'"云云,实为以偏概全,因为杨万里明明说"是物、是事","是物"即指论者所谓"自然界的山水草木、禽兽鱼虫","是事"才是指"人类社会生活的人和事",丁是丁卯是卯,不可混为一谈。

作为一个重视"下以风刺上"的理学家,杨万里当然不会完全忽视诗歌与现实社会的关系,他相当重视人生遭遇尤其是苦难人生对诗歌的激发作用,他曾高度评价远谪南荒对胡铨诗歌的重大影响:

> 其为诗,盖自觚斥时宰,谪置岭海,愁狖酸骨,饥蛟血牙,风呻雨喟,涛谲波诡,有非人间世之所堪耐者,宜芥于心而反昌其诗,视李杜夜郎、夔子之音,益加恢奇云。(《澹庵先生文集序》)

他甚至认为李白长流夜郎、苏轼贬谪惠州的人生经历是天公诱发其诗歌灵感的有意安排：

> 诗人自古例迁谪，苏李夜郎并惠州。人言造物困嘲弄，故遣各捉一处囚。不知天公爱佳句，曲与诗人为地头。诗人眼底高四海，万象不足供秋愁。帝将湖海赐汤沐，菫菫可以当冥搜。却令玉堂挥翰手，为提椽笔判罗浮。（《正月十二日游东坡白鹤峰故居其北思无邪斋真迹犹存》）

上引二例或可视为杨万里对于"是事"的具体阐释，但是毋庸讳言，此种言论在杨万里的诗论中仅是偶一见之。

杨万里更加重视、反复论说的诗歌源泉则是"是物"，也即由山水景物与草木虫鱼构成的大自然。杨万里在《下横山滩头望金华山》中云："山思江情不负伊，雨姿晴态总成奇。闭门觅句非诗法，只是征行自有诗。"在《寒食雨中同舍约游天竺得十六绝句呈陆务观》中云："城里哦诗枉断髭，山中物物是诗题。欲将数句了天竺，天竺前头更有诗。"在《送文黼叔主簿之官松溪》中云："此行诗句何须觅，满路春光总是题。"在《丰山小憩》中云："江山岂无意，邀我觅新诗。"在《答章汉直》中云："雨剩风残忽春暮，花催草唤又诗成。"在《秋蝇》中云："秋蝇知我政哦诗，得得缘眉复入髭。"在《戏笔》中云："哦诗只道更无题，物物秋来总是诗。"等等，不胜枚举。

陆游论诗，同样重视外部环境对诗歌的触发作用，他在《周益公文集序》中说：

> 天之降才固已不同，而文人之才尤异……若夫将使之阐道德

之原,发天地之秘,放而及于鸟兽虫鱼草木之情,则畀之才亦必雄浑卓荦,穷幽极微,又畀以远游穷处,排摈斥疏,使之磨砻龃龉,濒于寒饿,以大发其藏。故其所赋之才,与所居之地,亦若造物有意于其间者。虽不用于时,而自足以传后世。

这与杨万里兼重"是物、虽事"的观点如出一辙。

同样地,陆游也非常重视"是物"即山川风物对诗歌的激发作用,他在《望江道中》中云:"晚来又入淮南路,红树青山合有诗。"又在《初冬》中云:"病衰自怪诗情尽,造物撩人乃尔奇!"又在《遣兴》中云:"江山好处得新句,风月佳时逢故人。"又在《舟中作》中云:"村村皆画本,处处有诗材。"又在《题庐陵萧彦毓诗秀才卷后》中云:"君诗妙处吾能识,正在山程水驿中。"又在《夜读巩仲至闽中诗有怀其人》中云:"诗思寻常有,偏于客路新。能追无尽景,始见不凡人。"又在《予使江西时以诗投政府丐湖湘一麾会召还不果偶读旧稿有感》中云:"挥毫当得江山助,不到潇湘岂有诗!"

然而,陆游更加重视的却是社会环境,是诗人的人生遭际对诗歌的激发感兴,我们在本讲第二节中已有所论证。更明显的例证如他在《感兴》中云:

文章天所秘,赋予均功名。吾尝考在昔,颇见造物情。离堆太史公,青莲老先生。悲鸣伏枥骥,蹭蹬失水鲸。饱以五车读,劳以万里行。险艰外备尝,愤郁中不平。山川与风俗,杂错而交并。邦家志忠孝,人鬼参幽明。感慨发奇节,涵养出正声。故其所述作,浩浩河流倾。

诗中虽然说到"山川"和"万里行",但重点显然不在山川风景而在险艰备尝的人生经历。他又在《游锦屏山谒少陵祠堂》中云:

> 古来磨灭知几人,此老至今元不死。山川寂寞客子迷,草木摇落壮士悲。文章垂世自一事,忠义凛凛令人思。夜归沙头雨如注,北风吹船横半渡。亦知此老愤未平,万窍争号泄悲怒。

诗中虽然说到"山川"和"草木",但重点显然是在于杜甫对国步艰难和个人不幸的强烈愤慨。

正因如此,当陆、杨二人说到自然景物对诗歌的感兴作用时,往往有扬此抑彼之异。杨万里在《晚寒题水仙花并湖山》中云:"老夫不是寻诗句,诗句自来寻老夫。"又在《晓行东园》中云:"好诗排闼来寻我,一字何曾撚白须!"强调的是外物对诗人的引导作用。陆游则在《秋思》中云:"诗情也似并刀快,剪得秋光入卷来。"又在《过灵石三峰》中云:"拔地青苍五千仞,劳渠蟠屈小诗中。"强调的是诗人对外物的掌控运用。

陆、杨二人的创作实践也显示出同样的歧异。杨万里作诗时不但师法自然,而且常将自然写成具有生命、充满灵性的主人翁,例如《彦通叔祖约游云水寺》:"风亦恐吾愁寺远,殷勤隔雨送钟声。"《晚望二首》之云:"万松不掩一枫丹,烟怕山狂约住山。"《玉山道中》:"青山自负无尘色,尽日殷勤照碧溪。"《同岳大用抚干雪后游西湖早饭显明寺步至四圣观访林和靖故居观鹤听琴得四绝句时去除夕二日》之一:"湖暖开冰已借春,山晴留雪要娱人。"《晚望》:"夕阳不管西山暗,只照东山八九棱。"《岭云》:"天女似怜山骨瘦,为缝雾縠作春衫。"

陆游虽也喜爱山水，但他吟咏山水时始终以主人翁的姿态来观照客观景物，例如《杂赋》之五："骑驴太华三峰雪，鼓棹钱塘八月涛。"《秋思》之二："山晴更觉云含态，风定闲看水弄姿。"《阆中作》之二："莺花旧识非生客，山水曾游是故人。"《闲适》："早曾寄傲风烟表，晚尚钟情水石间。"

同样是写行舟看景，杨万里的《夜宿东渚放歌三首》之三云："天公要饱诗人眼，生愁秋山太枯淡。旋裁蜀锦展吴霞，低低抹在秋山半。须臾红锦作翠纱，机头织出暮归鸦。暮鸦翠纱忽不见，只见澄江净如练。"陆游的《初发夷陵》却云："雷动江边鼓吹雄，百滩过尽失途穷。山平水远苍茫外，地辟天开指顾中。俊鹘横飞遥掠岸，大鱼腾出欲凌空。今朝喜处君知否，三丈黄旗舞便风。"前者是以自然为主体，诗人为客体，是自然主动在诗人眼前展示各种美景。后者则相反，诗人对着江山指挥如意，自然仅是诗人抒发主观情志的背景。

同样是写大风，杨万里的《檄风伯》本是诗人讨伐自然的戏作，但诗中的大自然却是威武勇猛，尽占主动的优势："峭壁呀呀虎擘口，恶滩汹汹雷出吼。溯流更着打头风，如撑铁船上牛斗。风伯劝尔一杯酒，何须恶剧惊诗叟。端能为我霁威否？岸柳掉头荻摇手。"陆游的《大风登城》虽亦渲染了狂风之猛烈，但只是用来衬托诗人登城远眺、志在复国的强烈情志："风从北来不可当，街中横吹人马僵。西家女儿午未妆，帐底炉红愁下床……我独登城望大荒，勇欲为国平河湟。才疏志大不自量，西家东家笑我狂。"

同样是纪行诗，杨万里的《惠山云开复合》云："二年常州不识山，惠山一见开心颜。只嫌雨里不子细，仿佛隔帘青玉鬟。天风忽吹白云坼，翡翠屏开倚南极。政缘一雨染山色，未必雨前如此碧。看山未了云复还，云与诗人偏作难。我船自向苏州去，白云稳向山头住。"

常州、无锡皆是通都大邑,皆有无数名胜古迹,但诗人的目光只对着青山白云。陆游的《山南行》则云:"我行山南已三日,如绳大路东西出。平川沃野望不尽,麦陇青青桑郁郁。地近函秦气俗豪,秋千蹴鞠分朋曹。苜蓿连云马蹄健,杨柳夹道车声高。古来历历兴亡处,举目山川尚如故。将军坛上冷云低,丞相祠前春日暮。国家四纪失中原,师出江淮未易吞。会看金鼓从天下,却用关中作本根。"诗中虽也写到平川沃野、麦陇桑畴等自然景物,但全诗的重点显然是风土人情与历史遗迹,从而充满着人文色彩,洋溢着强烈的主观情志。

在以抒情述志为主要性质的诗歌传统中,杨万里的创作倾向显然是一种创新,从而使其诗呈现新鲜独特的风貌。陆游的创作倾向则体现出对传统诗学精神的自觉体认和遵循,从而不如杨诗之震眩耳目。但就诗歌史意义而言,二家虽有异同,却并无高下之分。就像一条滚滚东流的江河,歧分九派的支流与奔腾直下的干流都是其组成部分,观水者固应顾及全貌,但无需强作轩轾。

四、陆、杨的诗风转变过程

陆、杨二人俱享高年,且至死作诗不辍,他们的创作道路都很漫长。更有意思的是,二人的创作过程中都发生过明显的诗风转变,而且本人对此都有清晰的体认。无论从他们对诗风转变过程的自述还是其作品所呈现的实际变化来看,陆、杨的诗风转变都是我们观察其诗学歧异的重要角度。

陆游一生中重要的诗风转变只有一次,即诗人四十八岁从戎南郑时,详见本书第八讲。陆游悟得"诗家三昧"之后的数年间,诗风转变在其创作实践中留下了清晰的痕迹,他的诗作中确实出现了雄浑奔放的风格倾向，主要体现于一系列的七言古诗，例如四十八岁作《游锦屏山谒少陵祠堂》；四十九岁作《三月十七日夜醉中作》《九月十六日夜梦驻军河外遣使招降诸城觉而有作》《金错刀行》《胡无人》；五十岁作《长歌行》（人生不作安期生）、《涉白马渡慨然有怀》《离堆伏龙祠观孙太古画英惠王像》；五十一岁作《谒诸葛丞相庙》《楼上醉歌》；五十二岁作《中夜闻大雷雨》《题醉中所作草书卷后》《夏夜大醉醒后作》；五十三岁作《关山月》《出塞曲》（佩刀一刺山为开）、《战城南》《楼上醉书》；五十四岁作《眉州披风榭拜东坡先生遗像》《醉中下瞿塘峡中流观石壁飞泉》《冬夜闻雁有感》；五十五岁作《出塞曲》（千骑为一队）、《雨夜不寐观壁间所张魏郑公砥柱铭》《弋阳道中遇大雪》；五十六岁作《拟岘台观雪》《醉中怀江湖旧游偶作短歌》《五月十一日夜且半梦从大驾亲征尽复汉唐故地见城邑人物繁丽云西凉府也喜甚马上作长句未终篇而觉乃足成之》……正是这些雄浑壮丽、豪宕奔放的七古奠定了陆游诗歌的主导风格。这样的七古在陆游早期作品中没有出现过，却如此集中地涌现在他"诗家三昧忽见前"之后的数年间，这有力地证明其言不虚。

杨万里平生诗风多变，宋末的方回甚至说"杨诚斋诗一官一集，每一集必一变"（《瀛奎律髓汇评》卷一）。据杨万里多种诗集的自序中所云，其诗风转变多达四次，第一次变化发生在1162年，此时杨万里年三十六岁。杨万里在《诚斋江湖集序》中说：

予少作有诗千余篇，至绍兴壬午七月皆焚之，大概江西体也……予尝举似旧诗数联于友人尤延之，如"露窠蛛恤纬，风语燕怀春"，如"立岸风大壮，还舟灯小明"，如"疏星煜煜沙贯日，绿云扰扰水舞苔"，如"坐忘日月三杯酒，卧护江湖一钓船"。延之慨然曰:"焚之可惜。"予亦无甚悔也。

这几联是杨万里举示尤袤的,当是他所焚去的"千余篇"中较为得意的句子。但今天看来,它们都是刻意模仿黄庭坚、陈师道而尚未臻于高境的作品,把这些不成熟的少作焚去实为明智之举,但杨万里在此后的写作中仍然在模仿前人,不过改变了模仿对象而已。而且事实上他对"江西体"的模仿也并未从此绝迹,所以此次变化对"诚斋体"的形成没有起到关键的作用。

第二次变化发生在1170年,此时杨万里年四十四岁。此年前后所作诗皆收于《江湖集》中,据杨万里《诚斋江湖集序》中自称,此集所收诗皆是"学后山及半山及唐人者",其顺序则是"既又学后山五字律,既又学半山老人七字绝句,晚乃学绝句于唐人"(《诚斋荆溪集序》)。由于《江湖集》的时间跨度长达11年,所以上述变化过程应是一个渐变的过程。从现存作品来看,也很难看清1170年究竟是哪一步变化的关键。况且作于1170年以后数年间的诗数量甚少,可见其创作并未出现高潮。

第四次变化发生在1190年,此时杨万里年六十四岁,诗风变化的代表作是《渡扬子江》二首,据杨万里《诚斋朝天续集序》云,范成大、尤袤二人读二诗后"皆以为余诗又变,余亦不自知也"。二诗原文如下:

只有清霜冻太空,更无半点荻花风。天开云雾东南碧,日射波涛上下红。千载英雄鸿去外,六朝形胜雪晴中。携瓶自汲江心水,要试煎茶第一功!

> 天将天堑护吴天,不数殽函百二关。万里银河泻琼海,一双玉塔表金山。旌旗隔岸淮南近,鼓角吹霜塞北闲。多谢江神风色好,沧波千顷片时间。

今人周汝昌在《杨万里选集》引言中评二诗云:"以表面壮阔超旷之笔而暗寓其忧国虑敌之夙怀,婉而多讽,微而愈显,感慨实深。"二诗以及作于同时的《初入淮河四绝句》《嘲淮风进退格》《雪霁晓登金山》等是最能体现杨诗中的时代脉搏的爱国主义杰作。所以杨诗的此次变化体现为在题材取向上由刻画自然景物转向反映国势时事,在风格上也由活泼轻快转向雄阔沉郁。由于杨诗的主要特征是前者而不是后者,所以此次变化实际上偏离了杨诗的主导风格,是特殊的生活经历引发的诗风突变,因此杨万里自称"余亦不自知也",意即他对此次诗风转变并未怀有充分的自觉。

只有发生于1178年的第三次诗风转变才对杨万里诗歌艺术真正起到提升作用,对此,杨万里曾郑重道出:

> 戊戌三朝,时节赐告,少公事。是日即作诗,忽若有寤,于是辞谢唐人及王、陈、江西诸君子,皆不敢学,而后欣如也。试令儿辈操笔,予口占数首,则浏浏焉,无复前日之轧轧矣。自此每过午,吏散庭空,即携一便面,步后园,登古城,采撷杞菊,攀翻花竹。万象毕来,献予诗材。盖麾之不去,前者未雠,而后者已迫,涣然未觉作诗之难也。(《诚斋荆溪集序》)

此序作于1187年,所述之事则发生于九年之前即1178年(戊戌),当时杨万里五十二岁,正任常州知州。从杨万里的自述来看,他的诗风

陆游行书诗卷《游近村》

猪頭山

白鹽

白鹽山

瞿唐峽

黃泝

三峽之迎三峽者巫
拱水盪貝昏廣澧灘
山興山葉十也七歌云
蓋三峽之迎三峽者巫
巴東三峽巫峽長

白帝城

灧澦

夔府至歸州
三百二十五里

夔子

高齋

獅子石

赤甲

臥龍山

奉節縣

永安故宮

转变过程与陆游非常相似，也是由生活中某种经历的触发，从而在瞬间发生了宛如电光石火的思维突变，并促使其诗歌创作实现了大幅度的飞跃。

但是仔细考察杨万里的经历，似乎没有出现像陆游从军南郑那样的突变因素。杨万里四十八岁出知漳州，四十九岁改知常州，均居家待阙，五十一岁那年的五月到常州任，次年年初即"戊戌三朝"就发生了"忽若有寤"的诗风转变。在"戊戌三朝"的前后，杨万里的生活经历并无明显的变化，使他"忽若有寤"的契机不过是"时节赐告，少公事"。在他"忽若有寤"之后的创作背景不过是"步后园，登古城，采撷杞菊，攀翻花竹"，这与其从前的生活内容并无多大改变。促发杨万里诗风转变的触媒究竟是什么？杨万里本人的叙述语意朦胧，缺乏清晰的逻辑关系，令人难以捉摸。

我们从杨万里的作品来看。他在"戊戌三朝"之后的创作有两点新气象：一是更加注重从自然中汲取灵感，对自然的直接感知力也有所提升；二是诗风更加生动活泼，且多谐趣。这二者的主要载体便是七言绝句，所以杨万里在"戊戌三朝"以后的作品中七言绝句的比重有明显的增加。杨万里此前十一年的诗作集为《江湖集》，共收诗735首，其中七绝311首，所占比重为42%。在此后五年间的作品结集为《荆溪集》《西归集》《南海集》，共收作品1087首，其中七绝714首，所占比重为65%，提升幅度较大。当然事实上杨万里诗风的变化是逐渐发生的，许多体现着上述风格倾向的七绝代表作都作于"戊戌三朝"也即杨万里五十二岁之前，例如《过百家渡四绝句》作于三十七岁，《闲居初夏午睡起二绝句》作于四十岁，《都下无忧馆小楼春尽旅怀二首》作于四十一岁，《夏夜追凉》作于四十二岁，《小池》作于五十岁等等。这说明杨万里诗风的转变实为一个渐变过程，从五十一岁到五十六岁的五六年间则是这个过程中比较关键的环节。

杨万里后来把发生于五十二岁"戊戌三朝"偶得灵感的情况说成一次颇带神秘色彩的诗风突变，这个颇为夸张的说法非常引人注目，后代论者言说杨万里的诗风转变，大多源于杨万里的自述。例如南宋后期王应麟说："诚斋始学江西，既而学五字律于后山，学七字绝句于半山，最后学绝句于唐人。"（《困学纪闻》卷十八）这几句话照抄杨万里本人的《诚斋荆溪集序》，仅稍变语气而已。再如清人黄宗羲说："昔诚斋自序，始学江西，既学后山五字律，既又学半山老人，晚乃学唐人绝句。后官荆溪，忽若有悟，遂谢去前学，而后涣然自得。"（《安邑马义云诗序》）更是明言转述杨万里自序所云。其实正如钱锺书先生所云，杨万里"把自己的创作讲得层次过于整齐划一，跟实际有点儿参差不合"（《宋诗选注》）。

所以我们可以确定杨万里诗风的转变其实是一种缓慢进行的渐变，而不是像他本人所夸张的"忽若有寤"式的突变，"戊戌三朝"只是这个转变过程中较为关键的一个环节。那么，杨诗在"戊戌三朝"前后究竟发生了什么变化呢？这与他的独特诗风也即"诚斋体"的形成又有什么关系呢？

首先，正如上文所述，杨万里此后的诗歌创作中七言绝句的比重有较大的提升。众所周知，在五七言诗的各种体裁中，七言绝句是最易写得活泼生动的一类。它既不像律诗那样会因对仗而造成严谨乃至板滞，也不会像古风那样需留意章法之安排。甚至与五言绝句相比，七绝也因便于安置语气虚词等因素而更显灵动多姿。杨万里模仿前人的最后两个阶段是"既又学半山老人七字绝句，晚乃学绝句于唐人"，当与七绝的诗体特征不无关系。杨在"戊戌三朝"那天的"口占数首"没有留存下来，但《荆溪集》中题作《戊戌正月二日雪作》的二首以及其后的几首诗都是七绝，而且《荆溪集》卷一的100首诗中，七绝竟多达85首，即可证明七绝确是杨万里创造"诚斋体"时最钟情的诗体，所以从七绝来探索"诚斋体"的形成，比较合宜。

其次，杨诗从自然景物中汲取灵感的倾向得到加强。此前的杨万里早已重视以自然景物为诗材，但他提笔作诗时非常注重细参前人的诗歌艺术，心中时时涌出许多前人的好语妙句。比如当他描写春雨时，首先想到的是杜诗中的名句："未爱少陵红湿句，可人却是道知时。"（《又和春雨》）当他咏梅时，首先注意的是前人咏梅名篇的原韵，写出了《次秦少游梅韵》《次东坡先生蜡梅韵》。自然景物并未直接与诗人的心灵发生碰撞，而是首先经过前人诗歌的中介才产生灵感。这样，前人的成作就给他的写作设置了重重叠叠的障碍，他常常为如何借鉴前人并有所突破而苦恼。随着杨万里逐步摆脱前人的影响，他对自然的直接感知力持续增长，这种倾向合乎逻辑的归宿便是"万象毕来，献予诗材"。到了1178年，也就是"戊戌三朝"的次年，杨万里便信心百倍地宣称："笔下何知有前辈！"（《迓使客夜归》）并进而把自然景物"一时唤入《诚斋集》"（《晓经潘葑》）。到了1191年，姜夔赠诗给杨万里说："年年花月无闲日，处处山川怕见君。箭在的中非尔力，风行水上自成文。"（《送朝天续集归诚斋时在金陵》）对杨万里取材自然的诗风作了高度的肯定。以自然为诗歌题材的渊薮，以自然为诗歌灵感的源泉，便成为"诚斋体"的主要特征。以七言绝句为主要的载体，以自然为主要题材，两者并不是"诚斋体"的全部内涵，但毫无疑问是这种活泼诗风的重要特征。

如上所述，这两种倾向在杨万里的创作道路中都是逐渐形成的，在"戊戌三朝"前后的那个时期，即杨万里五十一岁至五十六岁的那五六年间，确是其独特诗风形成的关键时刻。对此，杨万里有充分的自觉，于是他日后总结自己的创作历程时便特别强调了"戊戌三朝"在其诗风转变中的里程碑意义。这种说法过于清晰，不无夸张，但在大体上却是可信的。

年代稍晚于陆、杨的刘克庄并论二人云："放翁学力也，似杜甫。诚斋天分也，似李白。"（《后村诗话》前集卷二）其实陆、杨皆是既富学力又擅天分，但诗风则各自成家。在题材走向上，陆游更关注社会而杨万里则更关注自然。在诗体选择上，陆游长于七言歌行而杨万里则长于七言绝句。在诗歌风格上，陆游既热情奔放又意境沉郁，风格兼有李白、杜甫之优点。杨万里则追求活泼自然的艺术境界，其诗风与李、杜的写景绝句比较接近，但自家面目更为鲜明。

陆、杨二人在南宋诗坛上并驾齐驱，且互相钦服。杨万里曾寄诗给陆游云："老夫不怯故将军，但怯与君笔阵千里相追奔。少陵浣花旧时屋，太白青山何处坟？"（《再和云龙歌留陆务观西湖小集且督战云》）字里行间颇有"天下英雄，使君与操"之豪情。所以把陆、杨二家之诗进行对读，是帮助我们理解陆游的绝佳途径。

第十讲　陆游与辛弃疾

陆游是南宋最伟大的诗人，辛弃疾是南宋最伟大的词人。陆游作词不多，虽亦卓然成家，但其词名远逊于诗名，且被后代文学史家归入辛派词人的群体。辛弃疾很少作诗，作词则多达六百余首，在南宋词坛上独领风骚。所以前人论述辛弃疾与陆游之异同，大多着眼于词。例如最早把辛、陆相提并论的刘克庄，发论皆着眼于词。刘克庄曾赞扬友人词作云："至于酒酣耳热、忧时愤世之作，又如阮籍、唐衢之哭也。近世惟辛、陆二公，有此气魄，君其慕蔺者欤！"（《翁应星乐府序》）又曾论二人词风云："近岁放翁、稼轩，一扫纤艳，不事斧凿，高则高矣，但时时掉书袋，要是一癖。"（《跋刘叔安感秋八词》）但是陆游一生倾其主要精力作诗，作词只是其诗之余事，如果仅从词作成就来论二人之异同，立论难免偏颇。

当代学者偶有跳出词学范畴论述辛陆异同者，例如崔际银的《陆游、辛弃疾爱国题材创作异同论》便以陆诗与辛词为比较对象，但此类论述相当罕见。然而崔文其实蕴含着一个有待开拓的广阔视野：陆游也好，辛弃疾也好，都是为抗金复国事业振臂高呼、终生不懈的爱国志士；陆诗也好，辛词也好，都是南宋爱国主义诗歌的重要组成部分。从更高的层面进行考察，陆、辛二人既是志同道合的民族英雄，也是并驾齐驱的文坛豪杰。

本讲拟以辛弃疾为参照，来对陆游及陆诗、陆词进行特殊角度的分析。

一、艰难时世与坎坷仕途

1125年，陆游出生，其时金兵压境，北宋王朝岌岌可危。十五年之后，即1140年，辛弃疾生于业已沦入金境的济南。1207年，即韩侂胄北伐失利的次年，辛弃疾逝世。三年以后即1210年，陆游逝世。陆游享年较永，其生活年代囊括了辛弃疾的一生。但就其主要的生平事迹而言，辛、陆可称同代之人，他们的整个人生都处在国家危亡的动荡时代。

辛、陆的家庭背景异中有同。其异者是陆游生于世代诗书簪缨之家，从高祖陆轸、曾祖陆珪，到祖父陆佃、父亲陆宰，皆为通经博学之士。陆游自称"七世相传一束书"（《园庐》），确非虚语。辛弃疾则生于将帅之家，据其亲撰的《济南辛氏宗图》记载，辛氏本居狄道（今甘肃临洮），至北宋真宗时方迁至济南。辛氏祖先中多出将帅，如汉代的辛武贤、辛庆忌，唐代的辛云京等（参看邓广铭《辛稼轩年谱》及巩本栋《辛弃疾评传》）。故辛弃疾自称"家本秦人真将种"（《新居上梁文》），在崇文抑武的宋代，人们对"将种"一词避之唯恐不及，辛弃疾却公然以此自称，实属罕见。如果在天下无事的太平盛世，辛、陆二人的人生道路也许会差以千里。但由于他们同处战火纷飞的动荡时代，故从不同的家庭背景中接受了相似的教育与熏陶。

试看二人的相关自白。陆游晚年回忆少时经历说："一时贤公卿与先君游者，每言及高庙盗环之寇、乾陵斧柏之忧，未尝不相与流涕哀恸。虽设食，率不下咽引去。先君归，亦不复食也。"（《跋周侍郎奏稿》)"绍兴初,某甫成童,亲见当时士大夫,相与言及国事,或裂眦嚼齿,或流涕痛哭,人人自期以杀身翊戴王室,虽丑裔方张,视之蔑如也。"(《跋傅给事帖》)可见父辈的爱国精神使幼年的陆游深受影响。辛弃疾虽然生于金人统治之下,其祖父辛赞且曾出仕金朝,但辛弃疾于1165年在《美芹十论》中回忆说:"大父臣赞,以族众,拙于脱身,被污虏官,留京师,历宿、亳,涉沂、海,非其志也。每退食,辄引臣辈登高望远,指画山河,思投衅而起,以纾君父所不共戴天之愤。"可见辛弃疾幼年所受的家庭教育同样是华夏民族代代相传的忠君爱国思想。正因如此,辛弃疾才会毅然参加农民耿京领导的反金义军,力劝耿京归宋,并在耿京被杀后义无反顾地率众南归。

  辛、陆二人的仕历同中有异。相同的是二人均是长期在外任职,基本上没有在朝担任过重要职务,而且皆曾落职闲居多年。陆游于1160年始任敕令所删定官、大理寺司直兼宗正寺主簿、枢密院编修官等职,前后不过三年。1189年,陆游还朝任礼部郎中,兼膳部检察、实录院检讨官,不到一年即被劾去职。直到1202年,陆游奉召入京任权同修国史、实录院同修撰,兼秘书监,次年致仕。可见陆游虽然三任朝官,但皆属史官之类,而且为时较短。相反,陆游入仕后曾四次罢官返乡闲居,扣除致仕后的六年不计,他在山阴故乡度过的岁月长达二十一年之久。辛弃疾入朝任职仅有一次,即于1170年任司农寺主簿,不到一年即出知滁州。此后直到1207年,辛弃疾方试兵部侍郎,因病辞免。又进枢密院承旨,未及受命即卒。与陆游相似,辛弃疾也曾长期退居乡村,他于1181年落职退居上饶,其后虽曾两度复出,但闲居乡村前后长达十六年,直至去世。辛、陆皆曾长期流宦各地,皆曾担任通判、知州等职,但总的说来,辛弃疾担任的职务更加重要一些,曾任江西提点刑狱、江西安抚使、湖南安抚使、湖北转运副使、湖南转运副使、福建安抚使、浙东安抚使等职。所以辛弃疾外任期间的政绩也比陆游更加卓著，比如敉平"茶商军"，创建"飞虎军"，以及救灾严禁囤积闭籴与抢劫粮食等，此类快刀斩乱麻的处事方式，体出现军人的勇决性格及强悍作风，即使颇有英雄情怀的陆游也相形见绌。

辛、陆人生经历的最大差异是前者曾经亲冒矢镝，驰骋疆场，而后者却仅能在梦中到达铁马冰河的抗金战场。辛弃疾二十二岁时聚众抗金，并投奔耿京任掌书记。"掌书记"的职责本是掌管书檄文告，然而辛弃疾不但能下马草檄，而且能上马杀贼。相反，陆游虽然在二十岁时就立下了"上马击狂胡，下马草军书"（《观大散关图有感》）的志愿，但毕生未能付诸实施。陆游所处的时代正是南宋小朝廷中投降路线占主导的时期，他壮志难酬，报国无门，陆诗《书愤》回忆平生云："楼船夜雪瓜洲渡，铁马秋风大散关。"前句指诗人四十岁作镇江通判时事，后句指四十八岁从军南郑之事，这是陆游生平最称豪壮的两段经历，但也仅是身临宋、金对峙的前线，并未参加过实际的战斗。陆游诗中诸如"昼飞羽檄下列城，夜脱貂裘抚降将"（《九月十六日夜梦驻军河外遣使招降诸城觉而有作》）等豪壮之句，只是表示理想而已。

尽管存在着上述种种差异，辛、陆二人的生平仍有根本的相同点，那便是壮志未酬。南宋朝廷对于从中原沦陷区归来的"归正人"一向心存猜忌和轻视，辛弃疾当然也不例外。所以辛弃疾长期担任外职，且朝命暮改，很难在一个职位上尽心尽责。他披肝沥胆写成的《美芹十论》和《九议》虽未石沉大海，但并未达到震动朝野的效果。曾经叱咤风云的一代英雄竟然长期闲居乡村，"却将万字平戎策，换得东家种树书"（《鹧鸪天》），真是血泪凝成的牢骚之言！在这些方面,陆游的遭遇与心态都与辛弃疾大同小异。如果说陆游应科举时因名列秦桧孙子之上而遭黜落事出偶然,那么他因"力说张浚用兵"(《宋史·陆游传》)而遭罢免则是因力主抗金而得罪朝廷的必然结果。所以陆游长期沉沦下僚,甚至数度罢官归乡,奔赴抗金前线的梦想越来越渺茫。"少携一剑行天下,晚落空村学灌园"(《灌园》)的诗句,也蕴含着满腹牢骚。辛、陆二人最后都在漫长的乡居生活中耗尽了生命,陆游在《鹧鸪天》词中云:"原知造物心肠别,老却英雄似等闲!"这是辛、陆共同的人生悲剧。

二、抗金复国的高昂呼声

辛词与陆诗,是南宋爱国主义文学的最高典范。辛、陆二人高呼抗金复国,发出了南宋军民爱国呼声中的最强音。但是细究二人的言论,却是同中有异,各具特色。辛弃疾的抗金主张主要见于其政论,陆游却以诗歌为主要表述方式。前者以知己知彼的形势分析与深谋远虑的军事韬略取胜,后者则以慷慨激昂的正义呼声与气壮山河的必胜信念见长。具体情况如下。

辛弃疾自幼怀抱保卫社稷、收复失土的雄心壮志,也具备明察形势、足智多谋的雄才大略。早在隆兴二年(1164),年方二十五岁的辛弃疾越职上书,向孝宗上呈《美芹十论》。七年之后,辛弃疾又向宰相虞允文上呈《九议》。《十论》与《九议》不是泛泛而谈的主战议论,而是在洞察大势的基础上提出的深谋远虑,堪称南宋初期最具远见卓识的战略纲领。这是辛弃疾平生积储胸中的真学问,大本领。诚如朱熹所言,辛弃疾是一位难得的"帅材"(《朱子语类》卷一三二),他所倡议的战略在军事上具有重要意义,可惜历史没有给他提供一展身手的机会!

在当时的朝廷中,主和派往往一味夸大金人如何强大,宋军决非其敌手;而主战派则往往强调金人其实不堪一击,宋军可一战而收复中原。只有辛弃疾深知知己知彼的重要性,他在《九议》中指出:"凡战之道,当先取彼己之长短而论之,故曰:'知己知彼,百战不殆。'今土地不如虏之广,士马不如虏之强,钱谷不如虏之富,赏罚号令不如虏之严,是数者彼之所长,吾之所短也。"他又指出,虽然金人的四点优势非常明显,但是我方也有四点优势:一是我方深得人心;二是我方可以迅速调集兵力,而金人后方遥远,召集兵力须一年方成;三是我方出兵由政府承担军费,金人则全取于民,会激起民变;四是金人渡淮攻我,前有长江天堑和我方舟师,仅能骚扰而已,而我方渡淮攻金,则可深入其腹地。在对敌我双方的优劣进行详尽分析之后,辛弃疾得出结论说:"彼之所长,吾之所短,可以计胜也。吾之所长,彼之所短,是逆顺之势不可易,彼将听之,以为无奈此何也。"这种分析显然要比胡铨等人仅凭正义感的主战言论更加切合实际。

南宋初年,有一种说法颇能蛊惑人心,即所谓"南北有定势,吴楚之脆弱不足以争衡于中原"。其根据是西晋灭吴、隋平南朝、北宋平南唐等史实。辛弃疾对上述史实进行了具体的分析,指出其都有偶然性而并非定势。更重要的是,宋金对峙的形势今非昔比,不能简单地套用历史。他还以秦、楚之争的史实来驳斥所谓的"南北有定势":秦国灭楚固然是"南北勇怯不敌之明验",但后来项羽率楚军击败秦军,势如破竹,"是又可以南北勇怯论哉"?辛弃疾又进而针锋相对地指出:"古今有常理,夷狄之腥秽不可久安于华夏。""夫所谓古今常理者,逆顺之相形,盛衰之相寻,如符契之必合,寒暑之必至。今夷狄所以取之者至逆也，然其所居者亦盛矣。以顺居盛，犹有衰焉，以逆居盛，固无衰乎？某之所谓理者此也。不然，裔夷之长而据有中夏，子孙又有泰山万世之安，古今岂有是事哉！"

从理论上确立主战观点以后，辛弃疾又提出了具体的方略。首先是集中优势兵力固守沿淮前线，他指出从前宋军守淮的兵力过于分散，故主张集中精兵十万，分屯于山阳（今江苏淮安）、濠梁（今安徽凤阳）、襄阳三处，再于扬州或和州（今安徽和县）置一师府以统领三军。这样，无论金人从哪条路线来犯，我方都可以互相呼应，左右夹击，甚或骚扰其后方。

其次是在淮南地区召集归正人屯田。他指出从前在淮南屯田所以没有成效，是由于只用军士，而军士的来源多为市井无赖，此辈大多不愿从事生产。他指出不如改由让归正人来从事屯田，因为归正人本身就是中原的农民，只因在异族的残酷统治下无法生存，才渡淮南归。

再次是确立对金作战的主攻方向。宋金对峙的局势确立之后，金人把关中、洛阳、汴京三处认作最关键的战略要地，重兵防守。南宋朝廷里议战时也经常把这三处认作主攻方向，此外也有人主张从海道出击。辛弃疾指出兵法以虚虚实实为上策，我方应该虚张声势，大力宣扬关中在战略上如何重要，事实上则把主攻方向定于山东。他具体分析了主攻山东的有利之处：山东地近金人的巢穴燕地，从山东北至河北无江河险阻，山东之民劲勇好战，故一旦战事起，我方定可势如破竹。

除此以外，辛弃疾还对一些貌似不急之务，却有关国家长治久安的问题提出对策。他指出历史上就有"楚材晋用"的史实，如今也有在南宋不得意的士人或匠人投奔北方为敌人效力的情况，一定要事先加以提防。他指出朝廷往往急于求成，故不能对宰辅或大将专信久任，却在朝夕之间责其成功，这种做法一定要改变。他还指出南宋军队士气不振的致命缺点，故应调整御将之法，并明令禁止将领为私事役使兵士，也禁止将领冒领兵士的功劳，且厚恤牺牲的兵士。

辛弃疾的奏议，说明他是一位胸怀韬略的大将，而不是只知纸上谈兵的文士。他是熟悉时势，随机应变的军事家，而不是固执己见、不知变通的迂儒。一般说来，胸怀全局者往往轻视琐碎的具体事务，而善办具体事务者往往器局狭小。辛弃疾兼有二者之长而无其短，与他素来敬佩的诸葛亮颇为相似。诸葛亮尚未出山便对天下形势了如指掌，准确地预料了日后蜀汉与魏、吴三足鼎立的局势。辛弃疾也有类似的惊人远见。早在1172年，年方三十三岁的辛弃疾向朝廷上书说："仇虏六十年必亡，虏亡则中国之忧方大。"当时宋金对峙，金国正是南宋朝廷的最大祸患。孰知六十二年以后，金国果真在宋军与蒙古军的夹击之下宣告灭亡。更孰知金亡后南宋直接面对更强大的敌人蒙古，勉强支撑四十余年后不免亡国。历史的进程被辛弃疾不幸而言中，这是何等的远见卓识！难怪宋末的谢枋得不胜感慨地说："惜乎斯人之不用于斯世也！"（《江东运司策问》，载刘埙《隐居通议》卷二十）

陆游的情况颇为不同，他没有向朝廷上过像《美芹十论》《九议》那样体大思精的奏议。《宋史》本传称陆游于1166年因"力说张浚用兵"受言官弹劾，当指他于1164年任镇江通判时谒见张浚时所言。张浚其人，曾于南宋初年任川陕宣抚处置使，率军与金兵战于关陕，且力主"中兴当自关陕始"（《宋史·张浚传》）。陆游"力说张浚用兵"的具体内容不可知，但揆以六年后陆游在南郑"为炎陈取进之策，以为经略中原，必自长安始；取长安，必自陇右始"之记载

（《宋史·陆游传》），当与张浚所见略同。这个意见在陆诗中也时有表露，比如"公归上前勉画策，先取关中次河北"（《送范舍人还朝》）；"鸡犬相闻三万里，迁都岂不有关中？广陵南幸雄图尽，泪眼山河夕照红"（《感事》）。

至于陆游于1163年所作《代乞分兵取山东札子》中反对出兵京东以制川陕，并认为"为今之计，莫若戒敕宣抚司，以大兵及舟师十分之九固守江淮，控扼要害，为不可动之计。以十分之一，遴选骁勇有纪律之将，使之更出迭入，以奇制胜。俟徐、郓、宋、亳等处抚定之后，两淮受敌处少，然后渐次那大兵前进。如此，则进有辟国拓土之功，退无劳师失备之患，实天下至计也。"则是代兼枢密院使陈康伯而作，故力主采取守势以求安稳，表达的并非陆游本人的观点。若与辛弃疾相比，谋略并非陆游所长。

那么，陆游短于谋略又常高呼抗金复国，是否如后代学者所云是"好谈匡救之略"的"官腔"（见钱锺书《谈艺录》三七）？当然不是。靖康之变丢失了宋朝的半壁江山，连祖宗陵寝都沦陷于敌国，这是整个国家前所未有的奇耻大辱。抵御金军，收复失土，即恢复宋王朝的国家主权和原有疆域，就是对华夏民族的最大忠诚。1138年胡铨在《戊午上高宗封事》中说："夫天下者，祖宗之天下也。陛下所居之位，祖宗之位也。奈何以祖宗之天下为犬戎之天下，以祖宗之位为犬戎藩臣之位乎？"前引辛弃疾在《九议》中言："且恢复之事，为祖宗，为社稷，为生民而已。此亦明主所与天下智勇之士之所共也，顾岂吾君吾相之私哉！"陆游诗中关于抗金复国的大声疾呼，与胡、辛的奏议体现了同样的爱国精神，义正辞严，气壮山河。例如《金错刀行》云："呜呼！楚虽三户能亡秦，岂有堂堂中国空无人！"《寒夜歌》云："三万里之黄河入东海，五千仞之太华磨苍旻。坐令此地没胡虏，两京宫阙悲荆榛。谁施赤手驱蛇龙？谁恢天网致凤麟？君看煌煌艺祖业，志士岂得空酸辛！"《关山月》云："和戎诏下十五年，将军不战空临边。朱门沉沉按歌舞，厩马肥死弓断弦……中原干戈古亦闻，岂有逆胡传子孙？遗民忍死望恢复，几处今宵垂泪痕！"主题如此鲜明，语气如此激烈，风格如此雄豪，堪称南宋诗坛上爱国主题的最高音。

更可贵的是，陆游诗中的爱国主题有极为丰富的具体内容，全面覆盖了南宋爱国诗歌的题材范围。对于南宋小朝廷的苟安国策，陆游深表痛心："生逢和亲最可伤，岁辇金絮输胡羌。夜视太白收光芒，报国欲死无战场！"（《陇头水》）对于主和派把持朝廷的政局，陆游严词痛斥："公卿有党排宗泽，帷幄无人用岳飞。"（《夜读范至能揽辔录言中原父老见使者多挥涕感其事作绝句》）对于朝中不顾国事只谋私利的大臣，陆游直言讥刺："诸公可叹善谋身，误国当时岂一秦？不望夷吾出江左，新亭对泣亦无人！"（《追感往事》）对于朝野士气不振的现实，陆游忧心忡忡："中原乱后儒风替，党禁兴来士气屦。"（《送芮国器司业》）对于南宋选都不当之事，陆游深为叹息："孤臣老抱忧时意，欲请迁都涕已流。"（《登赏心亭》）……忧国伤时之念如此深沉恺切，岂能谓之"官腔"？

如上所述，辛弃疾以奏议为主要形式的抗金言论是爱国将帅的平戎之策，陆游以诗歌为主要形式的抗金言论是爱国文士的讨胡之檄。前者的主要价值是筹谋定策、决胜千里；后者的主要价值是鼓舞斗志、提升士气。虽然性质不同，其内在精神却是殊途同归。在半壁江山业已沦陷、苟安局面渐成定势的南宋，辛、陆二人的抗金言论犹如空谷足音，弥足珍贵。

三、陆诗与辛词中的抒情主人公形象

辛、陆二人都是名垂青史的伟大文学家，但二人的实际身份差别甚大。陆游是一个辛勤著述的文士，生平作诗近万首，成就傲视整个南宋诗坛，其词、其文也卓然名家。此外，其《南唐书》《老学庵笔记》等学术著作也深受后人重视。

辛弃疾则是一位刚烈英武的军人，虽然他也曾流宦各地担任文职，且曾长期退居乡村，但他绝非舞文弄墨的文士。辛弃疾的奏议引经据典，其词作也能"用经用史"（刘辰翁《辛稼轩词序》），但那似乎是天纵英才导致的满腹经纶，并非埋头书斋的学术积累。存世的辛文以奏议为主，除了《美芹十论》《九议》之外，如《论阻江为险须藉两淮疏》《淳熙己亥论盗贼札子》等皆为传世名篇，但其价值主要体现在政治、军事方面。存世辛诗有一百多首，其中偶见好诗，比如《送别湖南部曲》：

> 青衫匹马万人呼，幕府当年急急符。愧我明珠成薏苡，负君赤手缚於菟。观书到老眼如镜，论事惊人胆满躯。万里云霄送君去，不妨风雨破吾庐。

即使置于陆游、杨万里诗集中，也并无愧色。但这样的佳作数量甚少，多数辛诗则近于邵雍《击壤集》风调，文学价值不高。作为文学家的辛弃疾，其主要业绩就是一部《稼轩词》。所以当我们要从文学的角度来讨论辛、陆异同时，主要的观察对象应是陆诗与辛词。当然，本讲不可能对陆诗、辛词进行全面的比较研究，而是想从抒情主人公的角度来比较辛、陆异同。

陆诗数量既多，内容也极为丰富。一部《剑南诗稿》，就是其整个人生的细致生动的记录，以至于清人王士禛评陆诗云："读其诗如读其年谱也。"（《带经堂诗话》卷一）所以当后人阅读陆诗时，能从很多不同的角度来领略他的音容笑貌。换句话说，陆游的诗歌为他自己描绘了多方面的自画像，其中至少有六幅堪称传神。我们先看四幅侧面像。

第一幅是关心民瘼的士大夫。陆游长期在地方上任职，后来又长期村居，他对民间疾苦有较深的了解，他在《农家叹》中对农民终年劳苦却食不果腹的悲惨遭遇表示深切的同情："牛领疮见骨，叱叱犹夜耕。竭力事本业，所愿乐太平。门前谁剥啄，县吏征租声。"他愤怒地谴责官府剥削的残酷："县吏亭长如饿狼，妇女怖死儿童僵。"（《秋获歌》）他也对自己坐食俸禄表示愧疚："齐民一饱勤如许，坐食官仓每惕然。"（《露坐》）

第二幅是埋头书斋的学者。陆游一生中的大部分岁月是在书斋中度过的，黄卷青灯的读书生涯在陆诗中有充分的描写。《剑南诗稿》中径以《读书》为题者即多达十七首，其中作于五十八岁的一首中说："放翁白首归剡曲，寂寞衡门书满屋。藜羹麦饭冷不尝，要足平生五车读……倘年七十尚一纪，坠典断编真可续。"

第三幅是慈祥可亲的父亲。陆游诗中经常说到他的儿辈，有不少训诫儿辈之诗，如第四讲提到的《送子龙赴吉州掾》。这是诗人晚年送别次子陆子龙而作，诗的主要篇幅用来训导儿子到任后应该忠于职守、廉洁正直。最后嘱咐儿子勤写家书，以安慰老父的惦念之心："汝去三年归，我倘未即死。江中有鲤鱼，频寄书一纸！"此诗就是一位慈祥的老父亲对儿子的临别赠言，至情流露，感人至深。

第四幅是忠于爱情的丈夫。陆游与前妻唐氏的爱情悲剧凄婉动

清高宗御题杜甫诗意轴　清　董邦达

一百八盤

姚巢路

施州鹽眉

五音六律山

流石灘

襄王朝
陽雲臺
高唐觀
巫山縣
楚宮
東平村

人,他的一曲《钗头凤》不知惹出了后代读者的多少泪水。又如《沈园二首》,清末陈衍评曰:"无此绝等伤心之事,亦无此绝等伤心之诗。就百年论,谁愿有此事?就千秋论,不可无此诗!"(《宋诗精华录》卷三)由于宋诗中的爱情主题发展得很不充分,《沈园》二首是其中不可多得的瑰宝,永远受到后人的珍视。

上述四点中的最后一点,辛弃疾生平未有类似经历,所以其作品中付之阙如。前面三点在辛弃疾的诗文作品中都有所体现。比如1179年辛弃疾除湖南安抚使,上车之始则上奏痛陈百姓疾苦之状,且曰:"自臣到任之初,见百姓遮道,自言嗷嗷困苦之状。臣以谓斯民无所诉,不去为盗,将安之乎?"(《淳熙己亥论盗贼札子》)如此一针见血地直陈民瘼,难能可贵。又如辛诗《读书》《读语孟》等作,前者且曰"闲把遗书细较量",可见他亦曾研读经典,不过未如陆游那般苦读而已。再如辛诗《第四子学春秋发愤不辍书以勉之》《闻科诏勉诸子》等,语重心长地勉励诸子勤学,还曾在其子夭折后连作哭子诗十五章,以抒丧明之痛。可惜辛弃疾的诗文存世太少,这些内容未能充分展开,辛词中也基本没有涉及,只能让陆诗专美。

陆诗中展现了两幅最重要的正面像,其一是满腔热血的爱国志士,其二是长期闲居乡村的居士。无独有偶,这也正是辛词所展现的两幅自我画像。下文就此两点对陆诗、辛词进行对照。

先看前者。陆游四十八岁时从军南郑,亲临抗金前线。虽然他只在南郑停留了八个月,并未参加实际的战事,但那段经历仍然使诗人激动万分。值得注意的是,南郑那段短短的军旅生活经常出现在陆游的梦境中,例如刺虎之举:

> 我时在幕府,来往无晨暮。夜宿沔阳驿,朝饭长木铺。雪中

> 痛饮百榼空，蹴踏山林伐狐兔。眈眈北山虎，食人不知数。孤儿寡妇仇不报，日落风生行旅惧。我闻投袂起，大呼闻百步。奋戈直前虎人立，吼裂苍崖血如注。从骑三十皆秦人，面青气夺空相顾。（《十月二十六日夜梦行南郑道中既觉恍然揽笔作此诗时且五鼓矣》）

刺虎的时间、地点皆有确指，应是实事，但整个情景却是出现在梦境之中。钱锺书对陆游诗中频繁出现的射虎主题深表怀疑："或说箭射，或说剑刺，或说血溅白袍，或说血溅貂裘，或说在秋，或说在冬。"（《宋诗选注》）其实陆游确曾有过刺虎的壮举，无可置疑。值得关注的是陆诗中写到刺虎或射虎的作品不下三十首，对刺虎一事反复渲染，其中不乏夸张和虚构（参看陶喻之《陆游打虎再探》，孙启祥《陆游打虎诗辨析》）。

这种情形与陆诗中关于抗金杀敌的主题十分相似，陆游终生未曾亲自参加抗金战斗，"学剑四十年，虏血未染锷"（《醉歌》）是他最大的人生遗憾。陆诗中常用浓墨重彩描绘激烈战斗乃至捷报频传的场面，诸如"追奔露宿青海月，夺城夜踏黄河冰。铁衣度碛雨飒飒，战鼓上陇雷凭凭。三更穷虏送降款，天明积甲如丘陵。中华初识汗血马，东夷再贡霜毛鹰"（《胡无人》）；"昼飞羽檄下列城，夜脱貂裘抚降将……腥臊窟穴一洗空，太行北岳元无恙。更呼斗酒作长歌，要遣天山健儿唱"（《九月十六日夜梦驻军河外遣使招降诸城觉而有作》）；不是出于幻想，便是源于梦境。

与此相映成趣的是，辛弃疾虽有铁骑渡江、亲冒矢镝的战斗经历，辛词中反倒很少描写战斗场面，更没有全面获胜的场景，例如《破阵子》：

醉里挑灯看剑，梦回吹角连营。八百里分麾下炙，五十弦翻塞外声。沙场秋点兵。　马作的卢飞快，弓如霹雳弦惊。了却君王天下事，赢得生前身后名。可怜白发生。

此词小序云"为陈同甫赋壮词以寄之"，虽称"壮词"，其雄壮激烈的程度却远逊于上引陆诗。

更有趣的是下面这对例子：1200年或稍后，六十一岁的辛弃疾作《鹧鸪天》，上阕云：

壮岁旌旗拥万夫，锦襜突骑渡江初。燕兵夜娖银胡䩮，汉箭朝飞金仆姑。

1186年，六十二岁的陆游作《雪中忽起从戎之兴戏作四首》，其后面三首云：

铁马渡河风破肉，云梯攻垒雪平壕。兽奔鸟散何劳逐，直斩单于衅宝刀。

十万貔貅出羽林，横空杀气结层阴。桑干沙土初飞雪，未到幽州一丈深。

群胡束手仗天亡，弃甲纵横满战场。雪上急追奔马迹，官军夜半入辽阳。

两者在表面上颇有相似之处：作者都是年过六旬，内容都是抗金战斗的场面。然而辛词小序云："有客慨然谈功名，因追念少年时事，戏作。"可见词人因听到有人谈功名而偶然怀旧，故其下阕即云：

> 追往事，叹今吾。春风不染白髭须。却将万字平戎策，换得东家种树书。

意即那些战斗经历早已成为如烟往事。陆诗则是在雪天联想到冒雪作战的情景，至于追奔逐北、直捣幽燕等具体内容，都是诗人的浪漫幻想。由此可见，就抗金战斗的内容而言，辛词与陆诗的最大差异是前者多为写实，后者纯属虚构，故前者只能对亲身经历如实叙述，后者却可以尽情地展开痛快淋漓的想象。

南宋小朝廷的总体国策是偏安求和，当时的国力也难以击败金国、收复失土，所以报国无路的悲剧是辛、陆共同的命运，抒写有志难酬的痛苦是辛词、陆诗共同的主题。但就具体的表现而言，辛词、陆诗又是同中有异的。

陆词中有句云："此生谁料，心在天山，身老沧洲！"（《诉衷情》）这句话便是陆诗此类主题的最好概括。且看几个写于不同年代的例子。作于五十二岁的《松骥行》：

> 骥行千里亦何得，垂首伏枥终自伤。松阅千年弃涧壑，不如杀身扶明堂。士生抱材愿少试，誓取燕赵归君王。闭门高卧身欲老，闻鸡相蹴涕数行。正令咿嘤死床箦，岂若横身当战场。半酣浩歌声激烈，车轮百转盘愁肠。

作于六十六岁的《醉歌》：

> 读书三万卷，仕宦皆束阁。学剑四十年，虏血未染锷。不得为长虹，万丈扫寥廓。又不为疾风，六月送飞雹。战马死槽枥，公卿守和约。穷边指淮淝，异域视京雒。於乎此何心，有酒吾忍酌。平生为衣食，敛版靴两脚。心虽了是非，口不给唯诺。如今老且病，鬓秃牙齿落。仰天少吐气，饿死实差乐。壮心埋不朽，千载犹可作。

作于七十七岁的《追忆征西幕中旧事》：

> 大散关头北望秦，自期谈笑扫胡尘。收身死向农桑社，何止明明两世人！

作于八十四岁的《异梦》：

> 山中有异梦，重铠奋雕戈。敷水西通渭，潼关北控河。凄凉鸣赵瑟，慷慨和燕歌。此事终当在，无如老死何！

可见这个主题贯穿着陆游的整个创作过程，真可谓至死不渝。此类陆诗尽管诗体不同，长短不一，但结构模式基本一致：先陈述杀敌立功的抱负，再诉说有志难酬的痛苦。

同样主题的辛词数量远少于陆诗，表现手法却灵活多变。例如《水调歌头》：

> 落日塞尘起，胡骑猎清秋。汉家组练十万，列舰耸层楼。谁道投鞭飞渡，忆昔鸣髇血污，风雨佛狸愁。季子正年少，匹马黑貂裘。　今老矣，搔白首，过扬州。倦游欲去江上，手种橘千头。二客东南名胜，万卷诗书事业，尝试与君谋。莫射南山虎，直觅富民侯。

上片追忆少时的战斗经历并抒发报国壮志，下片倾诉壮志难酬之牢骚，结构稍似陆诗。又如《满江红》：

> 倦客新丰，貂裘敝、征尘满目。弹短铗、青蛇三尺，浩歌谁续？不念英雄江左老，用之可以尊中国。叹诗书、万卷致君人，翻沉陆。　休感慨，浇醽醁。人易老，欢难足。有玉人怜我，为簪黄菊。且置请缨封万户，竟须卖剑酬黄犊。甚当年，寂寞贾长沙，伤时哭。

通篇皆在诉说英雄末路的痛苦心情，未能实现的壮志仅以零星短句的形式散落篇中。后一种情况在辛词中相当常见，它们抒写的痛苦情绪也比陆诗更显深沉。

再看后者。陆游一生中闲居山阴长达三十年，过着清贫而宁静的耕读生活。刚开始过农耕生活时，陆游的心态是矛盾的，他五十七岁初归山阴后作《小园》，其一云：

> 小园烟草接邻家，桑柘阴阴一径斜。卧读陶诗未终卷，又乘微雨去锄瓜。

其三云：

> 村南村北鹁鸪声，水刺新秧漫漫平。行遍天涯千万里，却从邻父学春耕。

前者平和恬淡，后者却牢骚满腹。但总的说来，陆游对于农村生活是相当熟悉且由衷喜爱的。

陆诗中关于农村生活的两大主题，一是隐居生活的闲情逸致，二是对农村风土的喜爱心情，都贯穿其整个乡居创作过程。前者如作于七十五岁的《杂兴》：

> 东家饭牛月未落，西家打稻鸡初鸣。老翁高枕葛㡡里，炊饭熟时犹鼾声。

后者如作于四十三岁的《游山西村》：

> 莫笑农家腊酒浑，丰年留客足鸡豚。山重水复疑无路，柳暗花明又一村。箫鼓追随春社近，衣冠简朴古风存。从今若许闲乘月，拄杖无时夜叩门。

阅读陆游多达二千首的农村诗，一位安贫乐道的居士形象宛然目前。

辛弃疾也曾闲居乡村二十余年，但其生活状态及心态皆与陆游同中有异。辛弃疾同样热爱安定平和的农耕生活，例如《清平乐》：

> 茅檐低小，溪上青青草。醉里吴音相媚好，白发谁家翁

媪?　　大儿锄豆溪东,中儿正织鸡笼。最喜小儿无赖,溪头卧剥莲蓬。

又如《鹊桥仙》:

松冈避暑,茅檐避雨,闲去闲来几度?醉扶怪石看飞泉,又却是前回醒处。　　东家娶妇,西家归女,灯火门前笑语。酿成千顷稻花香,夜夜费一天风露。

景色如此秀丽,人情如此美好,这是词境中难得一见的吟咏田家乐主题的佳作。

更值得注意的是,词人自身也心醉于这个安宁、美好的环境,他从农村生活中发现了充沛的美感和诗意。于是,辛弃疾的笔下出现了此前词坛上很少看到的乡村景物:"明月别枝惊鹊,清风半夜鸣蝉。稻花香里说丰年,听取蛙声一片。"(《西江月》)"陌上柔桑破嫩芽,东邻蚕种已生些。平冈细草鸣黄犊,斜日寒林点暮鸦。"(《鹧鸪天》)在此前的词坛上,有谁曾如此真切地描写过桑麻风光?又有谁曾如此深情地欣赏乡村生活?没有。只有认为"人生在勤,当以力田为先"的辛弃疾,才能说出"城中桃李愁风雨,春在溪头荠菜花"(《鹧鸪天》)的至理名言。

就像陆游一样,热爱农耕生活的辛弃疾也无比热爱陶渊明,他仰慕陶渊明的高洁情怀:"须信采菊东篱,高情千载,只有陶彭泽。"(《念奴娇》)他表示学陶的意愿:"便此地结吾庐,待学渊明,更手种门前五柳。"(《洞仙歌》)他还自愧学陶太迟:"我愧渊明久矣,犹借此翁湔洗,素壁写归来。"(《水调歌头》)他甚至在梦中与陶渊明亲切相晤:"老来曾识渊明,梦中一见参差是。"(《水龙吟》)他对这位隐逸诗人之宗给予最崇高的评价:"若教王谢诸郎在,未抵柴桑陌上尘!"(《鹧鸪天》)

无可否认,辛弃疾对陶渊明的敬慕是虔诚的。然而,在辛弃疾涉及陶渊明的篇章中,有一点不同寻常的消息值得关注:"看渊明,风流酷似,卧龙诸葛。"(《贺新郎》)为何说陶渊明与诸葛亮是同样的风流人物呢?这是指陶渊明素怀功业之心有如诸葛亮,还是指诸葛亮躬耕隆中、不求闻达有如陶渊明?都有可能。更重要的是,在辛弃疾看来,躬耕陇亩、终老林泉的陶渊明与鞠躬尽瘁、卒于军中的诸葛亮是同样的风流人物,不过人生境遇不同而已。也就是说,在辛弃疾的心中,退隐躬耕与建功立业是可以并存于一个人的人生追求中,两者并不矛盾。

当然,辛弃疾这位龙腾虎跃的豪侠之士不可能真心放弃驰骋疆场的理想而息影林下、躬耕陇亩,他退居乡村的行为比陆游更加无奈,其心态也更加不平。辛词有云"却将万字平戎策,换得东家种树书"(《鹧鸪天》),其句意之悲怆,甚于陆诗的"行遍天涯千万里,却从邻父学春耕"(《小园》)。辛词又云"落魄封侯事,岁晚田园"(《八声甘州》),其心态之悲凉,为陆诗中所罕见。

总之,陆游、辛弃疾都曾长期闲居乡村,过着貌似居士的生活,其真实身份则同中有异:陆游是身栖农亩却不忘报国的文士,辛弃疾则是托身田园却难以销磨雄心的老将。

四、陆诗、辛词风格之异同

陆游诗歌创作的巨大成就,在当时就受到广泛的赞誉,理学宗师朱熹则明确指出："放翁之诗，读之爽然，近代唯见此人为有诗人风致。"(《答徐载叔赓》)又说："放翁老笔尤健，在今当推为第一流。"(《答巩仲至》之十七)及至宋末，国破家亡的时代背景更使高举爱国主题的陆游成为诗坛宗主，林景熙即将陆游与杜甫相提并论："天宝诗人诗有史，杜鹃再拜泪如水。龟堂一老旗鼓雄，劲气往往摩其垒。"(《书陆放翁诗卷后》)到了后代，陆游的地位从"中兴四大诗人"中迥然挺出，成为足与北宋苏轼相提并论的宋代代表诗人，清人编纂的《唐宋诗醇》于宋代诗人仅选苏、陆二家，便是明证。

辛弃疾词创作的巨大成就，也在当时就受到广泛的赞誉。早在辛弃疾的壮年，范开就称誉辛词足与苏词媲美："世言稼轩居士辛公之词似东坡，非有意于学坡也……其间固有清而丽、婉而妩媚，此又坡词之所无，而公词之所独也。"(《稼轩词甲集乙集丙集序》)稍后，刘克庄赞辛词曰："公所作大声镗鞳，小声铿鍧，横绝六合，扫空万古，自有苍生以来所无。"(《辛稼轩集序》)正因如此，辛词在南宋词坛上产生了巨大的影响，与其年辈相若的韩元吉、陈亮、刘过、姜夔，以及年辈稍晚的刘克庄、戴复古、陈人杰，乃至宋末的文天祥、刘辰翁等人，无不受到稼轩词风之浸溉，以至于清人陈洵云："南宋诸家，鲜不为稼轩牢笼者。"(《海绡说词》)到了后代，"苏辛"并称，已成为词学界的定评。

陆游为南宋诗人之冠，辛弃疾为南宋词人之冠，已无疑义。由于诗、词异体，也由于数量上陆诗多达辛词的十五倍，我们无法全面地评骘陆诗与辛词成就之高低，而只能叙说其风格之异同。如果要用一个术语来统摄陆诗、辛词的主导风格倾向，那就是雄壮豪放。但是仔细品味，二者各具个性，差异甚大，下文试作分析。

陆诗境界壮阔，风格奔放，常常凭借幻想与梦境来抒发胸中的豪

情壮志,例如前引《胡无人》,正面抒发胸中壮怀。又如《中夜闻大雷雨》:

> 雷车驾雨龙尽起,电行半空如狂矢。中原腥膻五十年,上帝震怒初一洗。黄头女真褫魂魄,面缚军门争请死。已闻三箭定天山,何啻积甲齐熊耳。捷书驰骑奏行宫,近臣上寿天颜喜。合门明日催贺班,云集千官摩剑履。长安父老请移跸,愿见六龙临渭水。从今身是太平人,敢惮安西九千里!

这首诗写作者因夜闻雷雨而产生的联想,诗中洋溢着抗敌复国的战斗热情,甚至虚构击溃敌军、收复中原的胜利情景,堪称抗金复国的战斗檄文。

辛词中没有此类想象胜利场面的作品,最多只是表现对于复国事业的信心,例如《水龙吟》:

> 渡江天马南来,几人真是经纶手?长安父老,新亭风景,可怜依旧。夷甫诸人,神州沉陆,几曾回首?算平戎万里,功名本是、真儒事,公知否? 况有文章山斗,对桐阴、满庭清昼。当年堕地,而今试看,风云奔走。绿野风烟,平泉草木,东山歌酒。待他年,整顿乾坤事了,为先生寿。

这是词人写给韩元吉的祝寿之词,寿词理应具有喜庆色彩,故基调奋发高昂,对于恢复大业充满信心。但词中写到神州沉陆、朝廷偏安的现实局势时仍然情怀沉郁。前引两首陆诗是以想象的胜利情景来鼓舞士气,此首辛词则是以胸中的襟抱与友人互相勉励;前者是针对大众的宣传，后者却是知己之间的倾诉。

上述两种写作倾向各具面目，并无境界高下之分。但从个人抒情的角度来看，后者抒发的感情更加深曲委婉，用来烘托心情的背景也更加细腻真切，从而表现出更加独特的个性。

先看第一例：宋、金对峙，西线以大散关为界。兴元府（汉中）地近散关，成为南宋在西线抗击金人的前沿重镇。陆游曾亲临汉中，作诗云："古来历历兴亡处，举目山川尚如故。将军坛上冷云低，丞相祠前春日暮。国家四纪失中原，师出江淮未易吞。会看金鼓从天下，却用关中作本根。"（《山南行》）辛弃疾则作词送友人出知兴元府："汉中开汉业，问此地，是耶非？想剑指三秦，君王得意，一战东归。追亡事，今不见，但山川满目泪沾衣。落日胡尘未断，西风塞马空肥。"（《木兰花慢·席上送张仲固帅兴元》）双方都视汉中为抗金前线的战略要地，也都关注到汉中乃刘邦建立大汉基业的根据地这个历史事实。但是亲临其地的陆游仅对汉中的山川形势及其战略价值进行比较冷静的客观叙述，举首遥望的辛弃疾却在怀古的幽思中情怀历落，泪满衣襟。

再看第二例：陆游乡居时夜闻风雨，作诗抒感："僵卧孤村不自哀，尚思为国戍轮台。夜阑卧听风吹雨，铁马冰河入梦来。"（《十一月四日风雨大作》）辛弃疾则在投宿村店时夜听风雨，作词纪实："绕床饥鼠，蝙蝠翻灯舞。屋上松风吹急雨，破纸窗间自语。　平生塞北江南，归来华发苍颜。布被秋宵梦觉，眼前万里江山。"（《清平乐·独宿博山王氏庵》）两者的主题都是夜闻风雨从而触发了隐藏心底的报国壮志，也都是感人肺腑的名篇。陆诗单刀直入地抒发强烈的报国热情，对眼前景物不着一字，第二句与末句之间的逻辑关系则清晰易睹，抒情比较直露。辛词用整个上片描绘荒村夜景，生动逼真，如在目前。下片转为抒情,亦不将报国夙志直接道出,仅用尾句暗示其梦魂不忘故国山河的爱国情怀,较为蕴藉。

再看第三例:运用《列子》中关于鸥鸟的典故来形容人无机心,在宋代诗词中极为常见。陆诗云:"更喜机心无复在,沙边鸥鹭亦相亲。"(《登拟岘台》)辛词则云:"却怪白鸥,觑着人欲下未下。旧盟都在,新来莫是,别有说话?"(《丑奴儿近》)陆诗正面用典,思绪简直。辛词却用曲笔,语意奇矫而情趣幽默。

再看第四例:陆诗《书愤》云:"厄穷苏武餐毡久,忧愤张巡嚼齿空。"辛词《贺新郎》云:"将军百战身名裂。向河梁、回头万里,故人长绝。易水萧萧西风冷,满座衣冠似雪。正壮士悲歌未彻。"两者都是借古代忠臣烈士的事迹来浇胸中之块垒,但前者直接点明"厄穷""忧愤"的情感倾向,后者却用生动真切的情景描绘来衬托古人的悲愤心态。

上述差异固然体现了诗直词曲的文体歧异,但也是辛词风格更加委婉深微的证明。钱锺书云:"放翁高明之性,不耐沉潜,故作诗工于写景叙事。翁爱读《黄庭经》,试将琴心文断章取义,以评翁诗,殆夺于'外象',而颇阙'内景'者乎。其自道诗法,可以作证……自羯鼓手疾,琵琶弦急而悟诗法,大可着眼。二者太豪太捷,略欠渟蓄顿挫;渔阳之掺、浔阳之弹,似不尽如是。若磬、笛、琴、笙,声幽韵曼,引绪荡气,放翁诗境中,宜不常逢矣。"(《谈艺录》三六)此语乃论陆诗之短处,语或过苛。但如果用来评说陆诗与辛词主导风格之异,则深中肯綮。

当然陆诗中也有深情绵渺、兴会淋漓的佳作,例如《长歌行》:

人生不作安期生,醉入东海骑长鲸。犹当出作李西平,手枭逆贼清旧京。金印煌煌未入手，白发种种来无情。成都古寺卧秋晚，落日偏傍僧窗明。岂其马上破贼手，哦诗长作寒螀鸣。兴来买尽市桥酒，大车磊落堆长瓶。哀丝豪竹助剧饮，如钜野受黄河倾。平时一滴不入口，意气顿使千人惊。国仇未报壮士老，匣中宝剑夜有声。何当凯还宴将士，三更雪压飞狐城。

与此诗风格相似的辛词是《摸鱼儿》：

更能消几番风雨？匆匆春又归去。惜春长怕花开早，何况落红无数。春且住，见说道、天涯芳草无归路。怨春不语。算只有殷勤，画檐蛛网，尽日惹飞絮。　　长门事，准拟佳期又误。蛾眉曾有人妒。千金纵买相如赋，脉脉此情谁诉？君莫舞，君不见、玉环飞燕皆尘土。闲愁最苦。休去倚危栏，斜阳正在、烟柳断肠处。

两者的主题皆是抒写报国无路的苦闷心情，也都达到了委曲细腻、回肠荡气的艺术境界，但风格仍然是同中有异。

陆诗将激昂慷慨与苦闷失落两种心情同时展现出来：一位正值壮年的英雄竟然无所事事地闲卧在古寺中，眼睁睁地看着落日映窗，此情此景，人何以堪？无奈之下，诗人只好买酒浇愁。但即使在举杯消愁之际，诗人仍然盼望着收复幽燕失地，在庆功宴上雪夜痛饮。全诗以"手枭逆贼清旧京"为始，以"何当凯还宴将士"为终，形成抑扬顿挫的情感波澜，虽心情苦闷但仍不失满怀抱负。此诗风格雄壮，感情喷薄而不乏细腻的心理描写，其艺术境界在同类陆诗中出类拔萃。

辛词的主题更加集中，倾吐了一位盖世英雄满腔热血无处可洒、满腹经纶无处可施的深沉苦闷。全词纯属比兴手法,用"美人芳草"的隐喻意象来诉说心曲。暮春时节,落红无数。蛾眉见妒,君恩难冀。英雄失路的悲怆情怀竟以此等委婉柔美的意象表达之,而且低回悱恻,欲言又止,真乃百炼刚化为绕指柔,其意境之深曲宛转,已臻极境。故近人梁启超评曰:"回肠荡气,至于此极。"(梁令娴编、刘逸生校点《艺蘅馆词选》)

由此可见,陆诗与辛词,堪称春兰秋菊,各有千秋,也许这正是诗词异境而各极其美的典范例子。

元好问诗云:"曹刘坐啸虎生风,四海无人角两雄。"(《论诗三十首》之一)此乃评论建安年间的曹植与刘桢,语或过当。若移用次句来评价南宋的陆游与辛弃疾,则千真万确。在南宋那样偏安一隅、国势衰微的时代,竟然产生了陆、辛这两位伟大的爱国诗人和爱国词人,真是"国家不幸诗家幸"(赵翼《题元遗山集》)这个诗学现象的生动例证。陆诗与辛词把爱国主题弘扬到空前的高度,从而为宋代文学注入了英雄主义和阳刚之气,并维护了中华民族的自信和尊严,这是他们最伟大的历史性贡献。

五、辛派词人陆放翁

辛弃疾将文学创作的精力贯注于词,陆游却对词体相当轻视。1189年,六十五岁的陆游在《长短句序》中说:

> 风、雅、颂之后为骚,为赋,为曲,为引,为谣,为歌。千余年后,乃有倚声制词,起于唐之季世。则其变愈薄,可胜叹哉!予少时汨于旧俗,颇有所为,晚而悔之,然渔歌菱唱,犹不

能止。今绝笔已数年,念旧作终不可掩,因书其首以识吾过。

对词体轻视如此,当然不会投入太大的力量来写词。但是陆游才大学富,即使偶尔写词,仍然写出不少好作品,虽不能与其五七言诗的巨大成就相比,然置于南宋词坛,亦足以自成一家。陆词的风格也比较多样化,明人杨慎评陆词云"纤丽处似淮海,雄慨处似东坡"(《词品》),毛晋则称其"超爽处更似稼轩耳"(《放翁词跋》),大概因题材不同而体现出不同的风格。

现存陆词共有一百三十首,按题材大致可分为三类,一是婉约词,二是闲适词,三是爱国词。婉约词中除了脍炙人口的《钗头凤》外,还有多首清新可诵之作,例如《清商怨·葭萌驿作》:

> 江头日暮痛饮,乍雪晴犹凛。山驿凄凉,灯昏人独寝。 鸳机新寄断锦。叹往事,不堪重省。梦破南楼,绿云堆一枕。

此词作于1172年,陆游离开南郑前往成都途中。三十年后,陆游回忆说"乱山落日葭萌驿,古渡悲风桔柏江"(《有怀梁益旧游》),可见葭萌驿是个乱山深处的偏僻驿站。此词中的"绿云堆一枕",不知是指妻室还是其他女子,反正句子颇为绮丽。然而陆游在孤灯寒夜忽有绮梦,正是对眼前凄凉心境的有力反衬,全词意境凄恻,传统婉约词的脂粉香泽一洗而空。

陆游的闲适词如《乌夜啼》:

> 纨扇婵娟素月,纱巾缥缈轻烟。高槐叶长阴初合,清润雨余天。 弄笔斜行小草,钩帘浅醉闲眠。更无一点尘埃到,枕上

听新蝉。

此词作于晚年闲居山阴时,文字流丽清新,格调优雅高洁,是书斋情趣的绝妙抒写。

陆游的爱国词如《汉宫春·初自南郑来成都作》:

> 羽箭雕弓,忆呼鹰古垒,截虎平川。吹笳暮归野帐,雪压青毡。淋漓醉墨,看龙蛇、飞落蛮笺。人误许,诗情将略,一时才气超然。　　何事又作南来,看重阳药市,元夕灯山。花时万人乐处,欹帽垂鞭。闻歌感旧,尚时时、流涕尊前。君记取,封侯事在,功名不信由天。

此时陆游刚离开抗金前线,立功报国的机会已经消逝,但他内心不甘听天由命,于是上片用激动人心的豪言壮语追忆南郑的从戎生涯,下片虽感慨眼前的虚假繁华与虚度时光,但结尾三句仍以健语作结,表明抗金复国的坚强决心,壮怀激烈,催人奋发。

值得注意的是,闲适与爱国这两个主题在陆游词中经常融为一体,从而淋漓尽致地倾吐他报国无门、终老渔蓑的满腔悲愤。例如《鹊桥仙》:

> 华灯纵博,雕鞍驰射,谁记当年豪举。酒徒一一取封侯,独去作江边渔父。　　轻舟八尺,低篷三扇,占断蘋洲烟雨。镜湖元自属闲人,又何必官家赐与!

此词作于1189年之后,时陆游在山阴闲居。此时上距陆游从军南郑已近二十年，然而那段雄壮豪纵的军中生活使他终生难忘。可惜那段经历转瞬即逝，一心要立功边塞的诗人终于在江南水乡郁郁终老。希望与现实的落差如此之大，催生了无数声情悲壮的好诗，此词表现同样的主题，写法却十分独特。

上片先回忆往事。1192年，陆游在诗中回忆南郑的生活场景说"华灯纵博声满楼，宝钗艳舞光照席"（《九月一日夜读诗稿有感走笔作歌》），此词更加简洁，仅用"华灯纵博，雕鞍驰射"八个字，就将从军生涯最具豪壮特征的两个细节展露无遗。更妙的是，"谁记当年豪举"一笔兜转，遂转入眼前的实境。当然，"谁记"云云，其实是正言反说，建功立业是词人终生难忘的理想，岂会轻易忘怀？果然，词人注意到他人纷纷封侯，只有自己沦落江湖。"酒徒"语本《史记·郦生列传》：郦食其谒见刘邦，因后者轻视儒生，乃声称"吾高阳酒徒也，非儒人也"。此处引用，仅取其字面意义，意指朝中那些贪图富贵、滥得功名的衮衮诸公。

下片抒发隐逸情怀。词人驾着一叶扁舟出没于浩渺烟波，本应在广漠空间中自觉渺小，词人却声称他"占断蘋洲烟雨"，可见其胸襟之宽广。最后两句运用唐人贺知章之典故。贺知章晚年辞归山阴，唐玄宗诏赐"镜湖剡川一曲"，历来传为佳话。陆游却反其意而用之，借古讽今，意味深长。陆游在孝宗淳熙后期两度被罢官，实因倡议抗金，得罪朝中政敌之故，但朝廷对他所加的罪名却是"嘲咏风月"。陆游返乡归隐后筑小轩名曰"风月"，即暗寓讥讽。此词亦就此事借题发挥：镜湖原是词人家乡，归隐本是词人夙愿，他在此浩渺烟波中自得其乐，又何必像贺知章那样获得朝廷恩赐！兀傲的神情，倔强的风骨，表露无遗。当然，此词其实包蕴着壮志未酬、报国无路的深沉感慨，上、下片对读，则抑塞历落之情清晰可感。

又如《诉衷情》:

> 当年万里觅封侯,匹马戍梁州。关河梦断何处,尘暗旧貂裘。　　胡未灭,鬓先秋,泪空流。此生谁料,心在天山,身老沧洲。

本词当作于1195至1200年间,时陆游在山阴闲居。此词的主题与上一首相同,写法却判然有异。前词重在描写情景,以比兴手法取胜。此词则直抒胸臆,以字句简洁见长。上片先回忆往事:当年匹马远征,万里赴戎,以图在抗金复国的事业中建立功名。可惜戍守边关像短梦一样很快告终,从此难以寻觅。下片描写眼前实境:胡虏未灭而己身已老,热泪空流。谁能料到此生的志向与遭遇竟会如此南辕北辙!

此词虽然字句简直,然由于典故的运用十分巧妙,故并无浅显之病。首先是"尘暗旧貂裘"一句。陆游志在北伐胡虏,北国天气苦寒,铁马冰河,"貂裘"确是必需之物。可是北伐壮志徒存梦想,而今身处温暖的江南,貂裘更有何用?即使词人果真蓄有貂裘,也势必弃置不用,故而积满灰尘,全无光泽。如将此句解作写实,合情合理。然而此句实乃用典:《战国策》载苏秦说秦不行,"黑貂之裘敝"。故此句意指自己虽然努力搏取功名,但一无所成,沦落江湖,貂裘敝坏。如此用典,堪称灵活有致。

然后是"心在天山"一句。"天山"与"玉关"等地名一样,位于西北边陲,陆游常用之代指大宋的北疆,故"心在天山"意谓从未忘却沦陷的北方故土,满心希望收复失地。然此句也是用典:《新唐书》载唐将薛仁贵率兵与九姓突厥作战,发三矢辄杀三人,军中歌曰："将军三箭定天山，壮士长歌入汉关。"此句运用此典，抒发效法前代名将以奋勇杀敌之夙愿。这样，"心在天山"与"身老沧洲"形成差距极大的鲜明对比，从而具有极强的张力。

上述两个典故都是暗用，且都是借古喻今，所以意义丰盈，形成了全词言简意赅的艺术面貌。如此丰富复杂的意蕴压缩在四十余字的一首小令词中，耐人涵泳。闲适与爱国两大主题融为一体，正是陆游词的显著特征。

可见辛、陆二人的词风相当接近，作为词人，陆游堪称具体而微的辛弃疾。因受诗名所掩，陆游在辛派词人中的地位似乎不如陈亮、刘过那样显豁，但其创作实绩并不亚于陈、刘。陆游是辛派词人中的重要成员，也是南宋重要的爱国词人之一。

附录

陆游简谱

宋徽宗宣和七年（1125），一岁。

十月十七日（11月13日），陆游生于淮上舟中。时游父陆宰携眷自寿春赴汴京。

宋高宗建炎元年（1127），三岁。

随父渡淮、渡江，归山阴故庐。

建炎四年（1130），六岁。

随父赴东阳避乱。入乡校读书。

绍兴三年（1133），九岁。

随父归山阴。

绍兴六年（1136），十二岁。

以门荫补登仕郎。

绍兴七年（1137），十三岁。

居山阴城南小隐山园，读陶诗喜之。

绍兴九年（1139），十五岁。

在山阴。闻父与李纲谈国事。

绍兴十年（1140），十六岁。

赴临安应试，不第。

绍兴十二年（1142），十八岁。

在山阴，从曾几学诗。

绍兴十三年（1143），十九岁。

秋赴临安应进士试。

绍兴十四年（1144），二十岁。

春试礼部，不中。与唐氏结婚。

绍兴十六年（1146），二十二岁。

迫于母命，与唐氏仳离。继娶王氏。

绍兴十八年（1148），二十四岁。

三月长子子虞生。六月父宰卒。

绍兴二十年（1150），二十六岁。

正月次子子龙生。

绍兴二十一年（1151），二十七岁。

在山阴。春游沈氏园，偶遇前妻唐氏，题《钗头凤》词于园壁。

绍兴二十三年（1153），二十九岁。

赴临安应锁厅试，初置第一，因秦桧孙秦埙居其次，触怒秦桧。

绍兴二十四年（1154），三十岁。

赴礼部试，锁厅荐送第一，以论恢复，为秦桧黜落。

绍兴二十五年（1155），三十一岁。

在山阴，作《夜读兵书》诗。

绍兴二十八年（1158），三十四岁。

冬以恩荫出仕，为福州宁德县主簿。

绍兴二十九年（1159），三十五岁。

秋调福州决曹。曾乘兴航海。

绍兴三十年（1160），三十六岁。

正月离福州至临安。五月除敕令所删定官。

绍兴三十一年（1161），三十七岁。

七月迁大理司直，兼宗正簿。九月金主亮南侵，十一月金兵退。游曾于蒙恩赐对时面请北征。冬于玉牒所任史官。

绍兴三十二年（1162），三十八岁。

春作《送七兄赴扬州帅幕》。六月孝宗即位。九月除枢密院编修官兼编类圣政所检讨官。十月赐进士出身。上条论事，请以仁宗朝为法。

宋孝宗隆兴元年（1163），三十九岁。

正月至政事堂草国书予西夏。因力主抗金得罪龙大渊等，三月被贬出朝，除左通直郎通判镇江府。

隆兴二年（1164），四十岁。

二月到镇江。时张浚督视江淮兵马，驻节镇江，游以世谊晋谒，力说其用兵。

乾道元年（1165），四十一岁。

七月改调隆兴府通判，赴隆兴府。

乾道二年（1166），四十二岁。

三月，因"力说张浚用兵"之罪名免归，始卜居镜湖三山。

乾道三年（1167），四十三岁。

在山阴。作《游山西村》。

乾道六年（1170），四十六岁。

闰五月离山阴赴夔州通判任。十月至夔。作《入蜀记》六卷。

乾道八年（1172），四十八岁。

应王炎辟，以左承议郎权四川宣抚使司干办公事兼检法官。正月启程，三月抵南郑。作《山南行》。九月王炎奉召东归，幕僚皆散。改除成都府安抚司参议官，十一月至成都。

乾道九年（1173），四十九岁。

在成都与蜀中名士谭德称缔交。调任蜀州通判。夏摄知嘉州事。本年作《三月十七日夜醉中作》《九月十六日夜梦驻军河外遣使招降诸城觉而有作》《观大散关图有感》《金错刀行》《胡无人》等诗，赋《汉宫春·羽箭雕弓》等词。

淳熙元年（1174），五十岁。

春离嘉州返蜀州任。九月至成都，寓多福院，作《长歌行》（人生不作安期生）。冬摄知荣州事。

淳熙二年（1175），五十一岁。

正月赴成都，任成都府路安抚司参议官兼四川制置使司参议官。六月范成大来知成都府，唱酬颇多。

淳熙三年（1176），五十二岁。

夏初免官。六月得领祠禄，主管台州桐柏山崇道观。因人讥颓放，自号"放翁"。

淳熙四年（1177），五十三岁。

在成都。六月送范成大还朝。是年作《关山月》《战城南》《出塞曲》等诗。

淳熙五年（1178），五十四岁。

春奉诏东归，途中作《龙兴寺吊少陵先生寓居》《楚城》等诗。七月至临安，召对，除提举福建路常平茶盐公事。冬赴建州任所。是年幼子子遹生。

淳熙六年（1179），五十五岁。

春、夏在建州。秋奉诏离任，改除提举江南西路常平茶盐公事，途中作《弋阳道中遇大雪》。十二月至任所抚州。

淳熙七年（1180），五十六岁。

在抚州，作《登拟岘台》《五月十一日夜且半梦从大驾亲征尽复汉唐故地见城邑人物繁丽云西凉府也喜甚马上作长句未终篇而觉乃足成之》。十一月奉祠居山阴。

淳熙八年（1181），五十七岁。

在山阴。春除提举淮南东路常平茶盐公事，旋为臣僚论罢。

淳熙九年（1182），五十八岁。

在山阴。五月除朝奉大夫，主管成都府玉局观。秋作《夜泊水村》。

淳熙十三年（1186），六十二岁。

春作《书愤》。正月除朝请大夫，知严州军州事，二月赴临安，作《临安春雨初霁》。七月至严州。

淳熙十四年（1187），六十三岁。

在严州。刻《剑南诗稿》二十卷。

淳熙十五年（1188），六十四岁。

七月严州任满，返山阴。冬除军器少监，赴临安。

淳熙十六年（1189），六十五岁。

二月光宗继位。除朝议大夫、礼部郎中。七月兼实录院检讨官，修《高宗实录》。十一月被弹劾，以"嘲咏风月"罪斥归山阴。

宋光宗绍熙元年（1190），六十六岁。

在山阴。以"风月"名小轩。秋作《夜归偶怀故人独孤景略》。

绍熙二年（1191），六十七岁。

在山阴。领祠禄，提举建宁府武夷山冲佑观。名书斋为"老学庵"。

绍熙三年（1192），六十八岁。

在山阴。封山阴县开国男，食邑三百户。作《秋夜将晓出篱门迎凉有感》《九月一日夜读诗稿有感走笔作歌》《十一月四日风雨大作》。

绍熙五年（1194），七十岁。

在山阴。仍领祠禄。七月宁宗即位。

宋宁宗庆元三年（1197），七十三岁。

在山阴。五月妻王氏卒，作《自伤》诗。

庆元四年（1198），七十四岁。

在山阴。十月祠禄岁满，不复请。作《三山杜门作歌》。

庆元五年（1199），七十五岁。

在山阴。春作《沈园》二首。五月致仕。

庆元六年（1200），七十六岁。

在山阴。为韩侂胄作《南园记》。

嘉泰元年（1201），七十七岁。

在山阴。作《小饮梅花下作》，自注云："予自年十七八学作诗，今六十年，得万篇。"

嘉泰二年（1202），七十八岁。

在山阴。春作《送子龙赴吉州掾》。五月召以元官提举佑神观兼实录院同修撰兼同修国史。六月至临安。十二月除秘书监。

嘉泰三年（1203），七十九岁。

春在临安。正月除宝谟阁待制。四月为韩侂胄作《阅古泉记》。修《孝宗实录》《光宗实录》成，上疏请守本官致仕，不允，除提举江州太平兴国宫。五月归山阴。夏辛弃疾来知绍兴府，欲为陆游筑舍，游辞之。

嘉泰四年（1204），八十岁。

在山阴。春辛弃疾入朝，游作《送辛幼安殿撰造朝》。

开禧元年（1205），八十一岁。

在山阴。作《十二月二日梦游沈氏园》。

开禧三年（1207），八十三岁。

在山阴。正月晋封渭南伯，食邑八百户。

嘉定二年（1209），八十五岁。

在山阴。春被劾落宝谟阁待制。十二月二十九日（1210年1月26日）逝世。临终作《示儿》诗。葬山阴五云乡卢家岙。

嘉定十三年（1220）

十一月，幼子陆子遹在溧阳刻《渭南文集》五十卷。十二月，长子陆子虡在江州刻《剑南诗稿》八十五卷。

后　记

2024年11月13日，我偕妻子陶友红女士到绍兴参加陆游文化节。主会场设在沈园，我应邀在大会上作主题演讲，题为"千古风流陆放翁"。犹记十九年前，我初次赴绍兴文理学院参加陆游研讨会，有幸结识了高利华教授等一批热爱陆游的绍兴人士。那次会上还成立了中国陆游研究会，我承乏当选会长。其后我曾多次赴绍兴参加与陆游有关的学术会议及纪念活动，每次都会走进沈园。友红退休后也曾数度随我前往，我们都很喜爱沈园，也都喜爱陆游的《沈园》诗与《钗头凤》词。

由于2025年是陆游诞生九百周年，绍兴有关部门正在筹备盛大的纪念活动，并热情邀请我共襄盛举。友红突然起了一个念头，劝我把历年研究陆游的文章改写成一本《陆游十讲》，作为向陆游诞辰纪念的献礼。我回到南京后搜寻书箧，发现自己历年研究陆游的相关文章已有二十篇。近年来我经常做一些与古典诗歌有关的普及工作，已经出版过几种普及读物，读者颇为欢迎，我也颇受鼓舞。陆游是深受大众热爱的伟大诗人，又是我多年来的研究对象，为他编写一本普及性质的小书当然是我应尽的义务。于是从2025年元旦开始，我便放下手头的其他工作，一头扎进《陆游十讲》的编写中来。

我一向主张普及读物的撰写应与学术论著同样严肃认真、言必有据，一向反对涉及古人的任何虚构与"戏说"，这本《陆游十讲》也不例外。当然，本书毕竟是供大众阅读的普及读物，学术论文的某些规范如详细注明引文出处等大可不必。所以我在编写过程中，一方面尽量清除"论文腔"，另一方面对相关论文中的注释进行删繁就简。如果有读者想要追索本书中所引原文的文献出处，便请大家直接参看我的相关论著，它们的发表情况如下：

《论陆游对晚唐诗的态度》，《文学遗产》1991年第4期。

《陆游"诗家三昧"辨》，《南京大学学报》1992年第2期。

《陆游读书诗的文学意味》，《浙江社会科学》2003年第2期。

《陆游诗中的学者自画像》，《南京师范大学文学院学报》2003年第2期。

《陆游诗中的生命意识》，《江海学刊》2003年第5期。

《陆游诗中的巴蜀情结》，《社会科学研究》2003年第5期。

《读〈剑南诗稿校注〉献疑》，《中华文史论丛》第76辑。

《读陆游〈入蜀记〉札记》，《文学遗产》2005年第3期。

《陆游诗中的自画像》，《文史知识》2005年第11期。

《论陆游写景诗的人文色彩》，《社会科学战线》2011年第9期。

《注释是文本解读的基石——以〈渭南文集校注〉为例》，《学术界》2012年第8期。

《论陆游诗自注的价值》，《中华文史论丛》2012年第4期。

《论陆游对儒家诗学精神的实践》，《学术月刊》2015年第8期。

《论陆游杨万里的诗学歧异》，《文艺研究》2018年8期。

《爱国志士的复杂心声——读陆游〈长歌行〉》，《文史知识》2019年第12期。

《兼具唐情宋意的宋代七绝——读陆游〈楚城〉》,《文史知识》2020年第10期。

《万山深处的陆游遗踪》,《中华读书报》2020年12月2日。

《四海无人角两雄——辛陆异同论》,《文学遗产》2021年第1期。

《陆游〈示儿〉诗的双重思想背景》,《文史知识》2023年第3期。

《关于陆游研究的会议总结》,《博览群书》2025年第3期。

1196年,七十二岁的陆游曾在梦中作诗说:"吴中近事君知否?团扇家家画放翁。"八百多年以后,陆游的形象早已深深地铭刻在广大读者心中。本书试图从十个侧面为陆游绘制一幅立体的画像,从而向这位伟大诗人献上笔者的一瓣心香。

亲爱的读者朋友,衷心希望您阅读本书后对陆游的形象感到更加可亲可敬,也衷心希望您对本书的缺点与错误提出批评,帮助笔者把这幅陆游像修改得更加真切、生动。因为笔者与大家一样,都是陆游这位千古风流人物的忠实"粉丝"!

2025年2月12日元宵节,于南京城东美林东苑寓所